悦讀

读书名言故事荟萃

彭良武 编

南方日報出版社
NANFANG DAILY PRESS
中国·广州

图书在版编目（CIP）数据

悦读：读书名言故事荟萃 / 彭良武编. — 广州：南方日报出版社，2019.1

ISBN 978-7-5491-1974-5

Ⅰ. ①悦… Ⅱ. ①彭… Ⅲ. ①读书方法 Ⅳ. ①G792

中国版本图书馆 CIP 数据核字（2019）第 007353 号

YUE DU DUSHU MINGYAN GUSHI HUICUI

悦读——读书名言故事荟萃

编　　者：彭良武
出版发行：南方日报出版社
出 版 人：周山丹
书名题字：蓝均昔
责任编辑：阮清钰　吴　蓉
责任技编：王　兰
责任校对：阮昌汉
装帧设计：谢锦树
版式设计：易　界
地　　址：广州市广州大道中 289 号
经　　销：全国新华书店
印　　刷：广州市岭美彩印有限公司
开　　本：787mm×1092mm　1/16
印　　张：16.75
字　　数：290 千字
版　　次：2019 年 1 月第 1 版
印　　次：2019 年 1 月第 1 次印刷
定　　价：58.00 元

投稿热线：（020）87360640　读者热线：（020）87363865

为中华之崛起而读书。

——周恩来

序

顾作义

这是一本集古今中外读书名言于一体的劝学新作，又是一本适合不同年龄不同文化层次的群体阅读的大众读物，还是一本融入编者读书心得的集结本。

在阅读全书时，读者会有“似曾相识”的感觉，很多文句不仅读过，还能背诵。但作者以自己读书的体验，将这些似曾相识甚至老生常谈的文字编纂成劝学的体裁，就显得有新意。

《悦读》的编者是广东仁化县的退休干部，成书之际，请我作序。我也爱好读书，并常向青年朋友们倡导读书，爱书与读书情结使我难以拒绝他的请求。

因工作关系，这些年我去仁化县的次数较多，仁化是地处粤北的山区县，值得称道的是，人们读书的风气很浓。从古至今，出过不少有名望的读书人。宋、元、明、清几朝出了26名进士。“一门三进士”就是城口镇恩村的蒙天民、蒙应龙、蒙英昴科举及第的佳话。明朝永乐二十一年(1423年)，还是城口镇恩村，15岁的蒙正陪28岁的叔叔蒙思进京参加科举考试，考官误把蒙正也当成考生，让两人一起入场考试。结果，侄子考得第一名，叔叔考得第二名。“叔侄亚魁”的佳话流传至今。现在，恩村还有一栋世科祠，大门上方挂着“叔侄亚魁”的牌匾。

“耕读兴家”的风气一直在仁化传承。现在，仁化人更加重视读书兴学。学校的校舍成为最好的建筑，全民阅读逐渐成为时尚。干部、群众爱读书看报，关心国家大事。许多人动脑动笔写诗填词作文，向报刊投稿。《悦读》的编者就是一位坚持阅读与写作的人。他曾编著《趣说孔子与〈论语〉》《路》等书。退休后又编辑了《悦读》。我看了书稿，全书介绍了古今中外关于读书的意义、读书的内涵以及读书的方法，是一本劝导、鼓励和教人读书学习的好书。

在网络阅读成为时尚的今天，许多人放下书本，冷落传统阅读方式，编者直呼“传统阅读不可或缺”，尤其值得推崇。为此，他辑录了古今中外关于读书的文字，劝人重视传统阅读，把读书作为一种愉悦身心的事去坚持，让阅读成为生活方式。书名“悦读”，正表达了编者的期待。

全书特点有六：其一，劝学内容贯穿全书，书中不论读书名言、读书典故，或古今读书对联诗词，让人读后从内心生发出书是良师益友、读书兴国利民的情感。其二，强化立志成才的思想观，读书学技能是青年人成才的重要途径之一。现代社会竞争激烈，竞争的实质是知识的快速更新与新技术的更高端化。这对阅读提出了更高的要求，不仅要有量的积累，还要有质的提升，必须立高远之志才能学有所成。其三，在知识“爆炸”的时代，必须强化活到老学到老的思想，终身学习才能与时俱进，才能适者生存，才不会被知识浪潮淘汰。其四，读书要讲方法，更要珍惜时间资源，做到有选择地读书且精与博相兼顾。其五，主张纸质的传统阅读方式不能少，网络阅读只是辅助方式，放弃纸质阅读会得不偿失。其六，全书文字多采用语录分类编辑，易读易记易懂。

习近平同志在党的十九大报告中号召“要增强学习本领”，“推动建设学习大国”。而“学习”的重要途径是坚持阅读。

劝人读书的文字汗牛充栋，但我觉得《悦读》比较直观易懂，适合不同年龄不同职业与文化层次的人群阅读。应作者之请，写了这篇文字，除了对编者的辛勤编辑致敬和肯定，我也借此机会呼吁：无论是在职干部或不同岗位的人，仍要安排时间阅读，把注意力放在终身读书学习、不断提升自我成长与完善人格的无形价值上，使之有更远的视野和更高的技能。没有哪一项教育形式能像阅读那样对一个人，特别是青少年成长产生积极而深远的影响。广大的青少年学生，要多主动阅读有益心身健康的课外书，将校内校外阅读结合起来。走出校园的青年朋友，要培养阅读兴趣，坚持阅读学习。习近平说：“有了学习的浓厚兴趣，就可以变‘要我学’为‘我要学’，变‘学一阵’为‘学一生’。”（《在中央党校建校 80 周年庆祝大会上的讲话》）只有坚持终身读书学习的人才能成为知识的主人。

作者系广东省委宣传部巡视员、省文明办主任

2018 年夏于广州

目录

读书之道

读书之乐

读书之福

附录

读书之道

——悦讀

一

书是良师益友

书——既是朋友也是顾问，它是很多美好思想、丰富知识的源泉。

——（苏联）加加林

导语

书是什么？

——“书”的本义与演变

书是什么？

第五版《现代汉语词典》对“书”的本义作了多种解释：“写字、记录、书写”；“字体”；“装订成册的著作”；“书信”；“文件”；“ 姓氏”。从其排序看，“书”的本义是“写字、记录、书写”，且与“字体”有关。后来演变成“装订成册的著作”等。而装订成册的著作包括“书籍、书卷、书札”等。

与“书”相关的词组有 66 个之多，“书”字之事关乎我们的生活。对“书”必须有所了解并主动亲近起来。

为什么将“书”的解释从“写字”开始呢？

先从源头上做些了解：今天的“书籍”，古代叫“竹简”“木牍”，后又叫“卷”“籍”。这些叫法传递了“书”的演变信息：远古时期，是将字刻在龟板或牛骨上的，叫甲骨文；后来，又把字铸在钟鼎上，叫金文；社会发展了，要记的事情越来越多，甲骨不够用，铜器铸字非常烦琐，古人就改进方法，先用笔在竹（木）片上写字，尔后用刀将字刻在竹片或木片上，这个写刻过程叫作“书”，意思是书写文字。有了文字的竹（木）片，称为“竹简”“木牍”。后人称这些在竹（木）上刻写字的人为“刀笔吏”就源于此。那些比较重大的政事就记载在绢帛纺织物上，而绢帛计量称卷，加之古代的书籍多装订成卷轴，所以又叫“书卷”。对装订成册的文字叫“卷”不叫“书”。如唐朝杜甫的名句“读书破万卷，下笔如有神”，宋朝皇帝赵光义说自己喜好读书是因为“开卷有益”。在很长一段时间里，文字虽是写在纸上，但仍然叫“书”不叫写。如历史上有“书成换白鹅”的文坛佳话，讲的是晋代大书法家王羲之为了得到心爱的白鹅，而鹅的主人又十分喜爱王羲之的书法，就提出用鹅换书的要求。这里的“书成”是指王羲之为鹅主人抄写文章之意，抄写后得到鹅主人赠送白鹅的酬谢。

由许慎编著的东汉第一部大字典《说文解字》对“书”的释文是“书（書），写著在竹帛上。从聿，者声”。箸本指筷子，用在这里就是“著”在竹片或绢帛上的文字为“书”。

《说文解字》对“著”“书”引用的注释有：

“著于竹帛谓之书，书者如也。”（《说文叙》）

“书从聿，当以作字谓本义，因以为简册之备。”（徐灏《段注笺》）

“书，亦若言著也。著之简纸永不灭也。”（《释名·书契》）

“书，凡载籍谓之书。”（《正字通·日部》）

“书，记也。”（《广雅·释言》）

“自《易传》‘《易》之为书也不可远’，始为典籍之通书。”（王筠《句读》）

编者理解：这些关于“书”的注释中隐含了“书”字由“写字、记录、书写”的本义演变为“书籍”之义。最直白的为“载籍谓之书”，“自《易传》……始为典籍之通书”。

在竹（木）片上刻写文字既辛苦又麻烦，所以古籍文字非常简要。其字体也多为篆体。如今考古发现的“竹简”“木牍”，是最早的古籍。用这些材质著成书保存并供后人阅读。如孔子晚年读《易》时，编联竹片的牛皮带断了三次，这就是“韦编三绝”的典故。“学富五车、才高八斗”，既说明读书多也证明竹（木）片编的书既繁又重，一部书可能就要用一车的竹（木）片，不像纸质书方便阅读与携带。有了纸质书又有“读书破万卷”形容读书之多。

如今，“书”是写字的本义仍在使用，如“书法比赛”就指写字的技巧与艺术，还有“书写工整”“板书”等，都是与“写”有关的词语。但更多是演变成与“读书”有关了。

书是什么？

今天讲的“书”的定义是这样表述的：

> 书是由承载物、文字以及由文字构成的信息组块组成的综合体，是客观事物和人的主观意识相结合的载有某种信息的精神产品。以物质形式而存在。

这段文字中，“书”的定义由四大因素构成：

“承载物”，“文字”，“由文字构成的信息组块”，“是客观事物和人的主观意识相结合的精神产品”。

“承载物”是什么？《说文解字》说：“著于竹帛谓之书”。“凡载籍谓之书”。这说明，除甲骨文与金文，书的最原始承载物是“竹帛”。造纸术发明之后尤其是东汉后期蔡伦改进了造纸术，纸张逐渐成为“承载物”。纸质书成为目前寿命最长、数量最多的书籍。因此，“书”主要是指用纸质材料装订成册的著作，又称书册、书籍、书卷、书刊等。其概念外延后，有通常意义的图书、有刊登科学论文的科学期刊（全世界一年要发表500多万篇科技论文），有刊登发明创造的专刊，还有汇集各国资料的文摘刊物等。如今又有新的“承载物”电子书而实现快捷传播与平面阅读（读屏）。

“文字”，是为了说明某一主旨而由字词组成句子，又由句子组成段落与章节而成文章。这是书的主体部分。文字构成了书的真实性和使用（阅读）价值。

“信息组块”，即由某一主旨经过文字的有效连接与表述而构成的信息内容与信息量（如科研论文、剧本等），是人们在与客观事物接触中（实践、实验、发明、发现、创作）的知识积累与总结，属“客观事物和人的主观意识相结合的载有某种信息的精神产品”。体现主旨的信息由文字表述出来，与“承载物”结合后成为公认的“书”。

没有文字表述主旨的信息，其“承载物”只是纸张而已。可见，文字与信息才是书的主体。

荀子在《劝学篇》说：“书者，政事之记也。”这说明古代，书主要用于记载国家重大政事。最早的一部书，叫《尚书》，其信息内容涉及上古夏商周之政事，所以又叫《上书》。跨越的历史最为长远。

随着社会的发展与变迁，要记的事越来越多，不局限于政事。竹（木）片写字记事已远远不能适应社会的需求，纸质书应运而生，书的种类越来越多，就像今天的电子书问世。这还因为“书者如也”（《说文解字》）。“如”字是指似世间一切事物，如人、物、风、山、水……把万物体现出来，所以又有“书者抒也”之说，即通过人的精神活动，可抒写一切事物。这就是今天世界上的书多得难计其数的原因吧。说到底，书是人类脑力劳动的成果，是人类创造的精神财富。没有人类社会的发展就不会产生书这类特殊的精神与物质相结合的产品。清代的刘熙载说：“书，如也，如其学，如其才，如其志，总之曰如其人也。”书是人类培育出来的最伟大的天才，这个天才的知识与智慧惠泽了全人类。

总之，“书”的本义是写，也叫“书写”。为了交流与使用方便，又由于“承载物”的创新与变化，促成“书”与“写”分开来用，“写”代替了“书”，而“书”遂演变成“书籍”的专门用语了。

——编者

箴言

当我们第一次读一本好书的时候，我们仿佛觉得找到了一个朋友；当我们再一次读这本好书的时候，仿佛又和老朋友重逢。

——（法）伏尔泰

一部好书可以成为我们的莫逆之交，它的过去、现在、将来对我们始终如一。

——（英）塞缪尔·斯迈尔斯

和书籍生活在一起，永远不会叹气。

——（法）罗曼·罗兰

粗缯大布裹生涯，腹有诗书气自华。厌伴老儒烹瓠叶，强随举子踏槐花。囊空不办寻春马，眼乱行看择婿车。得意犹堪夸世俗，诏黄新湿字如鸦。

——（宋）苏轼《和董传留别》

书气不可少。子弟之资分各有不同，总是书气不可少；好读书之人，自有书气，外面一切嗜好，不能诱之。

——（清）左宗棠《左宗棠家书》

读过一本好书，像交了一个益友。

——臧克家

书籍是青年人不可分离的生活伴侣和导师。

——（苏联）高尔基

书籍是朋友，虽然没有热情，但是非常忠实。

——（法）雨果

读书是在别人思想的帮助下建立自己的思想。

——（俄）鲁巴金

一时劝人以口，百世劝人以书。

——（清）《增广贤文》

积学以储宝，酌理以富才。

——（南朝·梁）刘勰

成身莫大于学。

——（秦）吕不韦《吕氏春秋》

书犹药也，善读之以医愚。

——（汉）刘向

一个爱书的人，他必定不至于缺少忠实的朋友。一个良好的老师、一个可爱的伴侣、一个温情的安慰者。

——（英）伊萨克·巴罗

读一本好书，就是和许多高尚的人谈话。

——（德）歌德

书籍是幼年人的导师，是老年人的护士，在岑寂的时候，书籍使我们欢娱，远离一切痛苦。

——（英）柯里叶尔

书籍——通过心灵观察世界的窗口。住宅里没有书犹如房间没有窗户。

——（美）威尔逊

好书悟后三更月，良友来时四座春。

——（唐）颜真卿

开卷神游千载上，望帘心在万山中。

——（清）邓石如

独学而无友，则孤陋而寡闻。

——《礼记·学记》

见教一高言，若饥十日而得大牢焉，是达若天地，行生后世。

——（西汉）贾谊《劝学》

开卷有益。益者，益其人，不得益其语言文字也。

——（清）石成金《读书法》

学而时习之，不亦说乎？

——（春秋）孔子

两个人如果读过同一本书，他们之间就有了一条纽带。

——（美）爱默生

一个人不学善良做人的知识，其他一切知识对他都是有害的。

——（法）蒙田

世界上的一切书本，不会有幸福带给你，可是他们秘密地叫你，返回到你自己那里。

——（瑞士）黑塞

自小多才学，平生志气高。别人怀宝剑，我有笔如刀。

——（宋）汪洙《神童诗》

书卷多情似故人，晨昏忧乐每相亲。眼前直下三千字，胸次全无一点尘。活水源流随处满，东风花柳逐时新。金鞍玉勒寻芳客，未信我庐别有春。

——（明）于谦

天下无书则已，有则必当读。

——（清）张潮

居城市中……以书籍当朋友。

——（清）张潮

百年燕翼惟培善，万里鹏程在读书。

——（清）陈兰彬（清朝首任驻美大使）

读未见书，如得良友；读已见书，如逢故人。

——（清）石成金《学乃传家之宝》

君子以文会友，以友辅仁。

——（春秋）孔子

不独诵其诗读其书，是尚友古人，即观其字画，亦尚友古人处。……涉猎虽曰无用，犹胜于不通古今。

——（清）张潮

对渊博人，如读异书；对风雅友，如读名人诗文；对谨饬友，如读圣贤经传；对滑稽友，如阅传奇小说。

——（清）张潮

读书能使人寡过，不独明理。此心日与道俱，邪念自不得乘之。

——（明）吕坤

鸟欲高飞先振翅，人求上进先读书。

——李苦禅

立身以学为先，立学以读书为本。

——（宋）欧阳修

有目而不观览与无目同，有手而不披寻与无手同，有口而不吟讽与无口同，有心而不思绎与无心同。

——（清）陈京卿

君子学以聚之，问以辩之，宽以居之，仁以行之。

——《群书治要·周易》

一展卷而良友故人即至，自当恭敬晤对，此读书最乐之情况也。然非慧心人不能解此。若浅人读书，只觉寂寞；愚人读书，更觉无味矣。

——（清）石成金《读书法·颜之推先生读书法》

千载奇逢，无如好书良友。

——（明）陈继儒《小窗幽记》

光阴给我们经验，读书给我们知识。

——（苏联）奥斯特洛夫斯基

与其用华丽的外衣装饰，不如用知识武装自己。

——（德）卡尔·马克思

知识就是力量。

——（英）培根

读书使人充实，读史使人明智，读诗使人聪慧，演算使人精密，哲理使人深刻，道德使人高尚，逻辑修辞使人善辩。

——（英）培根《论读书》

书籍是青年人不可分离的生活伴侣和导师。

——（苏联）高尔基

无限相信书的力量，是我们教育信仰的真谛之一。

——（苏联）苏霍姆林斯基

书，那是最奥妙和最伟大的奇迹，是人类通向未来繁荣幸福大道上，创造性的奇迹中的奇迹。

——（苏联）高尔基

出版物的思想影响，绝不是金钱所能收购。权势再大，也不得不在印刷品的威力面前低头。

——（俄）普希金

书中不单有往事的记载，书也是当代的文献，是真理和力量的结晶。它把我们带进了饱经沧桑的现实；书——更是未来的憧憬。

——（俄）赫尔岑

与图书有关的事业，为青年补充精神食粮，给老人以莫大的欢愉，使不幸者获得宽慰……没有书籍的房子，好比失掉灵魂的躯壳。

——（古罗马）西塞罗

我发现我周围的人，最可悲的莫过于终日无所事事，或把时间耗费在无聊的消遣中。我找书看，探讨书中的内容，这才是生活的真正目的。

——（俄）陀思妥耶夫斯基

书——既是朋友也是顾问，它是很多美好思想、高尚情操、丰富知识的源泉。

——（苏联）加加林

人类创作的精粹——图书，它探索宇宙的全部奥秘，它是人类智慧的历史概括，是生产劳动的经验总结。——图书是人类精神力量得以发扬光大的最强有力工具。

——（苏联）高尔基

除了价值形式那一部分外，决不能说这本书难懂。当然，我指的是那些想学到一些东西，因而愿意自己思考的读者。

——（德）马克思《〈资本论〉出版序言》

书是人们最知心的朋友，现在如此，将来也永远如此。

——（英）塔珀

亲爱的，人类的书籍，你具有和蔼的声音、动人的容颜！你的艺术魅力令我倾倒，把我带进你的心底。

——（英）莱·皮·约翰逊

以积货财之心积学问，则盛德日新。

——（清）周希陶《重订增广贤文》

故事

王安石与《劝学文》

北宋著名政治家、文学家王安石曾写过一篇《劝学文》：

“读书不破费，读书万倍利。书显官人才，书添官人智。有即起书楼，无即置书柜。窗前读古书，灯下寻书义。贫者因书富，富者因书贵。愚者因书贤，贤者得书利。只见读书荣，不见读书坠。卖金买书读，读书买金易。好书最难逢，好书真难致。奉劝读书人，好书在心记。”

这篇《劝学文》共20句100字，句句都用“书”字联贯，目的是告诉人们：读书可改变命运并提升人格品位。

王安石祖籍江西省崇仁县（今抚州市临川区），其家族大多“因书而富，因书而贵”，走科举功名之路，69年里竟考出了8名进士，包括其兄王安仁、王安道。

王安石的《劝学文》是他的体验之言。他早年读书非常刻苦，科举及第之后也未尝懈怠，常常读书到天亮。当时他做的是文案一类的工作，相当于高级领导人的秘书，所以读书晚了，稍事休息就又匆匆忙忙赶去上班，连洗脸漱口都来不及，经常蓬头散发，被领导韩琦误以为他是去“夜饮放肆”才弄成这样。

后来王安石官至宰相，他曾奉神宗之命，花了两年多时间为太学生注释《诗》《书》《周礼》三部儒家经典，这三部经注在熙宁八年（1075年）六月完成颁行。王安石后来回忆这段著述生活时说，为这事紧张得几乎“残生伤性”。王安石编书认真的态度，博得了学术界的一致赞扬：“荆公六艺学，妙处端不朽。”

其后，王安石推行一系列改革措施，实行新法，触及了权力层的既得利益而受到诸多非议与排斥。面对来自身边的攻击，王安石毫不畏惧，他说：“天变不足畏，祖宗不足法，人言不足恤。”这种胆识除了他“拗相公”的个性外，还端赖他广泛阅读与深刻思考！

曾国藩读书起家

晚清名臣曾国藩的成功，很大程度上得益于他终身读书学习，可谓是“读书起家”。

幼年他在家跟父亲曾麟书读书，父亲常要考校功课，一定要他把书背得滚瓜烂熟才满意。曾国藩23岁参加科举，成为“县学生员”，24岁进入省城岳麓书院读书，乡试得中举人。但他的科举之路并不一帆风顺，后来两次赴京考试都名落孙山。第一次落第后，他在北京居住一年多，继续刻苦读书，并立志写好毛笔字。26岁时第二次考进士又落榜了。回家途中，他向同乡借了100两银子做路费，经过金陵（今南京市）时，在书店看到一部精刻《二十三史》，遂倾其所有把书买下，靠着衣物典当才凑足路费赶回家。父亲知道此事后，并不责备，反而鼓励他说：“你借钱买书，不是坏事，我乐于替你还债，但是望你要细心研读，也就不算白费了。”

此后，曾国藩又苦读了两年。当时曾家已无钱供其进京，最后借了30吊钱才得成行。事不过三，曾国藩这次成功了，中了第38名进士，被授翰林院庶吉士。科举时代的翰林，号称“清要词臣”，前途最是远大。许多士子由秀才而举人而进士，熬到翰林往往已是两鬓斑白，少说也是四五十岁的人了。曾国藩28岁就进入翰林院，可算是“少年得志”。但他并没有忘乎所以，更加注重追求学问的长进。除了读书，便是广泛结交名师益友，请益学问，研究书法。

曾国藩交往最密的是大常寺卿唐鉴（字镜海）和大学士倭仁（字艮峰）两位师友。他按唐鉴的要求敦品治学，以《朱子全书》为依归，不仅熟读熟记，而且身体力行，做到“不自欺”。倭仁更是严于律己，他每天早晚饮食言行都做札记，把自己思想行为有不合于义理的全部记下来，以期自我纠正。曾国藩也向他看齐，学习“诚意”和“慎独”的功夫，从道光二十二年（1842年）十月初一日起立志“自新”，将自己的意念和行事逐日以楷书写在日记上，以便随时检点克制，还规定了每天的《课程十二条》：主敬、静坐、早起、读书不二、读史、谨言、养气、保身、日知所亡、月无亡所能、作字、夜不出门。其中规定读书，做到一书未点完，断不看他书，东翻西阅，徒徇外为人，每日以十页为率；读史，每日点十页，间断不孝。每月作诗文数首，每天早饭后作字半小时……曾国藩将写的日记文章定期送与倭仁审阅，并请他做眉批，提出不客气的批评。

曾国藩就是这样坚持，终身不变，真正将读书融入生活。曾国藩终身读书的行为，深深地影响了他的兄弟与子女，儿孙三代都成为书法家，次子曾纪泽成为清朝优秀的外交家，在与沙俄谈判中维护了国家利益，保住了大片疆土不被吞并。曾家的后人现在国内外都有，多数是教授、专家、学者。

一百多年前，曾国藩用自己刻苦读书的行为引导其兄弟与子女读书的真实意义说明，授人以鱼不如授人以渔，这是一位有远见卓识者对亲人的大爱。

袁吉六苦读成名师

1953年，湖南省人民政府拨款为一个老师重修了坟墓，毛泽东亲笔题字，这是毛泽东唯一一次为个人的墓碑题字。他就是袁吉六先生。

袁吉六（1868—1932），字仲策，榜名仲谦，清同治七年（1868年）出生于湖南省保靖县葫芦寨，祖籍湖南新化。少时因家境贫困，由父亲授读，但他刻苦用功，博览强记。

光绪八年（1882年），辰沅道台巡视葫芦寨屯务，客寓刘家，听到隔壁传来的读书声通宵达旦，心下好奇。天明，道台便命随行人员把夜读者带过来，只见14岁的袁吉六虽身着破旧长衫，五官却端正，便有意试试他的学问，就出了一个对子："小学生蓝衫扫地。"袁吉六随口就对："老大人红顶冲天。"道台大赞，觉得这孩子是块读书的料子，当即赠书一部，还对随行人员说："莫道苗乡人愚昧，平生少见此奇才。"后来袁吉六承人资助，入馆就读，文章、书法均属优等，经县、府两考，以名列前茅入泮。29岁中光绪丁酉科拔贡。后来因病未能入京会试，便在家设馆教授学生。

1912年，袁吉六随祖辈迁回祖籍湖南新化。次年春在湖南省第四师范学校（后并入第一师范学校）担任国文老师。当时，毛泽东先是被编在预科三班，后来转入本科一部八班。袁吉六是第八班的国文老师，对毛泽东十分器重，尤其赞赏其文采，经常找他谈话，并介绍选读古典文学作品。袁吉六爱惜自己的藏书，从不外借，唯独乐意借给毛泽东阅读。

毛泽东在湖南省第一师范学校就读时，康梁文体风靡一时，学生作文竞相仿效。袁吉六却对毛泽东说："作文之道，首应务本，完全摹仿康梁，实非所宜。"又说："文章妙来无过熟，要多读、多写、多想、多问。"毛泽东接受教诲，改弦易辙，文章果然独出一格，被袁吉六赞有"孔融之笔"。他还常为毛泽东详解唐宋八大家的文章。

1915 年上学期，第一师范的学生反对当局增收学杂费，发起了驱逐校长张干的罢课运动。毛泽东起草了一份反对张干的传单。事后，张干准备开除毛泽东等 17 人的学籍，袁吉六极力反对，并多次对人说“挽天下危亡者，必期斯人也”。张干被迫收回成命。

毛泽东在延安同美国记者埃德加·斯诺谈及他在湖南省第一师范读书时说：“学校里有一个国文教员，学生给他取了个‘袁大胡子’的绰号。他嘲笑我的作文，说是新闻记者的手笔。他看不起我视为楷模的梁启超，认为半通不通。我只得改变文风，钻研韩愈的文章，学会了古文体，所以多亏‘袁大胡子’，今天我在必要时仍然能写出一篇过得去的文言文。”

毛泽东对袁吉六非常敬重，也念念不忘这位恩师。1950 年，袁吉六的老同事王季范写信告知袁的遗孀生活困难，毛泽东立即去信湖南省省长王首道，“请省府酌予接济”，使袁夫人得以安度晚年。1964 年，他在中南海宴请郭沫若、周世钊、章士钊等人，席间谈起袁吉六老师时，章士钊说：“此老通古今文史。”郭沫若接着说：“其人教天下英才。”毛泽东听了笑着说：“英才过誉，但‘教天下’则符合袁老身份。”

孙中山以读书推动革命

孙中山曾自述平生嗜好：“除革命而外，唯有读书而已。”“革命”一词正是他从读书中得来。有一次，他从《易经》中读到“汤武革命，顺乎天而应乎人”一语，深觉“革命”二字意义深远，因此改“起事”为“革命”，改“会党”为“革命党”。

孙中山为倡导革命，“驱除鞑虏”，常奔波于海内外。他认为“旅行中他物均可不带，独书籍不肯忘”，因此“藏于行箧而刻不离者，非手枪炸弹，而为爱之书籍”。他很善于利用闲暇时间读书，武装自己的头脑。1896 年，伦敦蒙难脱险后，他每天都到英国伦敦图书馆潜心读书，广泛涉猎政治、经济、历史、哲学及自然科学等知识，寻求救国的真理。其间还翻译了《红十字会救伤第一法》等书。他还要求革命同志有暇“当从事译书、读书或从事于实地考察”。

孙中山十分重视子女的读书。长子孙科在美国檀香山读中学时，孙中山曾寄给他一套一百册的英文书籍——“人人文库”丛书，都是英国著名作家撰写的小说、剧本，后来孙科到加利福尼亚大学攻读文学，孙中山又向他介绍读书方法：在大学头两年要广泛阅读，不要单看文学书，社会科学的书也要看，还多次寄去中国的线装书与英文名著。

1905 年，孙中山改组兴中会，与华兴会、光复会联合成立中国同盟会，被推为总理。他在研读与借鉴资产阶级革命理论的基础上，创新地提出了民族、民权、民生的“三民主义”学说。

孙中山的薪俸也大多用于购书。他曾回忆：“至于读过之书，无法尽记，惟在革命失败时，每年书费至少四五千元，若从事革命时，书费较少，只二三千元罢了。”二次革命失败后，他逃到日本，随身带了六只皮箱。日本刑警以为他一定带了很多银圆、美钞，检查时却惊愕地发现皮箱内全是书。

辛亥革命不久，袁世凯窃取了革命果实。孙中山又组织反袁斗争，领导护法运动，但由于没有发动人民群众参与而失败。正当孙中山苦闷彷徨时，他读到李大钊《布尔什维主义的胜利》等文章，研究了俄国革命的成功经验，认为“适乎世界之潮流，应乎人群之需要”。在 1924 年召开的国民党第一次代表大会上，他提出了“联俄、联共、扶助农工”三大政策，把旧“三民主义”发展成为适应时代要求的新“三民主义”，开辟了中国民主革命新局面。

为了把书本与实际、知与行、读书著述与革命结合起来，以达到统一党内思想，唤起民众觉悟，1918 年夏，孙中山在上海一度闭门著书，总结革命历程，最后撰成《建国方略》，完成了长期以来自己所设想的建设中国的宏伟蓝图。《建国方略》又称“孙文学说”，曾被选为“影响中国历史的三十本书”之一。

毛泽东的读书生活

美国 R. 特里尔的《毛泽东传》有专章写毛泽东青年时代刻苦、独特的读书经历和方法。毛泽东自己也说：“我一生最大的爱好是读书，饭可以一日不吃，觉可以一日不睡，书不可以一日不读。”读书是毛泽东生活的一部分，须臾不可相分离。他在青少年时代就立志读书成大器，并付诸行动。

毛泽东 8 岁时才进本村私塾念书，学的是“四书五经”，但他读了许多课外书，尤其《水浒传》《三国演义》《西游记》等描写战争与反叛精神的书，这些书比任何东西都更影响毛泽东的心灵世界。

毛泽东 17 岁到湘乡驻省中学读书，不久参加湖南新军，后来决定重返学校读书，进入湖南省立第一中学。在一中的半年里，他泡在图书馆读书，饱览现代西方历史和地理，又转涉小说、中国诗词和希腊神话，还有改良派严复翻译的亚当·斯密、斯宾塞、穆勒和达尔文的名著以及卢梭和孟德斯鸠的作品。

这半年是毛泽东一生坚持读书的开始，他在图书馆接触了西方思想，从此“走向世界”。毛泽东曾说：在青年时代看了《共产党宣言》等三本马克思主义书籍，特别深刻地铭记在心中，从而树立起马克思主义的信仰，一直没有动摇过。

后来因为读师范可免交学费，且食宿便宜，毕业后可任教，毛泽东便转到湖南第一师范。在这五年半的时间里，毛泽东读书之余，写了不少于百万字的笔记分析与观点评注。

在第一师范读书时，毛泽东接触的主要是道德哲学和报纸——这是他持续终生的两个爱好。他把家里寄来的一点钱订了一份报纸，还剪报集报，在空白处写上城市、河流、山脉的名称。读新闻时，他的手边总放着一本中国地图册和世界地图册，新闻中提到的每一个地理名字，他都在地图上找到并记下来。他还养成了带书到嘈杂喧闹的南门大街去看的习惯，以此作为考验，培养自己的注意力。

毛泽东一生坎坷，但无论顺逆，他总不忘读书。20世纪30年代上半叶，他在党内受到“左”倾路线的打击被撤职后，说了三个字：“读书去。”通过读书与思考，他更坚定了马克思主义与中国革命实际相结合的信念。

在延安时，毛泽东仍然重视和坚持读书，曾参加读书团体的业余读书活动，并说：“假如只能再活10年，也要读9年零359天书”。文献出版社曾出版过一套《毛泽东读书集成》，共259卷，收集了1000多种书稿，其中很多书毛泽东都反复读，有些线装书甚至连线都翻断了。

直到去世前7小时，毛泽东还在阅读。去世后，从他的寓所菊香书屋清点出9万多册书。毛泽东曾对人讲过，他将《资治通鉴》这部300多万字的史书读过17遍。他读完了二十四史，总计3259卷，线装850册，约4000万字，写了大量的批注，正所谓“读罢头飞雪”。

毛泽东的读书生活主要有三个特点：

（一）读文史书籍是他个人的兴趣爱好，但在更多情况下，他总是结合革命和建设实践的需要来择书而读。如中央苏区时期读列宁的《共产主义运动中的“左派”幼稚病》，初到陕北为总结土地革命的经验教训阅读大量马列著述，延安整风亲自圈定22种文章和书籍，进北京城前读《甲申三百年祭》。

（二）他的读书活动看似是个人化的选择，相当程度上却是一种社会化的活动。他在会议上经常开列出一些书目让干部们读。这也成为他的一种工作方法。

（三）读书人和革命家、政治家的双重情怀，使毛泽东既有“我注六经”的素养训练和求是的学术精神，又有“六经注我”的现实敏锐眼光和超越气魄。他在书中常常能见一般读书人所难见到的精妙，发一般读书人所难能的感慨和见识。

尽管身为国家领导人，日理万机，但毛泽东善于挤时间读书。每次外出，也常常是书籍大搬家。R. 特里尔说：“毛泽东的经历，足以使他成为马克思、列宁、斯大林合为一体的中国革命的化身。”还有人说：“毛泽东对外部世界所知甚多。他不间断地读书。本世纪中没有其他一位世界领导——甚至戴高乐都不例外——像毛泽东那样读那么多书，写过那么多东西。”（《谁对毛泽东的评价最科学》）

从读书成就人生的意义看，或许我们可以说，是读书造就了毛泽东。

钱锺书勤做笔记

著名学者钱锺书一生不看电影不看戏，除了读书，没有其他爱好，很好地践行了他的名字真义——锺书，一生锺情于书。据说周岁“抓周”，他伸手抓了一本书，父亲为之大喜，遂为他正式取名“锺书”。从此以后他便和书结下不解之缘。从当年“横扫清华图书馆”、初出茅庐的翩翩才子，到后来学贯中西、博古通今的大学者，他读书不倦，乐在其中。

凡与钱锺书有深交或只有一面之缘的人，都会对他学问的广博、思维的深刻、反应的敏捷、悟性之高、记忆力之强而叹为观止。据说他读书不加选择，有什么书就看什么书。有一天，他和学生逛书店，笑着说：“你在这儿如能找到一本书我没读过，我就不算是你的老师。”学生出于好奇，便在店里专找那种从没听说过的冷僻书，钱锺书却立刻说出此书是哪朝哪代何人所作，书中讲些什么内容，屡试不爽，让学生惊叹不已。

人们惊奇于他有过目不忘的本领，却不知他的好记性源于他的勤奋和治学的严谨，肯下功夫，认真做笔记。做笔记很费时间，但钱锺书乐此不疲，他做一遍笔记的时间，约摸是读这本书的一倍。他说，一本书，第二遍再读，总会发现读第一遍时会有很多疏忽。最精彩的句子，要读几遍之后才发现。

每次进线装书库，钱锺书都会拿着铅笔和笔记本，不断地翻检书籍，不断地抄录、做笔记，常常忘记时间。所以许多线装书的借阅卡上就只有他一个人的名字。他精读过的每一部书都会反复评点，有的连两头和页边都写满了，再也找不到一点空地方。撰著《管锥编》时，杨绛为他整理、检点笔记本，整整费了两天工夫，装了几大麻袋。“文革”时期，钱锺书被下放到“五七干校”进行思想改造，他说最不能忍受的只有一条——没有书。女儿访英，他也只有一句交代——多买新书。难怪与他荣辱与共、相濡以沫的夫人杨绛断言：“他这一生只要有书可读，便别无他求。”

2016年5月25日，钱锺书夫人杨绛先生辞世，享年105岁。她终身读书与写作，与钱钟书一样淡泊名利而追求学问，可谓：一世读书抵封侯。

刘道玉读书的苦与甜

武汉大学前校长刘道玉在自传《一个大学校长的自白》中讲述了他从私塾到大学再到留苏研究生的学习生活。“从来好事天生俭，自古瓜儿苦后甜。”“苦”与“甜”二字辩证地概括了他的读书体会。

刘道玉幼时接受的是私塾教育，他的启蒙老师开宗明义就是要求苦学：“苦，苦，苦，不苦何以通今古？”呆板的私塾教育让他初步受到传统文化、四书五经的熏陶，也树立了苦学的理念。孟子的名句：“天将降大任于斯人也，必先苦其心志，劳其筋骨，饿其体肤，空乏其身……”其核心就是一个“苦”字，这让刘道玉从内心里接受了他的教言，感觉获益更多，认为这是实现“以天下为己任”人生抱负必经的磨炼过程。

苦与甜是相对的。刘道玉举例说，苦瓜虽苦，可南方人爱吃，越品越香甜。读书也是如此，仁智互见，苦甜自知。刘道玉并不觉得其苦，从苦中反而品尝到了付出代价的分量，也获得了某些成功的欢乐。这之间的差别，既反映他的生活态度，也体现其世界观。林语堂说：“有价值的学者不知道什么叫做‘磨炼’，也不知道什么叫做‘苦学’。他们只是爱好读书，情不自禁地一直读下去。……一个人有读书的心境时，随便什么地方都可以读书。如果知道读书的乐趣，他无论在学校内或学校外，都会读书。”

真正的读书人从来不觉得读书是件苦事。什么才是真的读书人？并非读书的都能称为读书人，著名学者杨玉清道：“以读书混文凭的人，不是读书人；以读书混官的人，不是读书人；以读书为时髦、为装饰的人，更不是读书人。能辅世长民，能经天纬地，那才是中国之所谓的读书人。”

在刘道玉的心目中，北宋大儒张载立志“为天地立心，为生民立命，为往圣继绝学，为万世开太平”，这才是一个知识分子的担当。屏居南山之下，危坐一室之中，昼则简编，俯读仰思，夜则秉烛，继之不辍，这才是读书人的境界。

刘道玉一生以“苦读知书味，创造乐无穷”自勉，他觉得，读书只是手段，创造才是目的。读书接受的是间接知识，而创造则是发明创新，是自我开创。辛苦地读书是为了将来从事创造，当新的发明最终诞生，也便完成了从苦到乐的转变过程。

这正是刘道玉校长的苦乐读书观。

刘嘉忆的积累与成功

2011 年 5 月，由北京大学、南京大学和浙江师范大学联合举办的逻辑学术会议在浙江师范大学举行，当时还是大三学生的刘嘉忆应邀参加会议。在会上他报告了自己对国际数学难题拉姆齐二染色定理的研究结果，给这一悬而未决的学术难题一个否定式的回答，彻底解决了英国数理逻辑学家西塔潘的猜想。

反推数学中的拉姆齐二染色定理是西塔潘20 世纪90 年代提出的一个猜想。2010 年 8 月，刘嘉忆在自学反推数学的时候第一次接触到这个难题。刘嘉忆阅读大量文献后发现，海内外不少学者都在进行反推数学中的拉姆齐二染色定理的证明论强度的研究。但 10 多年来许多著名研究者一直努力都没有解决。

刘嘉忆酷爱数理逻辑。数理逻辑是研究及推理的数学分支。它使用数学的方法来研究推理和结论之间的形式关系，在计算机科学领域发挥着重要的理论指导作用。2010 年 10 月，刘嘉忆突然想到利用之前的一个方法稍作修改便可以证明这一结论。连夜将这一证明写出来，投给了数理逻辑国际权威杂志《符号逻辑杂志》。

《符号逻辑杂志》主编、国际逻辑学知名专家、芝加哥大学数学系邓尼斯·汉斯杰弗德看到论文后复信：“我是过去众多研究该问题而无果者之一，看到这一问题的最终解决感到非常高兴，请接受我对你令人赞叹的惊奇的成果的祝贺！”

事后刘嘉忆说：“我在思考这个命题时好像灵光一现，论证倒没有花太多的时间。如果一定总结点什么，可能与我平时的积累有关吧。”刘嘉忆的成功无疑正是从他的积累而来。同学都说，他每到课余时间就会到图书馆，一回来准会带上大堆全英文数学书籍，常常捧着看到深夜。

马克·吐温说：“人的思维是了不起的，只要专注于某一事业，那就一定会做出使自己吃惊的业绩来。”明朝人吕坤也说：“天下至精之理，至难之事，若以潜玩沉思求之，无厌无躁，虽中人以下，未有不得者。”刘嘉忆的经历可以说是这两句名言的生动注解。

文摘

曾国藩“三有”读书法

曾国藩对读书有精深的体会和独到的见解，这在《曾国藩家书》中有很多。他认为读书可改变人的气质。在写给儿子曾纪泽的信上说：“人之气质，由于天生，本难改变，唯读书则可以变其气质。古之精相法者，并言读书可以变换骨相。欲求变化之法，须立坚卓之志。”

曾国藩曾提出“三有”读书法：“士人读书，第一要有志，第二要有识，第三要有恒。有志则断不甘为下流；有识则知学问无尽，不敢以一得自足，如河伯之观海，如井蛙之窥天，皆无识者也；有恒则断无不成之事，此三者缺一不可。”

他主张学以致用：“吾辈读书，只有两事：一者进德之事，讲求乎修齐之道，以图无忝所生。一者修作业之事，操习乎记诵词章之术，以图立卫其身。”读书增益人生两事：增进德才，有德有才者即可在社会上安身立命（即“无忝所生”“立卫其身”）。

持之以恒是主要的读书之道。曾国藩在戎马之间读书如故，从不间断。在家书中，也屡屡要求儿辈做到“切勿以家中有事，而即间断看书之课，虽走路之日，到店亦可看书，考试之日，出场亦可看书也”“每日读背之书不必多，十页可耳，看涉猎之书不必多，十页可耳”。

他要求他们读书要手到口到。手到就是在书上写批注与心得，写体会；口到就是朗读。他主张凡人“读文以声调为本”，把前人们神气、音节都在喉吻间烂熟于心。

曾国藩还归纳了读书“看、温、习、思”四事并行的方法。他说：“看生书宜速，不多阅则太陋。温旧书宜求熟，不背诵则易忘。习字宜有恒，不善则如身之无衣，山之无木，作文宜苦思，不善作则如人之哑不能言，马之跛不能行。四者误一不可。”

毛泽东谈学习

在延安时期，毛泽东曾致信在苏联学习的儿子毛岸英、毛岸青："惟有一事向你提建议，趁着年纪尚轻，多向自然科学学习，少谈些政治。政治是要谈的，但目前以潜心学习自然科学为宜。社会科学辅之。将来可以倒置过来，以社会科学为主，自然科学为辅。总之要注意科学，只有科学是真学问，将来用处无穷。"（谢柳青编著《毛泽东家书》）

这封信包含了有关读书之事的丰富信息：一是读书要"趁着年纪尚轻"之时；二是应"多向自然科学学习，少谈些政治"；三是今后可把自然科学与社会科学的学习"倒置过来"；四是肯定"科学是真学问"，学好了"将来用处无穷"。

——据《老人报》资料改编

1941 年元旦，毛泽东同志为延安保育院的小学生金德崇题词："又学习，又玩耍"。简单生动的几个字包含了对学习的深刻理解。毛泽东同志一向认为，爱玩耍是孩子的本性，也是他们认识事物的方式。他说，入学前的小孩，一岁到七岁，接触事物很多。两岁学说话，三岁哇啦哇啦跟人吵架，再大一点就拿小工具挖土，在玩耍中模仿大人劳动，这就是观察世界。他还认为，对孩子的认知引导应该循序渐进，不能盲目拔高，要在人认识事物的本能和自然形成的过程范围内来培养孩子的抽象思维。

1953 年 6 月 30 日，毛泽东同志在接见中国新民主主义青年团第二次全国代表大会主席团成员时说：青年时期是长身体的时期，如果对青年长身体不重视，那很危险；青年比成年人更需要学习，要学会成年人已经学会了的许多东西；但是，他们的学习和工作的负担都不能过重；尤其是 14 岁到 18 岁的青年，劳动强度不能同成年人一样；青年人就是要多玩一点，要多娱乐一点，要跳跳蹦蹦；这些特点都和成年人不同；一方面学习，一方面娱乐、休息、睡眠，这两方面要充分兼顾，两头都要抓紧。

1958 年 9 月 8 日，毛泽东同志在最高国务会议上进一步提出，教育必须与劳动相结合，学习和劳动结合起来是一大改革。他赞赏古人"读万卷书，行万里路"的治学之道。正是为了践行开门求学的原则，毛泽东同志在湖南第一师范读书期间曾利用假期考察湖南农村。北伐战争期间，毛泽东同志于 1927 年专程赴湖南考察湘潭、长沙等五县的农民运动，并写出了《湖南农民运动考察报告》。

毛泽东同志在长沙求学时期曾立言以身心之修养、学问之研求为主，用功读书，虚心求教，持之以恒。在延安时期，已是中国共产党主席的毛泽东，在读艾思奇的《哲学与生活》一书时，曾亲笔作了3000余字的摘录，还致信艾思奇虚心求教。他在《〈农村调查〉的序言和跋》中说，要了解情况，“第一是眼睛向下，不要只是昂首望天。没有眼睛向下的兴趣和决心，是一辈子也不会真正懂得中国的事情的”。

——姚燕《毛泽东谈学习》，摘自《中直党建》2010年第11期

我们应该怎样读书

中国人与西方人在读书上是有差别的，中国人强调“学以致用”，而西方人则更强调“学以致知”。当然，“学以致用”是必要的，但仅仅停留在学以致用上就不够了，应进一步深化境界。“用”和“知”有什么区别呢？德国马克斯·普朗克学会主席彼得·格鲁斯曾说：基础学科是回答“这是为什么”，而应用学科回答的是“这有什么用”。以此而论，学以致用只是回答应用问题，而学以致知则回答真知问题。因此，在做学问上，我们不仅需要学以致用，还要学以致知，也即探究事物本源，发现以新理论、新技术为载体的新知识。

读书当然应有选择，不同专业和职业的人需要选择适合自己的书。不过，除了职业之外，还要阅读一些陶冶人文素质的书，例如哲学、美学、心理学、文学、历史等方面的著作。我个人的经验是，尽可能地阅读经典著作，因为经典之为经典，不仅是经过长久实践的检验，而且获得了学术界的认同，一般少有谬误流传。大凡经典之作，多出于大师和名家之手，他们严谨治学的态度也反映在书中，如康德、黑格尔、笛卡尔、培根、罗素、弗洛伊德、穆勒、杜威等。在我国文化典籍中，像《史记》《红楼梦》《三国志》《资治通鉴》等，都是传承千百年的名著，受益者不计其数。

当今，网络技术十分发达，不少年轻人喜欢上网，而忽视读书。虽然网络上存储着巨大的信息，但网络不能代替读书。这是因为网络上的资料，是网站技术人员收集和综合的，往往不系统、不全面，也不见得都正确。因此，应当把网上阅读与读经典著作结合起来，使之相互补充。目前读书人不买书和不订阅报刊是很普遍的现象，这与做学问的要求是相悖的。有人曾作过调查，一个拥有数万人的大学，有5000多名教职员工，可是订阅期刊的仅有250人，订阅报纸的只有430人。这与20世纪五六十年代的风气完全不同，那时绝大多数教师至少订2种专业杂志和1份报纸，人人专心向学。现在，校园里停满了各式名牌的轿车，居室无不装修得富丽堂皇，但就是舍不得花钱买书和订阅报刊。

这显然不是金钱问题，可能是精神导向发生了偏移。不少现代人的精神变得虚脱，信仰逐渐迷失，读书风气日衰，这预示着文化的危机，应该引起国家有关部门的高度重视。

——刘道玉《我们应该怎样读书》(2011年2月15日《人民日报》)

读书，过不一样的人生

人有两个老师，一为活老师，二为死老师，即图书。活老师固然可贵，而死老师的可贵更超过活老师，活老师也是从死老师来的，死老师是“太上老师”，图书馆是“太上研究院”。

——蔡尚思

读书要“自以为非”，而不是自以为是，越读越觉得自己知道的太少。借用英国作家伍尔夫的书名《自己的房间》，每本书都是自己的房间。我相信，每一个人年轻时都有一种冲动，盼望有一间自己的房间，有自己的独立空间。

——陈丹青《在学习中寻找幸福》(2011年8月26日《南方日报》)

读书好比隐身串门儿。要参见钦佩的老师或拜谒有名的学者，不必事前打招呼求见，也不怕搅扰主人。翻开书面就闯进大门，翻过几页就升堂入室；而且可以经常去，时刻去，如果不得要领，还可以不辞而别，或者另找高明，和他对质。

——杨绛《潜心读书的体会》(2006年《南方》月刊第二期)

锻炼与不锻炼的人，隔一天看，没有任何区别：隔一个月看，差异甚微；但是隔五年十年看，身体和精神状态上就有了巨大差别。读书也是一样的道理，读书与不读书的人，日积月累，终成天壤之别。

今天多学一点知识，明天就少一句求人的话。

问：“我读过很多书，但后来大部分都忘记了，你说这样的阅读究竟有什么意义?”

答：“当我还是个孩子时，我吃过很多食物，现在已经记不起来吃过什么了，但可以肯定的是，它们中的一部分已经长成我的骨头和肉。”

你读过的书其实早已融进你的骨血，只要一个触动点，就会喷薄而出。

——《读书和不读书，过的是不一样的人生》

能够与好书亲善相处的人是最明智的人，年轻时他可以从中吸取乐趣与教诲，到鬓发染霜，他的心灵则得到亲抚和安慰。

——周晗《智慧的钥匙》

读书就是读你自己，读什么书，成什么人。书潜移默化地塑造你的人格，因此，要成为第一流的人，就要读第一流的书。

——顾作义《汉字的菩提》

对于青少年来说，勤学苦读是非常必要的，这是求知的必经阶段。

——顾作义《汉字的菩提》

一本好的书，好似一把好的钥匙，改变你的命运，让你走向光明。所以，书是良师益友。

——洪昭光（卫生部原首席健康教育专家）

书是上帝派来的夜晚的精灵，专为安抚我们的身心的。

——陈应松（湖北文学院院长）

阅读的最大理由是想摆脱平庸，早一天就多一份人生精彩，迟一天就多一天平庸的困扰。

——余秋雨

感兴趣了，读书是一件很自然的事情。

——冯骥才

读一本好书，如同找到一位好老师。要想获得知识就必须多读书。

——高荣《读书和筛选》

闲中觅伴书为上，身外无求睡最安。

——刘墉（旅美作家）

更喜书香常作伴，宋湘佳话绕围龙。

——黄华华《山河颂》

读一本好书的感觉就像自己又多活了一次。

——佚名

黄金非宝书为宝，万事皆空善不空。

——马立安（马英九父亲）

饱读诗书，能使一个长相平凡的男人变得温文尔雅、风趣幽默、气质如兰。

——佚名

不要荒废时光，毋贪眼前之乐，年少应尽量多学点文化，打开眼界，括宽思路，培训智慧，年稍长后才有在生活的夹缝里游刃的资本。

——郭碧良《读懂一本书，精于一件事》

人要活到老，学到老，学无止境；幸福人生更是离不开学习。幸福人生的心理修炼，可以帮助我们解除束缚，生命的各种困惑，超越自我，找到内心的能量，为自己修建一种精神家园的靠山。

——薇华（积极心理学专家）

人之学如渴而饮河海，大饮则大盈，小饮则小盈。

——马兑《意林·物理》

你知道的，爸爸有句格言：读书就是回家，书这一张纸比钞票更值钱！请容我最后饶舌一句，刚才我说的似乎都是战略性的东西，让书带你回家，让书安你的心，让书练你的翅膀，这也许就是战术吧。

——麦家《给儿子的一封信》

二 读书须立坚卓之志

攻城不怕坚，攻书莫畏难。科学有险阻，苦战能过关。

——叶剑英《攻关》

读书要有敬爱之心。读书不可不敬。敬便精专，不走了这心。

——（宋）朱熹《读书心法》

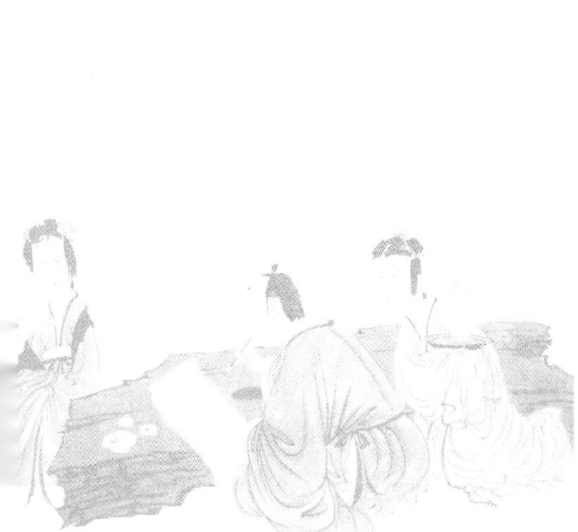

导语

读书当心静意敬

持敬爱之心读书是古代读书人的传统。

尊重，有礼地对待与喜好是“敬爱”的基本要求。古代的书院或学府及老师在教学实践中，特别强调学生必须保持敬爱心，才能虚怀若谷接受书本知识以及老师传授的学问。古籍《曲礼》有“毋不敬”之说，清朝康熙皇帝说“诚与敬，千古相传之学，不越乎此”，宋代的程颐说“敬胜百邪”，说明读书求知者唯有敬爱之心能真正约束人的精神而全身心读书。

古代的老师（先生）或书院（学校），沿袭了孔子倡导、由其弟子发扬光大敬爱学业的传统思想。表现在做法上，子弟入学时要先叩拜孔子像（牌位），尔后拜老师，且是由家长领着弟子同拜。这说明上学读书是人生极重要的事。必须从心底里敬重老师，敬爱学业，敬畏学规，恭敬地读书。此举从思想意识上为走入学堂的子弟设置了自律的底线。

为什么要求学者持恭敬心读书？这样做有什么意义？近代的曾国藩是靠“读书起家”的名人，对此有一番精深的论述：

> 敬之一字，孔门持以教人，春秋士大夫亦常言之，至程朱，则千言万语不离此旨。内而专静纯一，外而整齐严肃，敬之工夫也；出门如见大宾，使民如承大祭，敬之气象也；修己以安百姓，笃恭而天下平，敬之效验也。程子谓上下一于恭敬，则天地自位，万物自育，气无不和，四灵毕至。聪明睿智，皆由此出。以此事天飨帝，盖谓敬则无美不备也。
>
> 吾谓敬字切近之效，尤在能固人肌肤之会、筋骸之束。庄敬日强，安肆日偷，皆自然之征应。虽有衰年病躯，一遇坛庙祭献之时，战阵危急之

际，亦不觉为神为之悚，气为之振，斯足知敬能使人身强矣。若人无众寡，事无大小，一一恭敬，不敢懈慢，则身体之强健又何疑乎？（《曾国藩教子书》）

这段话说明曾国藩自己是持恭敬之心读书，且有深切的感受。其核心思想是强调主观从严，自我努力去适应客观环境。其含义可概括四个方面：

一是从个人气质修养上解释内外"敬"的"工夫""气象""效验""聪明睿智，皆由此出"；二是从自然规律层面解释"敬"的效验是"天地自位，万物自育，气无不和，四灵毕至"；三是从社会生活（政治）解释"敬"的效验"气无不和，四灵毕至"；四是从人的躯体与精神关系解释"敬"的效验"敬能使人身强"，这是曾国藩独到的体验与见识。他感慨而强调："若人无众寡，事无大小，一一恭敬，不敢懈慢，则身体之强健，又何疑乎？"这些思想体现了古代推崇的"天人合一"的世界观。

在曾国藩看来，"恭敬"不仅是个人的事，与自然环境，与社会生活有着密切的关系。"上下一于恭敬，则天地自位，万物自育，气无不和，四灵毕至"而形成人的内心和谐、人与人和谐、人与社会和谐、人与自然和谐的氛围。在和谐的社会与自然环境里，人们"安肆日偷"地生活。这番话不是凭空杜撰的，是曾国藩读书多、经历多、观察多、思考多、总结与写作多才能说出别人想说而说不出的话，自是一番独到的见解。

1953 年，钱穆先生在制订香港新亚书院学规时，也把"敬爱"专列一条："学校的规则是意志的表现，学校的风气是你的性情的流露。学校的全部生活与一切精神是你们学业与事业之开始。敬爱你们的学校，敬爱你的师长，敬爱你的学业，敬爱你的人格。凭你的学业与人格来贡献于你敬爱的国家与民族，来贡献于你敬爱的人类与文化。"

这段文字中六次共十二字出现"敬爱"之词。从前后所"敬爱"的对象看可分为五类：其一，敬物——"敬爱你的学校"。不是别人的是"你的"。这是读书求知的物质基础，可看作"硬件"。其二，敬人——"敬爱你的师长"。其三，敬己——"敬爱你的人格""敬爱你的学业"。这些属"软件"，完全取决于人的主观意识与行为。其四，"敬爱国家与民族"。其五，"敬爱人类与文化"。后两项是社会与精神文化层面的内容。一至三项可看作小敬小爱，四至五项是大敬大爱，是一至三项的提升，是由物到人、到社会精神层面的必然发展，达到这个层次者才可以说这番书没有白读。

读到此，可看出钱穆先生当年制定此学规要培养德才双兼人才的良苦用心，其意义与影响已远远超出了学规制定者的初衷。

——编者

箴言

读书立志

志者，学之师也；才者，学之徒也。学者不患才之不赡，而患志之不立。

——（东汉）徐干《治学》

不专心致志，则不得也。

——《孟子》

真积力久则入。（能真诚积累，力行持久，就必定有深入学问门类的成就）

——《荀子·劝学》

发愤识遍天下字，立志读尽人间书。

——（宋）苏轼

我一生最大的爱好是读书。饭可以一日不吃，觉可以一日不睡。书不可以一日不读。

——毛泽东

立志宜思真品格，读书须尽苦功夫。

——（清）阮元

书痴者文必工，艺痴者技必长。

——（清）蒲松龄

要成功一件事业，必须花掉毕生的时间。

——（荷兰）列文虎克

为学犹掘井，井愈深土愈难出，若不决心到底，岂得见泉源乎？

——（明）张九功

立志要如饥渴之于饮食。……为学须是痛切恳恻做功夫，使饥忘食，渴忘饮，始得。

——（宋）朱熹

子弟患无志实学耳，苟真有志求益，何患乎有不及解之经书乎？

——（清）唐彪《读书谱》

立身以力学为先，力学以读书为本。

——（清）周永年《先正读书诀》

吾资之昏，不逮人也；吾材之庸，不逮人也。旦旦而学之，久而不怠焉，迄乎成，而亦不知其昏与庸也。

——（清）彭端淑《为学一首示子侄》

无冥冥之者志，无昭昭之明；无惛惛之事者，无赫赫之功。

——《荀子·劝学》

人若志趣不远，心不在焉，岁学不成。

——（宋）张载

吾儒读书，首要立志。立志贵坚，坚而有恒，其学必成。一切世事，俱要立志，读书希圣希贤，志尤为最。试看越王之复吴仇，张良之报韩恨，以及狄仁杰之复唐室，志有所在，而事必成也。

——（清）石成金《读书心法》

韬略终须建新国，奋发还得读良书。

——郭沫若

志当存高远，行不外平常。

——季羡林《季羡林口述史》

爱惜光阴，发奋读书，研究为人类服务的各种学问，有了学问之后，便要立志为国家服务，为社会服务。像七十二烈士一样，虽至牺牲生命义所不惜。

——孙中山《岭南大学黄花岗纪念会的演说》

古人学问无遗力，少壮工夫老始成。纸上得来终觉浅，绝知此事要躬行。

——（宋）陆游《冬夜书示子聿》

学者要德性坚定。到坚定时，随常变、穷达、生死只一般。

——（明）吕坤《呻吟语·问学》

屋漏之地，可服鬼神；室家之中，不厌妻子，然后谓真学实养。

——（明）吕坤《呻吟语·问学》

真欲立志，不能如是容易，必先研究哲学、伦理学，以及所得真理，奉以为己身言动之准，立之为前途之鹄，再择其合于此鹄之事，尽力为之，以为达到之方，始谓之有志也。

——毛泽东《给黎锦熙的信》

男儿立志出乡关，学不成名誓不还。埋骨何须桑梓地，人生无处不青山。

——毛泽东《七绝·改西乡隆盛诗赠父亲》

学问是苦根上长出来的甜果。

——（英）李嘉图

子曰："吾十有五而有志于学。"圣人一生，品在"志学"一言，又实能"学而不厌"，此圣人之所以为圣也。千古圣贤，与我同类人，何为甘于自弃而不学？苟志于学，希贤希圣，孰能御之？是故志学乃作圣之第一义也。

——（清）康熙《庭训格言》

子曰："志于道。"夫志者，心之用也。……志之所趋，无远弗届；志之所向，无坚不入。志于道，则义理为之主，而物欲不能移，由是而据于德，而依于仁，而游于艺，自不失其先后之序、轻重之伦，本末兼该，内外交养，涵泳从容，不自知其入于圣贤之域矣。

——（清）康熙《庭训格言》

一切事的开头总是困难的。这句话，在任何一种科学上都是适用的。

——（德）马克思

心静意敬

夫学岂有速化之理哉？是故，善学者无躁心，有事勿忘从容以俟之而已。

——（明）吕坤《呻吟语·问学》

工夫全在冷清时，力量全在浓艳时。……古之学者在心上做工夫，故发之外面者为盛德之符。

——（明）吕坤《呻吟语·问学》

明理省事，此四字学者之要务。

——（明）吕坤《呻吟语·问学》

涉世处事，“敬”字工夫居多，读书穷理，“静”字工夫最要。

——（清）唐彪《读书谱》

读书有三到，谓：心到，眼到，口到。三到之中，心到最紧。心既到矣，眼口岂不到乎？

——（宋）朱熹《训学斋规》

学者出于心，心为身之主，耳目候于心。若心不在学，则听诵不闻，视简不见。如欲炼业，必先正心，而后理义入焉。

——（南朝·梁）刘勰《专学》

读书，心不欲杂，杂则神荡而不收；心又不欲劳，劳则神疲而不入。

——（清）石成金《读书法·屺瞻先生读书法》

用半日静坐，半日读书，如是三年，何患不进？将闲务减省，专心静坐读书，学与时积，自得大功。

——（清）石成金《读书法·朱晦庵夫子读书法》

心无累能静。勤省察以驱闲念能静，不疾行大声能静，不见可欲能静。

——（清）唐彪《读书谱》

读书要先除去杂念，才能熟得透彻，记得久远。……譬如人腹中消去几分藜藿菜蔬，才能进得几分珍馐美味。这杂念不独是尘俗事件，即书中亦有要紧的，不要紧的。

——（清）石成金《读书心法》

读书最忌讳闲话，管闲事，盖闲话闲事俱令人心散神飞，无益而有损也。

——（清）石成金《读书心法》

心非静不能明，性非静不能养，静之为功大矣哉。灯动则不能照物，水动则不能鉴物，静则万物毕见矣，惟心亦然。

——（清）唐彪《读书谱》

精神一日不用则愚。若无事，用在何处？只宜读书。……惟静坐读书，才有益身心。如不信从，便是无福。

——（清）石成金《读书法·贺叔交先生读书法》

虽是寻山客，还同慢世人。读书惟务静，无福不忧贫。野色春冬树，鸡声远近邻。郄公即吾友，合与尔相亲。

——（唐）皇甫冉《送薛秀才》

静是个见道的妙诀，只在静处潜观，六合中动的机括都解破。学者万病，只一个静字治得。为学第一工夫，要降得浮躁之气定。

——（明）吕坤《呻吟语·问学》

“静”字全无功夫，欲心之凝定，得乎？

——（清）曾国藩

学者只能使心平气和，便有几分工夫。

——（明）吕坤《呻吟语·问学》

学问以澄心为大根本，以慎口为大节目。

——（明）吕坤《呻吟语·问学》

不由心上做出，此是喷叶学问；不在独中慎超，此是洗面工夫，成得甚事。

——（明）吕坤《呻吟语·问学》

是故君子修德之功，莫大于主敬。内主于敬则非僻之心无自而动，外主于敬则惰慢之气无自而生。念念敬斯念念正，时时敬斯时时正，事事敬斯事事正。君子无在而不敬，故无在而不在。

——（清）康熙《庭训格言》

学者须扫除外物，直觅本来，才有个真受用。

——（明）洪应明《菜根谭》

读书最忌者有二件：记性日拙，家事日多。人之一生虚度，皓首无成，皆由此，深可叹惜也。

——（清）石成金《读书心法》

敬者，志之所由以立者也。敬于所存，则志于希贤希圣，敬于所发，则志于尧舜君民。彻上彻下，无内无外，察理则思极其精；处事则思极其当。如是则吾性吾命之学与修齐治平之实，一以贯之，此严恭寅畏所以事天，而古圣人修己以敬，而安人安百姓，举不外此也。

——（清）乾隆《日知荟说》

读书要有敬爱之心。读书不可不敬。敬便精专，不走了这心。

——（宋）朱熹

圣学下手处，是无不敬，住脚处，是恭而安，除了中字，再没有道理，除了敬字，再没学问。

——（明）吕坤《呻吟语·问学》

天之生斯人也，敬之一字，凡事不可须臾离也。

——（清）康熙《庭训格言》

书院学规（立志类）

志者，心之所之也。莫贵于人。莫灵于心。心欲超凡民而之豪杰，豪杰矣！心欲超豪杰而之圣贤，圣贤矣。

——江苏东林书院学规之一

士莫先于立志，宋王孝先曰：“平生不在温饱。”而范希文自为秀才时，即以天下为师法，使志坚定，气量宏远，立朝必能建材，居乡亦足楷模。

若志不高，猥琐龌龊之见，缠绕之于胸中，他日即由造就，亦自卑隘。否则，庸庸碌碌，无当无有之数，岂不辜负一生。

——江宁城（今南京）钟山书院规约之一

主真志，志者，人之命根。天下未有志不立而能有成者，今人务学而不力者，惟志示直耳。

——浙江稽山书院学规之一

天下事未有无志而能成得，盖一时之趋向，终身之事业系焉。

——浙江瀛山书院学规之一

立真志，天下事未有无志而能成者，虽小小曲艺且然，况欲性命大事以为圣人，岂可不立真志？志也不可空立。

——安徽水西书院学规之一

志者，心之所至也。凡人心之此之彼，志必先为之向道，而后心乃从之而往也。如行路者，欲往东，志必先向东而志；欲往西，志必先往西而行。是志之有向，正如射者之有鹄也。故学者之志，未有所向不端而可以有为也。

——台湾文石书院学规之一

学以立志为根源：盖树必有根，其茂参云。水必有源，其流到海。志乃人之根源。……此志一立，此心恒存，一日千里，谁其御之？一念万年，谁其夺之。贯金石，通鬼神，树不朽事业，而无忝所生矣，不亦伟然大丈夫哉！

——江西白鹿洞书院学规之一

志圣贤之至，方办学圣贤之学。士子终日呫哔而不定志所向，则无以别白黑而决从违，即闻见聪明，玩物丧志，有书自书，我自我病。故士贵远大其器识。凡所读书。返身体念，勤勤恳恳。此志不懈，自觉口里亲切有味，身上受用不穷。

——江西白鹭洲书院学规之一

志于道，朱子云“心之所之”之谓。志道，则人伦日用之间所当行者是也。如此而心必之焉，则所适者正，而无他歧之惑矣。

端其志向，学人第一紧要关键。盖人禽之分，贤不肖之别，儒释之异途，道德功利之各出，全在念头之初发。

——江西鹅湖书院学规之一

立志，希圣希天全视乎此志，孔子曰：“士志于道。”孟子曰：“尚志。”士子束发入学，先当定其趋向。所趋远大，则其成也必远大，所趋卑陋，则终于卑陋，志岂可以不立哉？

——广西道乡书院学规之一

孟子曰：“持其志，毋暴其气。”“志者，气之帅也。”“志至焉，气次焉。”心之所之谓之志。帅即主宰之义。志足以率气，则气顺于理，而是气固天理之流行也。何以持志？主敬而已矣。

——马一浮制四川复性书院学规之一

志不立，天下无可成之事，虽百工技艺，未有不本于志者。今学者旷废隳惰，玩岁愒时，而百无所成，皆由于志未立耳。

故立志而圣，则圣矣。立志而贤，则贤矣。志不立，如无舵之舟，无衔之马，漂荡奔逸，终亦何所底乎？

凡学之不勤，必其志之尚未笃也。

——王守仁制贵州龙岗书院学规之一

诸生须立志宏远，不可以读书为取利禄而已也。朱子曰：“而今贪利禄而不贪道义，要做贵人而不要做好人，皆是志不立之病。”又云：“非是科举累人，人累科举耳。若高见远识之士读圣贤之书，据吾所见，为文以应之，得失置之度外，虽日日应举亦不累也。”所言最为谆切，学者必堪破此关，读书乃有进步。

——青海三川书院学约记之一

职业仅为个人，事业则为大众。立志成功事业，不怕没有职业。专心谋求职业，不一定能成事业。……先有伟大的学业，才能有伟大的事业。……以磨炼来坚定你的意志，以反省来修养你的性情，你的意志与性情将会决定你将来学业与事业之一切。

——钱穆制香港新亚书院学规之一

诸生立志坚固，趋向正直，业以远大自期，行以道义为归者为善学。其处心卑下，取舍眩惑，知识未脱于俗陋，意望专在于利欲者为非学。

——韩国伊山书院学规之一

炼金则水出，钻木而火生，人能务学，钻炼其性，则才慧发矣。

——《四部精华〈刘子·崇学〉》

故事

曾巩落榜

曾巩是“唐宋八大家”之一，早年丧父，家境贫寒，兄弟姐妹八九人，都跟着继母朱夫人坎坷度日。曾巩是家中长子，肩上的担子最重。在旧时，出人头地无非科举一途，曾巩不但自己刻苦攻读，还带着弟妹一起，充任家庭塾师。

经过几年的刻苦钻研，曾巩带领大弟曾晔常一同进京应试，结果兄弟二人都落榜。曾巩内心难过至极，更使他难堪的是一些富豪子弟的讽刺。有人甚至写诗挖苦：“三年一度举筵开，落杀曾家两秀才。有似檐间双燕子，一双飞去一双来。”

曾巩既气愤，又无奈，但暗地里自我鼓劲，他总结了落榜的教训，给自己和弟妹们订出了严格的读书计划和制度，继续带领弟妹夜以继日地读书。又经过三年的勤奋学习，嘉祐二年（1057 年），曾巩带领三个弟弟以及妹婿王补之、王彦深等六人进京应试。结果六人全部中榜。喜讯传出，誉满乡里。

左思发愤著《三都赋》

晋代著名文学家左思小时候是个顽皮的孩子，长得丑，又不爱读书，学习书法和弹琴，都没有学成，父亲经常对他发脾气。有一次，左思刚好听到父亲对朋友说的话：“这孩子学习不用功，将来是没有什么大出息了。”父亲失望的神色和语气让小左思很难过，也触动很深，于是他暗下决心，刻苦学习。

年复一年，左思渐渐长大，长年累月的读书积累让他学识日渐渊博，文章尤其出众。可是他没有什么代表作品。后来，他用一年的时间写成了《齐都赋》，在文坛上稍稍有了立足之地。

左思决定拿出更好的作品，他计划以三国时魏、蜀、吴首都的风土、人情、物产为内容，撰写《三都赋》。为此他做出了一个举动，举家从山东临淄迁到京都洛阳，以便于实地考察，搜集资料。当时的大文豪陆机听说了，出语讥刺道："一个乡巴佬，还想写《三都赋》，等他写完后，把那篇文章拿去盖酒坛子吧！"左思听了并不气馁，他潜心研究，精心撰写，用了整整十年，终于写成《三都赋》。文章面世后，洛阳的人争相抄阅，把它和张衡的《两都赋》相媲美，京城洛阳的纸张供不应求，一时间全城纸价大幅度上升，这就是"洛阳纸贵"的由来。

冰心有一首小诗写道："成功的花儿，人们只惊羡它现时的美丽。当初它的芽儿浸透了奋斗的泪水，洒遍了牺牲的血雨。"左思发愤作《三都赋》的故事正是最好的例证。

薛谭学讴

《列子·汤问》里有一则"薛谭学讴"的故事：

薛谭是战国时秦国著名乐师，他年轻时就热爱唱歌，但提升有限，于是千里驱驰去向当时的著名歌唱家秦青学习。

看着风尘仆仆的年轻人一脸恳切的样子，秦青大为感动，便收下了这个徒弟。

从此薛谭潜心学习，苦练歌艺。数年后，他以为已经尽得老师的真传，志得意满，便想回家去了。

秦青有些失望，默然良久，还是同意放他回去。

临走那天，老师在城郊为薛谭饯行。酒过数杯，秦青手打着拍子唱起悲壮的歌。那高亢的歌声，有如天籁，树木为之震动，天上的流云也止步倾听。一曲歌罢，余音不绝。

薛谭目瞪口呆，良久才从老师的歌声中醒悟过来。他扑地便拜，长跪不起，声泪俱下地恳求老师宽恕。他指天发誓，愿终身追随老师，再不言归。后来薛谭也成为颇有造诣的歌唱家，在应召入宫为秦景公歌乐途中坠马身亡，秦景公大为哀叹，下令厚葬。

薛谭学唱的故事生动地说明：为学切忌懈心生。懈心从何而来，不外两途：一是自以为是，满足于一知半解；一是志得意满，满足于既得的荣誉和成就。

范文澜的“一字之教”

现代历史学家范文澜是个治学严谨的学者，北大求学期间，他深受老师黄侃、刘师培的影响，服膺乾嘉考证名家治学“实事求是，无征不信”的严谨态度，摒弃任何缺乏证据的臆说。

到延安后，范文澜开始撰写《中国通史简编》，以“为某些干部补习文化之用”。他在该书第一编的再版说明中郑重申明：“凡给予本编的指教，本人无不欢欣接受，即一字之教，也不敢忽视。”此后30年中，他一心扑在这部书的编写上。特别是在新中国成立后，他基本上是用一只眼来读书和写作（另一只眼近乎失明）。

著名学者韩儒林先生曾将范文澜为学的态度概括为：“板凳须坐十年冷，文章不写一字空。”这是对范文澜治史精神的极好写照。范文澜的助手和高足蔡美彪也说：“据我所知，事实也确是如此，不只这种对待各方面专家的意见，而且也极为认真地对待广大读者的意见。他非常仔细地阅读读者的来信，有错即改，无错的也添加解释，以为回答。”

文摘

诸葛亮《诫子书》《诫外甥书》

诫子书

夫君子之行，静以修身，俭以养德。非淡泊无以明志，非宁静无以致远。夫学须静也；才须学也，非学无以广才，非志无以成学。淫慢则不能励精，险躁则不能治性。年与时驰，意与日去，遂成枯落，多不接世，悲守穷庐，将复何及！

诫外甥书

夫志当存高远，慕先贤，绝情欲，弃凝滞。使庶几之志，揭然有所存，恻然有所感。忍屈伸，去细碎，广咨问，除嫌吝，虽有淹留，何损于美趣，何患于不济？若志不强毅，意不慷慨，徒碌碌滞于俗，默默束于情，永窜伏于凡庸，不免于下流矣。

定静歌

书生不宿书斋读书，作此歌以警之。

读书定而后能静，定静之间是真性。
一部大学读到头，开卷定静要体认。
孔门七十二贤人，东西南北惟师命。
程朱当日为大儒，只因站得脚跟定。
我叹今人意不诚，我笑今人心不正。
方思出外友良朋，又想家中恋美娉。

心猿意马不牢拴，惶惶惑惑一团病。
如此终朝着了魔，千般说法不灵应。
勤学之人须发愤，经史案头堆积寸。
若还不习又不温，直到临渴方掘井。
恍兮惚兮没精神，皆由定静不自省。
我今作此定静歌，看汝定静不定静。

——摘自钱德苍《解人颐》

读书吟

（明）解缙

读书好，读书好，读得多书无价宝。
迢迢良夜不辞劳，咿唔之声直到晓。
勤用功，趁年少，书卷熟寻思，经旨细论讨。
圣贤心学要推明，古今事业精研考。
莫厌经史烦，只恐工夫少。
一理内心融，万卷脑中饱。
信口吐珠玑，词源三峡倒。
满纸生云烟，笔阵千军扫。
读书好，人不晓，名标金榜中，祖宗增荣耀。
身到凤凰池，恩荣直到老。
近天颜，瞻日表，燮理古公孤，寅亮属师保。
朝中尽是读书人，世间只恨读书少。
堪叹纷纷游冶郎，端然不知读书好。

注：解缙（1369—1415），明朝洪武进士，著名才子，曾主持修撰《永乐大典》。

宋濂《送东阳马生序》

余幼时即嗜学。家贫，无从致书以观，每假借于藏书之家，手自笔录，计日以还。天大寒，砚冰坚，手指不可屈伸，弗之怠。录毕，走送之，不敢稍逾约。以是人多以书假余，余因得遍观群书。既加冠，益慕圣贤之道，又患无硕师名人与游，尝趋百里外，从乡之先达执经叩问。先达德隆望尊，门人弟子填其室，未尝稍降辞色。余立侍左右，援疑质理，俯身倾耳以请；或遇其叱咄，色愈恭，礼愈至，不敢出一言以复；俟其欣悦，则又请焉。故余虽愚，卒获有所闻。

当余之从师也，负箧曳屣，行深山巨谷中，穷冬烈风，大雪深数尺，足肤皲裂而不知。至舍，四支僵劲不能动，媵人持汤沃灌，以衾拥覆，久而乃和。寓逆旅，主人日再食，无鲜肥滋味之享。同舍生皆被绮绣，戴朱缨宝饰之帽，腰白玉之环，左佩刀，右备容臭，烨然若神人；余则缊袍敝衣处其间，略无慕艳意。以中有足乐者，不知口体之奉不若人也。盖余之勤且艰若此。

今虽耄老，未有所成，犹幸预君子之列，而承天子之宠光，缀公卿之后，日侍坐备顾问，四海亦谬称其氏名，况才之过于余者乎？

今诸生学于太学，县官日有廪稍之供，父母岁有裘葛之遗，无冻馁之患矣；坐大厦之下而诵诗书，无奔走之劳矣；有司业、博士为之师，未有问而不告，求而不得者也；凡所宜有之书，皆集于此，不必若余之手录，假诸人而后见也。其业有不精，德有不成者，非天质之卑，则心不若余之专耳，岂他人之过哉！东阳马生君则，在太学已二年，流辈甚称其贤。余朝京师，生以乡人子谒余，撰长书以为贽，辞甚畅达，与之论辩，言和而色夷。自谓少时用心于学甚劳，是可谓善学者矣！其将归见其亲也，余故道为学之难以告之。谓余勉乡人以学者，余之志也；诋我夸际遇之盛而骄乡人者，岂知余者哉！

译文：我小时候就爱好读书。（因为）家里贫穷，（所以）没有办法得到书来看，就常常向藏书的人家去借，自己亲手用笔抄写，计算着约定的日期按期归还。天非常寒冷的时候，砚池里的墨汁结成坚硬的冰，手指（冻得）不能弯曲和伸直，也不敢放松抄书。抄写完毕，跑着赶快还书，不敢稍微超过约定的期限。因此，人家都愿意把书借给我，我也因此能够广泛地阅读各种书籍。成年以后，我更加仰慕圣贤的学说，又担心没有学问渊博的老师可以相互交往（请教），曾经跑到百里以外，拿着经书向同乡有名望的前辈请教。前辈德高望重，向他请教的学生挤满了他的屋子，他从来没有把言辞放委婉些，把脸色放温和些。我站着陪伴在他旁边，提出疑难，询问道理，弯下身子侧着耳朵向他请教；有时遇到他大声斥责，（我的）表情更加恭顺，礼节更加周到，不敢说一句话来辩解；等到他高兴了，就又向他请教。所以我虽然愚笨，但最终还是能够获得知识。

当我跟老师学习的时候，背着书箱，拖着鞋子，走在深山大谷里，深冬季节，刮着凛冽的寒风，踏着几尺深的积雪，脚上的皮肤因寒冷干燥而开裂却不知道。到了学舍，四肢冻僵得不能动弹，服侍的人用热水浇洗（我的手脚），用被子给我盖上，很久才暖和过来。住在旅馆里，主人每天（只给我）两顿饭吃，没有新鲜肥美味道好的食物可以享用。同屋住的同学，都穿着华丽的衣服，戴着红缨珠宝装饰的帽子，腰上挂着白玉环，左边佩着刀，右边挂着香袋，（浑身）光彩照人好像神仙一样；我却穿着破旧的衣服，生活在他们当中，一点也没有羡慕的意思，因为心中有足以快乐的事，不觉得吃的穿的比不上其他的人了。我求学时的勤恳和艰辛大概就是这样。

现在我虽年纪老，而且没有什么成就，但所幸还得以置身于君子的行列中，承受着天子的恩宠荣耀，追随在公卿之后，每天陪侍皇上，听候询问，天底下也不适当地称颂自己的姓名，更何况才能超过我的人呢？

现在学生们在太学中学习，朝廷每天供给膳食，父母每年都赠给冬天的皮衣和夏天的葛衣，没有冻饿的忧虑了；坐在大厦之下诵读经书，没有奔走的劳苦了；有司业和博士当他们的老师，没有询问而不告诉，求教而无所收获的了；凡是所应该具备的书籍，都集中在这里，不必再像我这样用手抄录，从别人处借来然后才能看到了。他们中如果学业有所不精通，品德有所未养成的，如果不是天赋、资质低下，就是用心不如我这样专一，难道可以说是别人的过错吗？东阳马生君则，在太学中已学习两年了，同辈人很称赞他的德行。我到京师朝见皇帝时，马生以同乡晚辈的身份拜见我，写了一封长信作为礼物，文辞很顺畅通达，同他论辩，言语温和而态度谦恭。他自己说少年时对于学习很用心、刻苦，这可以称作善于学习者吧！他将要回家拜见双亲，我特地将自己治学的艰难告诉他。如果说我勉励同乡努力学习，则是我的志意；如果诋毁我夸耀自己遭遇之好而在同乡前骄傲，难道是了解我吗！

读书要有“牺牲”

胡耀邦同志在鼓励中青年干部至少要读两亿字的书时强调说，为了读完读好两亿字书，必须作出某些牺牲。具体是哪些牺牲呢？

一要牺牲休息时间。实践证明，只要玩乐上舍得花时间，而在读书上吝惜时间的人，是绝对读不好书的。

二要牺牲点钱财。少买或不买其他用品，才能腾出点钱来买书。

三要牺牲同友人的某些交谊。这有两层意思，一是自己不滥交友。二是敢于撕破面子，对来者限时限谈。必要时下“逐客令”。

四要牺牲一定的健康。读书是艰辛的脑力劳动，要读出成果，就必须有一点拼命精神。

——《工人日报》文摘

读书的数量与质量

读书的质量不仅是书的质量，恐怕比数量更重要，这质量，三分赖灵性，七分在态度。要气平心静，不要过于“急功近利”。任何真正的学问，都必将唤起人的生活再体验和心灵再体验，而过于急切的功利需求，则每每容易局限学问于“知识”“知识性”的层次，并且容易疲乏劳累。不过，作为对“兴味”的让步，泛读时可凭情趣领略，通常用非整块时间，在期刊阅览室用个把小时浏览上百篇文章，有的只看目录，有的一目几十行，当然，如有兴趣也会坐下来细读。这种泛读，使自己有一种“骑车兜风”的快感。这种即兴式的“随便翻”，与有弹性的作品欣赏，是对“气平心静”研读的必要补偿。

——许子东在香港《文汇报》的撰文

三 读书须讲究方法

吾生也有涯，而知也无涯。

——（战国）庄子

惜时、专心、苦读是做学问的一个好方法。

——蔡尚思

导语

你会读书吗？

——“读”与“阅”“看”“览”

读、阅、看、览，是涉及读书之事绕不开的用字与词语。这几个字的本义都与“看”有关系。“读”的本义是指看文字念出声音，如朗读、宣读、读书、读报；“阅”是指看文字，即看与文字有关的东西为阅；“看”是指视线接触人或物，如看书、看戏、看风景等，比“阅”“读”涉及的对象要宽泛；“览”也是指看事物，如“一览众山小”“一览无遗”等。

为什么涉及读书之事的用字与词语有多种选择？这是由于汉字的构成和使用方法归纳为象形、指事、会意、形声、转注、假借六种类型。因为这些特点，在使用这几个字时既有区别（如指事），又有关联（如会意或者假借）。如何使用、什么时候使用，那是为了说话明白或者书写方便适机择用，其择用时大致出现在阅读的方法与阅读数量的比较上。有时两个字连用，或前后混合用，如“阅读”“阅览”“读书看报”；有时也另择字组合，如“浏览”“泛读”“观看”“速阅”等。

从读书方法比较“看”与“读”

“看文字，往大段看，精彩看”，“少看熟读，反复体验，不必想象计获”（宋朱熹《读书法》）；“看书不难，读书为难”（清张潮《幽梦影》）。这些关于读书方法的简短论述中用了“看”与“读”。从“看”的本义是指视线接触人或物去理解，“看书”可能是指“浏览”。因为“浏览”才能“往大段看，精彩看”。而“看”就是用“目”即眼睛的视线去对文字进行浏览的速阅。

为什么“读书为难”?《说文解字》对“读”的解释是“朗读而又思索”。难在既要眼看，又要口读，用心悟。因“读”字是由“言”字与“卖”字组成，言的本义是直接讲说。“言为心声”，即指读书时要用口读出声音来。儿童启蒙阶段以认知为主要目的，一般以朗读的方法识字读书，通过发出声音朗读，收到背诵、默记、领悟、理解的效果。而看书就不一定这样用功了。这可能就是“看书不难，读书为难”的个中原因吧。克服这个困难的方法之一是“少看熟读，反复体验”。古人非常重视读书读出声这一方法。“高声吟一遍，恍若与仙遇。”(唐白居易《山中独吟》)经长期观察发现：大声朗读可以让人集中注意力，培养演讲口才与技巧，更可以让人增强记忆力。老人这样做还可以预防老年痴呆症。

如何“反复体验”? 这里讲的方法是“少看熟读”。此外还有诸如“深读”“精读”“研读”，直至“读破”。用这种方法读书者多指专注某一专业或某一部书与某一册书。一部300多万字的《资治通鉴》，毛泽东读了17遍。这种“反复体验”、深入研读的方法能碰撞出思想火花，既悟出其中的道理，又产生自己的思想见解，可谓“读书百遍，其义自见”(《三国志》)。“工一家者，有独诣之语。”(明吕坤《呻吟语·问学》)这是前人留下的读书方法与宝贵经验值得我们学习与借鉴。

从读书数量比较“看”与“读”

“看”是个会意字，由“手”下加“目”而成，可见读书要眼到手到口到。“与其多看，不如少读。”(清石成金《读书法》)又有“读书宜精，看书宜多”之说。这是讲读书数量兼讲读书方法。“读者当约，阅者宜博。”(清唐彪《读书谱》)相对而言，看书是随机甚至可一目十行地浏览文字。如去书店购书或到图书馆借书时，这种看与阅的方法最宜用也最常用。随意浏览其中书籍之后，才选自己需要的书来读。到图书馆借书时目标更确定，到场先是拿书来看。而去书店购书随机缘的多，如路过书店进去逛一逛。无论哪种场合，看的书可以多，当遇到喜爱的、看得懂的书就会转为读的行动——借读或买回家读与收藏。

总之，看书多，读书少，这是阅读的一般规律，也正是“阅”与“读”二字个中指事特点决定的，即阅既要多又要快，读才能熟而精。看书与读书的多与少，还受到人的爱好、专业知识、职业责任、天资禀赋，以及生命长短等诸多因素的局限。

别小觑“看”“读”这两个字，用准了就等于选择好的读书方法，可以收到读得多读得懂的双重效果。

从读书方法与数量比较“阅”与“读”

“阅”字由“门”与“兑”组成，是指“在门中逐一清点计算”（《说文解字》）。由此义“假借”为看与文字有关的东西。“阅”与“读”是使用较多的词语。但有时是先阅后读，或读了再阅，或只阅不读，读中包含了阅。所以，“阅”与“读”多数情况是联合使用的。分不清是阅是读，因阅中有读，读时兼阅，以阅促读，以读带阅，既读又阅，既阅也读。日常看书报时，阅与读是同时进行的，不可能截然分开与区别。但如同“看”得多“读”得少一样，是阅得多读得少。“读而后阅，有以针引线，必易解易记。”（清唐彪《读书谱》）这句名言是“读”与“阅”互为关系的经验之谈。读书才是获得知识的主要途径之一。有的人看了很多书，但甚少收获，原因可能是阅得多读得少或只阅不读。只有读且熟读才能碰撞出思想的火花。

从读书方法与数量比较“览”与“阅读”

“览”的本义是看，“谓目不转睛，不视外物，凝神若内顾也”（《说文解字》）。“指事”为看大环境下的事物，如“一览无遗”“登高览胜”，又“假借”快速地阅读为“浏览”“泛览”“观览”“阅览”“博览”等。“泛观博取，不若熟读精思。”这些词语的指向，其一，是指阅读书籍种类多，内容比较宽泛；其二是指阅读的速度快捷，跳跃式地一目十行不求甚解，只了解个大概而已。

鲁迅先生说：“我们自动的读书，即嗜好的读书，请教别人是大抵无用，只好先行泛览，然后抉择而入于自己所爱的较专的一门或几门。”（《读书杂谈》）可知“泛览”是一个人“嗜好的读书”习惯，是为专读“一门或几门”做的预习与知识积累。

“泛览”与“博览”也是有区别的。“泛览”可理解无书不读，而“博览”虽指读书多，但更多的可能是指与“自己所爱的”书有关。无论是“泛览”还是“博览”，二者都是主动经历知识浸润与阅读积淀，是为“熟读而精思”做材料铺垫与知识储备，是获取书本知识链条中的重要环节。

总之，读、阅、看、览，是寻求书本知识的四条途径，读者在选择时必须交替使用，才能达到殊途同归的目的——读书增智。

——编者

箴言

读书贵有恒

我们要振作精神，下苦功学习。下苦功，三个字：一个叫下，一个叫苦，一个叫功，一定要振作精神，下苦功。

——毛泽东

读书只立下一个简易可常课程，日日依此积累工夫。

——（清）周永年《先正读书诀》

读书这件事不在乎有没有人教你，最重要的是在于有没有觉悟和恒心。

——（法）法布尔

苟有恒，何必三更眠五更起。最无益，莫过一日曝十日寒。

——（明）胡居仁

天地所以循环无端，积成万古者，只四个字曰“无息有渐”。为学亦然。

——《格言联璧·学问类》

做事是否快捷，不在一时奋发，而在看能否持久。

——（英）培根

学者用功，须是渐进而不已，日计不足，岁计则有余。若一曝十寒，进锐退速，皆非学也。

——（明）朱舜水

谕纪泽儿：尔读书记性平常，此不足虑。所虑者第一惜无恒，第二怕随笔点过一遍，并未看得明白。此却是大病。若实看明白了，久之必有些滋味，寸心若有怡悦之镜，则自略记得矣。

——（清）曾国藩

只要有恒心，不至或作或辍；有愤志，不至悠悠忽忽；有定课，不至厌常喜新，即得法矣。此通情快论，恒心愤志定课，乃学人至妙良法。

——（清）石成金《读书法》

读书不怕少，不怕缓，只怕一曝十寒。譬如赶路的人……不怕慢，只怕站。

——（清）石成金《读书心法》

读书切不可间断，假如勤功一月，已臻上乘矣，只消间断十日五日，彼上乘者不知何在，更不得援前月之勤以自恃。

——（清）石成金《读书心法》

欲速是读书第一大病。工夫只在绵密不间断，不在速也。能不间断，则一日所读虽不多，日积月累，自然充足。

——（清）周永年《先正读书诀》

读书要充分利用时间，抓今日，今者金也，取道于“等一等”之街的人，将走入“永不”之室。

——（西班牙）塞万提斯

读书务在循序渐进，一书已熟，方读一书，勿得鲁莽躐等，虽多无益，如孟子所说“流水之为物也，不盈科不行”。

——（明）胡居仁《丽泽堂学约》

人之知识，若登梯然，进一级，则所见愈广。

——（宋）陆九渊《象山先生全集》

人之为学有难易乎？学之，则难者亦易矣。不学，则易者，亦难矣。

——（清）彭端淑《为学一首示子侄》

无地而不学，无时而不学，无念而不学，不会其全，不诣其极不止，此之谓学者。

——（明）吕坤《呻吟语·问学》

古人学问无遗力，少壮工夫老始成。纸上得来终觉浅，绝知此事要躬行。

——（宋）陆游《冬夜读书示子聿》

读书须立程限，又要蓄养精神。立程限者，量自己资性定为课程。……小立课程，大施功力，如人走路，一日限定走几十里，务要赶到。……不可缓，亦不可太急，不可不及，亦不必太过。若不立程限，则作辍任意散漫而无所稽。不养精神，则勉强支吾昏然而无所得。

——（清）石成金《读书法》

读书要能运用。运用者，善能解悟也，闻此知彼，触类旁通，一篇可至十篇，十篇可至百千篇，不可胜用矣！

——（清）石成金《读书法》

力学如力耕，勤惰尔自知。但使书种多，会有岁稔时。

——（宋）刘过《书院》

天下之事，闻者不如见者知之为详，见者不如居者知之为尽。

——（宋）陆游《书巢记》

善学者如闹市求前，摩肩踵足，得一步便进一步。

——（明）吕坤《呻吟语·问学》

伟大的成功和辛勤的劳动是成正比例关系的。有一分劳动，就会有一分收获。日积月累，从少到多，奇迹就可以创造出来。

——鲁迅

学道亦如之，第一步是学，第二步是常学，第三步是会学。不学不能有知，不常学不能有得，不会学不能有成。

——阎锡山

为学之道，莫先于穷理，穷理之要，必在于读书，读书之法，莫贵于循序而致精，而致精之本，则又在于居敬而持志。

——（宋）朱熹

不积跬步，无以至千里，不积小流，无以成江海。骐骥一跃，不能十步。驽马十驾，功在不舍。锲而舍之，朽木不折。锲而不舍，金石可镂。

——（战国）荀况《劝学篇》

心专亲学，累一以贯之，积渐以进之，则亦或迟或速，或先或后耳，何滞而不通，何远而不至邪！

——（西晋）虞溥

夫学者犹种树也，春玩其华，秋登其实。讲论文章，春华也，修身利行，秋实也。

——（南北朝）颜之推《颜氏家训·勉学》

读书秘诀，须置一册，记每日所读书文，逐日检点，至十日二十日，将所习者循序温之，所谓“日知其所亡，月无忘其所能也”，读书之功，无逾于此。

——（清）石成金《读书心法》

读书不精熟此篇，不复又读他篇，胸中始能酝酿精选。若东读西读，这篇不熟，那篇不精，岂不枉费工夫？

须置书柜谨闭，只留一本在眼前，俟精熟了这本，才换第二本，再循序温理，自然有成。一切世事，最怕杂而不纯，若不切戒，事必难成，纵成而亦不能精萃，出人头地。

——（清）石成金《读书心法》

日日行，不怕千万里。常常做，不怕千万事。

——（清）山阴金先生《格言联璧》

恒心山径之溪间，介然用之而成路，为间不用，则茅塞之矣。

——《孟子·尽心下》

钉子有两个长处，一个是“挤”劲，一个是“钻”劲。我们在学习上，也要提倡这种“钉子”精神，善于挤和钻。

——雷锋

天地万物只是个渐，理气原是如此，虽欲不渐不得。而世儒好讲一顿字，便是无根学问。

——（明）吕坤《呻吟语·问学》

学问之功，生知圣人亦不敢废。……夫学岂有速化之理哉？是故善学者无躁心，有事勿忘从容以俟之而已。

——（明）吕坤《呻吟语·问学》

学识，一分不到，便是一分遮障。

——（明）吕坤《呻吟语·问学》

君子为学，无躁进之志也，无穿凿之巧也；顺之以自然，而待之以积久。至于一旦豁然贯通，则达海之势有莫能御者矣，不然者，无万川之归，又安能不竭于尾闾之泄哉？

——（清）乾隆《日知荟说》

熟读与精思

读书之法，在循序而渐进，熟读而精思。

——（宋）朱熹《读书之思》

旧书不厌百回读，熟读精思子自知。

——（宋）苏东坡

读书而不思考，等于吃饭而不消化。

——（英）波尔克

读书有三种方法：一种是读而不懂，另一种是既读也懂，还有一种是读而懂得书上所没有的东西。

——（俄）克尼雅日宁

读书百遍，其义自见。

——《三国志》

熟读唐诗三百首，不会作诗也会吟。

——孙洙《唐诗三百首·序》

书只贵读，读多自然晓。

——（宋）朱熹《读书法》

大凡读书，须是熟读。熟读了，自精熟，精读后，理自见得。

——（宋）朱熹《读书法》

泛观博取，不若熟读而精思。

——（宋）朱熹《读书法》

读书能记，不尽在记性，在乎能解。

——（清）唐彪《读书谱》

尽信书，则不如无书。

——《孟子》

学者精思，多在夜中，或静坐得之。然记不熟则思不起，故书须成诵精熟，乃易于思索也。

——（清）唐彪《读书谱》

既学必求其通，勿浅尝辄止也。

——孙中山《与邵元冲的谈话》

熟读书，多作文。盖书熟读则自明，文多作则自工。

——（明）冯京第《簟溪自课》

打开一切的科学的钥匙都毫无疑义的是问号：我们大部分的伟大发现都应归功于如何，而生活中的智慧大概就是在于逢事都问个为什么。

——（法）巴尔扎克

遇到问题，要敢于问个为什么。然后，从最简单的方面去找答案，错了也没有关系，不要怕错，错了马上就改，可怕的倒是提不出问题，迈不开第一步。

——李政道

读书有三法：要疗空腹，则用记诵法；要洗涤肠胃，则用展现法；要变化气质，则用体验法。有此三法，自觉体气欲仙，笑谈皆珠玉矣。能领略此三法，即是世上大福人，又是大快乐人。

——（清）石成金《读书法·薛既扬先生读书法》

读书四要：一要收。将心收在身子里，将身收在书房里是也。二要简，惟简才熟，若所治者多，则用力分而奏功少，精神疲而岁月耗矣。三要专，置心一处，无事不办，二三其心，必无成就。四要恒，虽专心致于一矣，若时作时辍，有初鲜终，亦无成也。

——（清）石成金《读书法·毛稚黄先生读书法》

如果学生在学校里学到的结果是使自己什么也不会创造，那他的一生将永远是模仿和抄袭。

——（俄）列夫·托尔斯泰

学者少壮之年，宜与品学兼善之友，读书、背书、课文，不然则记诵不熟，书史不明，文艺不进。然止可与同志者隐隐切磋，必不可群相标榜，夸耀所长。

——（清）唐彪《读书谱》

看别人的书也一样，仍要自己思索，自己观察。倘只看书，便变成书橱，即使自己觉得有趣，而那趣味其实是自己在逐渐硬化，逐渐死去了。

——鲁迅

学必量力，量力故能久。

——（清）周永年《先正读书诀》

治学有三大原则——广见闻、多阅读、勤实验。

——（法）戴布·劳格利

读书忌死读，死读钻牛角。

——叶圣陶

学到很多东西的诀窍，就是一下子不要学很多。

——（英）洛克

重复是学习之母。

——（德）狄慈根

书读得越多而不加思考，你就会觉得你知道得很多。当你读书而思考得越多的时候，你就会越清楚地看到，你知道得还很少。

——（法）伏尔泰

无论在什么时候，永远不要以为自己已知道了一切。

——（俄）巴甫洛夫

假如别人和我一样深刻和持续地思考数学真理，他们会做出同样的发现的。

——（德）高斯

读而后阅，有针以引线，必易解易记也。

——（清）唐彪《读书谱》

于临考时读书最忌贪多，选上好文章二三十篇，熟玩其神机，场中自是得力。

——（清）石成金《读书心法》

读书有一便法。凡有事物的人，当精选古文一本，时艺一本，置案头眼前。得闲就熟读，纵有事稍闲，也就熟读。

——（清）石成金《读书心法》

读书须振起精神，明目细心，如将军在阵，如刑官在廷，着丝毫昏沉忽略不得。

——（清）石成金《读书心法》

睹一事于句中，反三隅于字外。

——（唐）刘知几《史通·叙事》

盖物有久而后熟如此者。读书亦然，立志以端其本，如煮之先以烈火也。主敬以刺其中，如谨视其火候也。涵养以成其终，如物既熟矣。以细火养之，使全其味也。如是而才醇而德美矣。读书而未至于成，则是煮八珍之物半熟而置之也，不可惜乎？

——（清）乾隆《日知荟说》

读者当约，阅者宜博。

——（清）唐彪《读书谱》

少年为学者，每书宜作数次读之，当如入海，百货皆有。

——（清）唐彪《读书谱》

盖大意所在，即书之纲领。一篇之中，不过数句，加功记之，乃读书至简捷之法。

——（清）唐彪《读书谱》

读书之人，亦有不同，或年长而且禄仕，记性既衰，事机繁杂，读书止取记其理，不取记其词，所以有观大意之说也。少壮未仕者，记性既无优，事复稀少，读书既欲精其理，又欲习其词，所以有熟读熟看之说。

——（清）唐彪《读书谱》

读书不可以兼看未读者，却当兼看已读者。读书，只看一个册子，每日只读一段，方始是自家底。如看此又看彼，虽从眼边过得一遍，终是不熟。

——（宋）朱熹《读书法》

学生做课外学问是最必要的，若只求讲堂上功课及格，便算完事，那么，你进学校，只是求文凭，并不是求学问，你的人格，先已不可问了。

——梁启超

爱看书的青年，大可以看本分以外的书，即课外的书，不要只将课内的书抱住……乃是说，应课做的功课已完而有余暇，大可以看看各样的书，即使和本业毫不相干的，也要泛览。譬如学理科的，偏看看文学书，学文学的，偏看看科学书，看看别个在那里研究的，究竟是怎么一回事。这样子，对于别人、别事，可以有更深的了解。

——鲁迅《读书杂谈》

“旧书不厌百回读，熟读深思子自知”。读书原为自己受用，多读不能算荣誉，少读也不能算是羞耻。少读如果彻底，必能养成深思熟虑的习惯，涵泳优游，以至于变化气质；多读而不求甚解，譬如驰骋十里洋场，虽然珍奇满目，徒惹得心花意乱，空手而归。

——朱光潜《谈读书》

读书不发愤，须要想着考场之内，出一题目，茫然不知作何解说，斯时何等苦楚？何等急躁？自然发愤读书矣！

读书不发愤，须要想着作文构思时，他人何以容易，我何以独难？想到困苦之极，自然发愤读书矣！

读书不发愤，须要想着宾客聚会时，他人谈的话语何等文雅，我的说话何等粗俗？更有听他出言，茫然不知意味，自己如哑如痴，被人暗笑，羞愧无地，坐若针毡，如何还不读书？

——（清）石成金《读书心法》

凡书目过口过，总不如手过。盖手动心必随之，虽览诵二十篇，不如抄撮一次之功多也。

——（清）周永年《先正读书诀》

书籍之多，千倍于古，学非博不可，然汗牛充栋，将如之何？偶思得一读书法，欲将所读之书，分为三节：

自五岁至十五岁为一节，十年诵读；自十五岁至二十五岁为一节，十年读贯；自二十五岁至三十五岁为一节，十年涉猎。使学有渐次，书分缓急，则庶几学者可由此而程功。

——（清）周永年《先正读书诀》

先读经，后读史，则论事不谬于圣贤。既读史，复读经，则观书不徒为章句。

——（清）张潮《幽梦影》

兼收并蓄，待用无遗者，医之良也。

——（唐）韩愈《进学解》

专习一家，硁硁小哉！宜善相之，多师为佳。

——（清）袁枚《续诗品》

读经宜冬，其神专也。读史宜夏，其时久也。读诸子百家宜秋，其致别也。读诸集宜春，其机畅也。

——（清）张潮《幽梦影》

读易晓窗，丹砂研松间之露。谈经午案，宝磬宣竹下之风。

——（明）洪应明《菜根谭》

我们自动的读书，即嗜好的读书，请教别人是大抵无用，只好先行泛览，然后决择而入于自己所爱的较专的一门或几门。

——鲁迅《读书杂谈》

在所阅读的书本中找出可以把自己引到深处的东西，把其他一切统统抛掉，就是抛掉使头脑负担过重和会把自己诱离要点的一切。

——（美）爱因斯坦

读书大游览，为善小重修。

——《中华圣贤经》

读书患不多，思义患不明。

——（唐）韩愈

多读书胸中自富，常习作笔下生辉。
学习好比敲钉子，又挤又钻才能精。

——《中华圣贤经》

玉不琢，不成器；人不学，不知道。

——《礼记·学记》

学而不厌，诲人不倦。

——（春秋）孔子

读书贵选择

有当读之书，有当熟读之书，有当看之书，有当再三细看之书，有必当备以资查考之书。

书既有正、有闲，而正经之中有精粗、高下。有急需、不急需之异，是以有五等分别也。

学者若不分别当读何书，当熟读者何书，当看者何书，当熟看者何书，则工夫缓急、先后俱误矣。

——（清）石成金《读书法·唐翼修先生读书法》

人之看书，先当分可已不可已。其可已之书，虽易解不必批阅，其不可已之书，虽极难解，必宜反复求通。

——（清）唐彪《读书谱》

有些书可供一尝，有些书可以吞下，有不多的几部书则应当咀嚼消化，这就是说，有些书只要读他们的一部分就够了，有些书可以全读，但不必过于细心地读，还有不多的几部书则应当全读，勤读，而且用心地读。

——（英）培根

读书贵以要，做人贵以善。

——佚名

凡读书须识货，方不错用工夫。

——（清）陆世仪

道理书尽读，事务书多读，文章书少读，闲杂书休读，邪妄书焚之可也。

——（明）吕坤《呻吟语·问学》

不好的书告诉你错误的概念，使无知的你变得更无知。

——（俄）别林斯基

学者欲以有限之目力，而欲竟其津涯；以鲁莽之心思，而欲探其蕴奥，岂不难哉？故学贵有择。

——（明）吕坤《呻吟语·问学》

不好的书也像不好的朋友一样，可能会把你戕杀。

——（英）菲尔丁

大抵凡一个大学者平日用功纵使有无数小册子或单纸片，读书看见一段资料觉其有用者即刻抄下（短的抄全文，长的摘要，记书名卷数页数）。

——梁启超

书籍使一些人博学多识，但也使一些食而不化的人疯疯癫癫。

——（意大利）彼特拉克

兼顾博与专

人的思维是了不起的，只要专注于某一项事业，那就一定会做出使自己吃惊的业绩来。

——（美）马克·吐温

只看一个人的著作，结果是不大好的，你就得不到多方面的优点。必须如蜜蜂一样，采过许多花，这才能酿出蜜来，倘若叮在一处，所得就非常有限，枯燥了。

——鲁迅

一切学科你都要知道一些，但是有些学科你要知道其中的一切。

——（俄）季米里亚捷夫

根据自己的专业选定一些需要精读的书，要一本一本地读，在同一时间内只能读一本书，一本书读完了才能读第二本。

——冯友兰

与其多看，不如少读。与其读未读之书，不如理已读之书，循序致精，流连往复，务期了然于心口而后已。

——（清）石成金《读书法》

读书、看书不必贪多，只要精熟贯彻。盖书读得熟则用得出，一篇可抵百篇之用。书一章看得透，则其余可迎刃而解矣。

——（清）石成金《读书法》

“读破一本”是把选取的好书经过咀嚼、理解思索、消化等，把别人的知识变成自己的知识，变成自己的创造力。

——佚名

读书之患，只爱博不精。欲速不祥。

——（明）冯京第《簟溪自课》

读书欲精不欲博，用心欲纯不欲杂。

——（清）石成金《读书法》

心不细则毫无所得，等于白读；眼不快则时候不够用，不能博搜资料。

——梁启超

读生书不若温旧业。

——（清）张潮《幽梦影》

读书求精不求多，非不多也。唯精乃能运多，徒多徒烂耳。

——（清）郑板桥《自序》

罗百家者，多浩瀚之词；工一家者，有独诣之语。

——（明）吕坤《呻吟语·问学》

为学之道，先博而后约，先中而后西，先普通而后专门。

——毛泽东《致湘生信》

心头的书要多、案头的书要少，我以为案头只能摆两本书，一本是精读的，另一本是泛览的，作为调剂。

——夏承焘

读书须学问结合

好问则裕，自用则小。

——《尚书》

学问原相平重，而问尤紧要。

——（清）唐彪《读书谱》

浅学之人，虽有未知未能，恐有学者笑己，甘心不知，不肯下问。不知天下事理无穷，舜、禹、周公、孔子、颜子尚有不知，尚有疑惑，尚且孜孜下问，何况于我？……圣人且不讳己之短，我何必畏人之笑而讳己短乎？况高人贤士必不笑人，其笑人者，必无才无学无识之庸人也。

——（清）唐彪《读书谱》

不目见口问，不能尽知也。

——（东汉）王充《论衡·实知》

不能则学，疑则问。

——《曾子·制言》

古之君子病其无能也，学之。

——（明）吕坤《呻吟语·问学》

君子下学而无常师，小人耻学而羞不能。

——（唐）魏徵《群书治要·体论》

善学者其如海乎，旱九年而不枯，受八州水而不满，无他，善为之下而已矣。

——（明）方孝孺《赠俞子严溪喻》

学者不长进，其病根只在护短，恐人笑己之不知也。一笑即耻，而终身之笑，顾不耻乎。

——《格言联璧·学问类》

君子莫大于学，莫害于昼，莫病于自足，莫罪于自弃。

——晁说之《晁氏客语》

学者大病痛，只是器度小。……学者只是气盈，便不长进。

——（明）吕坤《呻吟语·问学》

扶持资质，全在学问，任天资近圣，少此二字不得。

——（明）吕坤《呻吟语·问学》

学者不长进，病根在护短。闻一善言，不知不肯问，理有所疑，对人不肯问，恐人笑己之不知也。

——（明）吕坤《呻吟语·问学》

人才有高下，知物由学。学之乃知，不问不识。……故夫难知之事，学问所能及也；不可知之事，问之学之，不能晓也。

——（东汉）王充《论衡》

（大意：人的才能有高低，懂得事物是由于学习。只有学习才知道。不问怎么能明白。至于难知道的事，只要学习，找人问，就能知道，但受人的智力与年龄的局限。一些不可知的事，学习它，找人问它也还是不明白，只能留后人去解决）。

教育的目的是养成自己学习，自己研究，用自己的头脑来想，用自己的眼睛来看，用自己的手来做的这种精神。

——郭沫若

最重要的是会不会自己提出正确的问题，现在他们（指少年班同学）是问老师，将来要自己问自己，自己来解答。……我们一定要培养孩子们的好奇心，要鼓励他们敢于提出问题。

考试好，是一个帮助，但那也只是在回答别人提出的问题。总不能老是回答别人的问题，而自己不会提问题，回答不了问题。所以好奇心很重要，有了好奇心，才能敢问。

——李政道

对任何事情都要问一个为什么，都要经过自己头脑的周密思考，想想它是否合乎实际，是否有道理，绝对不能盲从。

——毛泽东

要学生死记那些东西，从书本上可以翻到，根本不用上大学。高等教育必须重视教育学生要学会思考、探索问题的本领，人们解决世界上所有问题是用大脑的思维能力和智慧，而不搬弄书本。

——（美）爱因斯坦

俗儒守文，多失其真。

——（东汉）王充《论衡》

（大意：自古以来许多读书人只信书，而不独立思考，成了书的奴隶，而没有真才实学。）

故事

梁启超“四极”读书法

梁启超饱读诗书，他读书的方法很值得大家借鉴。

他曾总结一个三步读书法曰：“鸟瞰、解剖、会通。鸟瞰即精略了解大概，明确重点；解剖即将各部分仔细钻研，重要处细节解剖，疑难处细研究，有所得则记忆之；会通即上下左右贯通，将全书全面而彻底了解而后已。”

后来他又在某次介绍读书方法时说：“若问读书方法，我想向诸君上一个条陈，这方法是极陈旧的，极笨极麻烦的，然而实在是极必要的。什么方法呢？是抄录或笔记。”在这段五十多字的经验之谈中用了四个“极”字，真可谓一而再、再而三、三而四地喊出来，足见笔记方法于读书收获的极端重要性。

这是古往今来许多读书人学有所成的重要法宝之一。历史上喜欢抄书的人很多，古代的如郑樵、宋濂等，近代的鲁迅，都很喜欢抄书，且大有成就。因为抄书是眼到、手到、心到。南齐的沈麟士抄书成癖，八十岁时家遭火灾，烧掉了他手抄的几千卷书，他不气馁，发愤再抄，又抄成二三千卷，装满了几十箱。北宋文学家苏东坡博闻强记，但他读书时仍喜欢抄书，曾经抄了三次《汉书》。明代文学家宋濂在《送东阳马生序》中也回忆自己幼年读书抄书的经历，大雪天抄到手脚冻僵，仍然不肯辍笔。明末清初的学者顾炎武读《资治通鉴》时，不仅熟读背诵，还要一字不漏地抄一遍，以此来加深记忆。三年后，他读完了《资治通鉴》，并写成了一部《读通鉴论》。

苏步青背《左传》

我国著名数学家苏步青的读书方法，与梁启超的“鸟瞰、解剖、会通”散步读书法也有点相近。他提出了三遍读书法，第一遍可先读个大概，第二遍、第三遍逐步加深体会。他读《红楼梦》《西游记》《三国演义》《聊斋志异》都是用这样的方法。

他说："我最喜欢《聊斋志异》，不知读了多少遍。起初，有些地方不懂又无处查，我就读下去再说；以后，再读逐步加深理解。读数学书也是这样，要把一部书一下子读懂不容易，但要读得精，要读到你知道这本书的优点、缺点和错误了，这才算读好、读精了。"

中学的时候，苏步青曾经模仿《左传》的笔法写了一篇作文。刚开始老师怀疑是别人代笔的，就问他："这篇文章真的是你写的吗？"苏步青笃定地说："是的，老师，我会背《左传》。"老师当然不信，当场测试，从《左传》中挑了一篇让他背。谁知苏步青一点不含糊，很快就背出来了，让老师大为叹服。

所以苏步青虽然是数学家，但古诗文都写得很好，这与他大量阅读古典文学优秀作品是分不开的。当然，他最突出的成就是数学，但其他学科如语文、物理、化学、史地、外语都很出色，并不偏废。正是这样扎实的知识基础，让他在数学领域中更加触类旁通，收放自如。

冯友兰的读书经验

当代中国哲学家冯友兰在87岁高龄的时候写了《我的读书经验》一文，特别总结了四点读书经验：精其选，解其言，知其意，明其理。

冯友兰七岁就上学读书，所读之书主要是文、史、哲方面。他读了80年，基本上没有间断，是个活到老学到老的典型。

"精其选"就是要学会选择。古今中外图书浩如烟海，但其实有永久价值的还是少数，所以他将书分为三类："第一类是要精读的，第二类是可以泛读的，第三类是只供翻阅的。"而后依据自己的专业和兴趣选择一些最需要的图书进行阅读。

"解其言"要过语言文字关。阅读主要是通过文字和语言这个拐棍，语言有中外之分，也有古今之别，过不了这道关，就很难懂得其义。当然要过关需要工具，比如配备字典和词典等工具书。

"知其意"就是要体会它的精神实质。很多时候，往往是字全认得，但却不一定能明白作书人的意思。尤其中国人讲究"书不尽言，言不尽意"，所以要注意字里行间，体会其"弦外音，味外味"。只有知道了意思以后，才能"得意忘言"。冯友兰有个特别的比喻："在人与人的关系中，过河拆桥是不道德的事。但是，在读书中，就是要过河拆桥。"

“明其理”是要明白其中的客观道理。他认为“意”是著书人的主观认识，而“理”则是客观的道理。作书人的主观之“意”未必就符合客观的道理，所以读书不能满足于“得其意”，而是要在这基础上，结合世间万物之理，互相参证、比较补充，乃至纠正，从而为我所用。他认为“会读书的人能把死书读活，不会读书的人能把活书读死”，只有能够用书而不为书所用，读书才算读到家。

勤做札记的名人

“好记性不如烂笔头”“眼过千遍，不如手抄一遍”，说的都是勤抄书做笔记的好处。清代史学家章学诚说：“札记之功，必不可少，知不札记，则无穷妙绪，皆如雨珠落大海矣。”“札记”是指摘录和笔记。“札”是古代写字用的木片，“札”是“柿札”的简称。“柿札”的别称是“刨花”，引申到书名取其谦卑之意。

东汉著名哲学家王充幼年就非常好学，而且勤于思考。他家的门上、柱上、窗台上、书架上、壁洞里都会放着刀和笔，有一点心得或者灵感，就随时随地写在竹简上，日积月累，为他后来写作《论衡》这部著作积累了素材和文字。宋代学者洪迈也是终身读书做笔记，这些笔记后来辑成《容斋随笔》一书，内容非常广泛，他还常常加入自己的思考，提出问题和看法。

“最浅的墨水也胜过最好的记性”。鲁迅在日本仙台学医时，藤野严九郎先生就要求鲁迅抄讲义且“每一星期要送给他看一回”。当时藤野先生所担任的功课，包括骨学、血管学、神经学，所以鲁迅所抄写并经藤野先生改正的讲义最后订成三厚本，可见鲁迅花多少时间和心血去抄写讲义。

著名史学家顾颉刚也是如此，从20世纪20年代初起他每天读书做笔记，留下了600多万字的笔记。他说：“看到新材料就摘录下来，不要怕麻烦。我的论文，书籍就是靠平时积累资料写出来的。”

关于做笔记，邓拓有个妙喻：“你看农民出门，总是随手带粪筐，见粪就捡，成为习惯。专门出门捡粪，倒不一定能捡得多。但一成了习惯，自然就会积少成多。积累知识，也应该有农民捡粪的劲头，捡的范围要宽，不要限制太多，不要因为我管的是牛粪，见羊粪就不捡，应该是只要是有用的，不管它是牛粪、羊粪、人粪都一概捡回来，让它们统统变成有用的肥料，滋养作物生长。”

外国也有勤于做笔记的学者。俄国著名化学家门捷列夫穿的衣服很特别，上衣的左口袋特别大，主要是便于装笔记本，随时随地做笔记、摘录。即便发现元素周期表之后仍坚持这一习惯。俄国大作家果戈理也有一本厚达490页的大型笔记簿，称为“万宝全书”，所记内容十分广泛。有一次，他去饭馆吃饭，饭菜都摆好了，他还埋头抄写菜单，这菜单后来被他用在一篇小说里。列夫·托尔斯泰的身边也永远带着铅笔和笔记本，一旦读书和谈话碰到一切美妙的话语，都会马上把它记下来。

链接：做笔记的三道工序

做笔记有多种方式，如索引、批注、文摘、资料卡片、摘录或整篇抄录。这里主要介绍三道工序：

一、取其精华。做笔记是读书的继续，应该善于去粗取精，变“复印机”为“筛选器”。摘抄看似容易，做好颇难，必须理解精神实质，才能削枝强干，择其精髓。

二、由“记”达“忆”。要做到这点，最根本的是弄清道理，理解记忆。同时尽量减少记忆信息，力求将学习要点浓缩成简明易记的几句话、几个字，或简洁的数字模型。

三、梳理分类。应定时对笔记按照内容性质编制索引、纲目，便于日后查阅和充实修订，确保查起来容易，用起来方便。

文摘

胡适论精与博

“读书”这个题，似乎很平常，也很容易。然而我却觉得这个题目很不好讲。据我所知，“读书”可以有三种说法：

（一）要读何书？关于这个问题，《京报副刊》上已经登了许多时候的“青年必读书”。但是这个问题，殊不易解决，因为个人的见解不同，个性不同，各人所选只能代表各人的嗜好，没有多大的标准作用。所以我不讲这一类的问题。

（二）读书的功用。从前有人作“读书乐”，说什么“书中自有千钟粟，书中自有黄金屋，书中自有颜如玉”，现在我们不说这些话了。要说，读书是求知识，知识就是权力。这些话都是大家会说的，所以我也不必讲。

（三）读书的方法。我今天是想根据个人经验，同诸位谈谈读书的方法。我的第一句话是很平常的，就是说，读书有两个要素：第一要精，第二要博。

现在先说什么叫“精”。

我们小的时候读书，差不多每个小孩都有一条书签，上面写十个字。这十个字最普遍的就是“读书三到：眼到，口到，心到”。现在这种书签虽不用，三到的读书法却依然存在。不过我以为读书三到是不够的。须有四到，就是“眼到，口到，心到，手到”。我就拿它来说一说。

眼到，是要个个字认得，不可随便放过。这句话起初看去似乎很容易，其实很不容易。读中国书时，每个字的一笔一画都不放过，近人费许多功夫在校勘学上，都因古人忽略一笔一画而已。读外国书要把 A、B、C、D 等字母弄得清清楚楚。所以说这是很难的。如有人翻译英文，把 port（葡萄牙的波特酒）看作 pork（猪肉），把 oats（燕麦）看作 oaks（橡树），于是葡萄酒一变而为猪肉，小草变成了大树。说起来这种例子很多，这都是眼睛不精细的结果。书是文字做成的，不肯仔细认字，就不必读书。眼到对于读书的关系很大，一时眼不到，贻害很大，并且眼到能养成好习惯，养成不苟且的人格。

口到，是一句一句要念出来。前人说口到是要念到烂熟背得出来。我们现在虽不提倡背书，但有几类书，仍旧有熟读的必要：如心爱的诗歌，如精彩的文章，熟读多些，于自己的作品上也有良好的影响。读此外的书，虽不须念熟，也要一句一句念出来，中国书如此，外国书更要如此，念书的功用能使我们格外明了每一句的构造，句中各部分的关系。往往一遍念不通，要念两遍以上，方才能明白的。读好的小说尚且要如此，何况读关于思想学问的书呢？

心到，是每章每句每字意义如何，何以如是，这样用心考究。但是用心不是叫人枯坐冥想，是要靠外面的设备及思想的方法的帮助。要做到这一点，须要有几个条件：

（一）字典、辞典、参考书等等工具要完备。这几样工具虽不能办到，也可到图书馆去看。我个人的意见是奉劝大家，当衣服，卖田地，至少要置备一点好的工具。比如买一本《韦氏大字典》，胜于请几个先生。这种先生终身跟着你，终身享受不尽。

（二）要做文法上的分析。用文法的知识，作文法上的分析，要懂得文法构造，方才懂得它的意义。

（三）有时要比较参考，有时要融会贯通，方能了解。不可但看字面。一个字往往有许多意义，读者容易上当。

例如 turn 这字：作外动字解有十五解，作内动字解有十三解，作名词解有二十六解，共五十四解，而成语不算。

又如 strike：作外动字解有三十一解，作内动字解有十六解，作名词解有十八解，共六十五解。

又如 go 字最容易了，然而这个字作内动字解有二十二解，作外动字解有三解，作名词解有九解，共三十四解。

以上是英文字须要加以考究的例子。英文字典是完备的；但是某一字在某一句究竟用第几个意义呢？这就非比较上下文，或贯串全篇，不能懂了。

中文较英文更难，现在举几个例子：祭文中第一句“维某年月日”之“维”字，究作何解？字典上说它是虚字。《诗经》里“维”字有二百多，必须细细比较研究，才知道这个字有种种意义。

又《诗经》之“于”字，“之子于归”“凤凰于飞”等句，“于”字究作何解？非仔细考究是不懂的。又“言”字人人知道，但在《诗经》中就发生问题，必须比较，然后知“言”字为连接字。诸如此例甚多，中国古书很难读，古字典又不适用，非是用比较归纳的研究方法，我们如何懂得呢？

总之，读书要会疑，忽略过去，不会有问题，便没有进益。

宋儒张载说："读书先要会疑。于不疑处有疑，方是进矣。"他又说："在可疑而不疑者，不曾学。学则须疑。"又说："学贵心悟，守旧无功。"

宋儒程颐说："学原于思。"

这样看起来，读书要求心到；不要怕疑难，只怕没有疑难。工具要完备，思想要精密就不怕疑难了。

现在要说手到。手到就是要劳动劳动你的贵手。读书单靠眼到，口到，心到，还不够的；必须还得自己动动手，才有所得。例如：

（1）标点分段，是要动手的。

（2）翻查字典及参考书，是要动手的。

（3）做读书札记，是要动手的。札记又可分四类：（a）抄录备忘。（b）做提要、节要。（c）自己记录心得。张载说："心中苟有所开，即便札记。不则还塞之矣。"（d）参考诸书，融会贯通，作有系统的著作。

手到的功用。我常说：发表是吸收知识和思想的绝妙方法。吸收进来的知识思想，无论是看书来的，或是听讲来的，都只是模糊零碎，都算不得我们自己的东西。自己必须做一番手脚，或做提要，或做说明，或做讨论，自己重新组织过，申述过，用自己的语言记述过，——那种知识思想方才可算是你自己的了。

我可以举一个例子。你也会说"进化"，他也会谈"进化"，但你对于"进化"这个观念的见解未必是很正确的和清楚的；也许只是一种"道听途说"，也许只是一种时髦的口号。这种知识算不得知识，更算不得是"你的"知识。假使你听了我这句话，不服气，今晚回去就去遍翻各种书籍，仔细研究进化论的科学上的根据；假使你翻了几天书之后，发愤动手，把你研究所得写成一篇读书札记；假使你真动手写了这么一篇"我为什么相信进化论？"的札记，列举了：

（一）生物学上的证据；

（二）比较解剖学上的证据；

（三）比较胚胎学上的证据；

（四）地质学和古生物学上的证据；

（五）考古学上的证据；

（六）社会学和人类学上的证据。

到这个时候，你所有关于"进化论"的知识，经过了一番组织安排，经过了自己的去取叙述，这时候这些知识方才可算是你自己的了。所以我说，发表是吸收的利器；又可以说，手到是心到的法门。

至于动手标点，动手翻字典，动手查书，都是极要紧的读书秘诀，诸位千万不要轻轻放过。内中自己动手翻书一项尤为要紧。我记得前几年我曾劝顾颉刚先生标点姚际恒的《古今伪书考》。当初我知道他的生活困难，希望他标点一部书付印，卖几个钱。那部书是很薄的一本，我以为他一两个星期就可以标点完了。哪知顾先生一去半年，还不曾交卷。原来他于每条引的书，都去翻查原书，仔细校对，注明出处，注明原书卷第，注明删节之处。他动手半年之后，来对我说，《古今伪书考》不必付印了，他现在要编辑一部疑古的丛书，叫作"辨伪丛刊"。我很赞成他这个计划，让他去动手。他动手了一两年之后，更进步了，又超过那"辨伪丛刊"的计划了，他要自己创作了。他前年以来，对于中国古史，做了许多辨伪的文字。他眼前的成绩早已超过崔述了，更不要说姚际恒了。顾先生将来在中国史学界的贡献一定不可限量，但我们要知道他成功的最大原因是他的手到的工夫勤而且精。我们可以说，没有动手不勤快而能读书的，没有手不到而能成学者的。

第二要讲什么叫"博"。

什么书都要读，就是博。古人说，"开卷有益"，我也主张这个意思，所以说读书第一要精，第二要博。我们主张"博"有两个意思：第一，为预备参考资料计，不可不博。第二，为做一个有用的人计，不可不博。

第一，为预备参考资料计。

在座的人，大多数是戴眼镜的。诸位为什么要戴眼镜？岂不是因为戴了眼镜，从前看不见的，现在看得见了；从前很小的，现在看得很大了；从前看不分明的，现在看得清楚分明了？王荆公说得最好：

> 世之不见全经久矣。读经而已，则不足以知经。故某目百家诸子之书，至于《难经素问本草》诸小说，无所不读；农夫女工，无所不问。然后于经为能知其大体而无疑。盖后世学者与先王之时异矣。不如是，不足以尽圣人故也。……致其知而后读，以有所去取，故异学不能乱也。惟其不能乱，故能有所去取者，所以明吾道而已。(《答曾子固》)

他说："致其知而后读。"又说："读经而已，则不足以知经。"即如《墨子》一书在一百年前，清朝的学者懂得此书还不多。到了近来，有人知道光学、几何学、力学、工程学等，一看《墨子》，才知道其中有许多部分是必须用这些科学的知识方才能懂的。后来有人知道了伦理学、心理学等，懂得《墨子》更多了。读别种书愈多，《墨子》愈懂得多。

所以我们也说，读一书而已则不足以知一书。多读书，然后可以专读一书。譬如读《诗经》，你若先读了北大出版的《歌谣周刊》，便觉得《诗经》

好懂得多了；你若先读过社会学、人类学，你懂更多了；你若先读过文字学、古音韵学，你懂得更多了。你若读过考古学、比较宗教学等，你懂得的更多了。

你要想读佛家唯识宗的书吗？最好多读点伦理学、心理学、比较宗教学、变态心理学。无论读什么书总要多配几副好眼镜。

你们记得达尔文研究生物进化的故事吗？达尔文研究生物演变的现状，前后凡三十多年，积了无数材料，想不出一个简单贯串的说明。有一天他无意中读马尔萨斯的人口论，忽然大悟生存竞争的原则，于是得着物竞天择的道理，遂成一部破天荒的名著，给后世思想界打开一个新纪元。

所以要博学者，只是要加添参考的材料，要使我们读书时容易得“暗示”；遇着疑难时，东一个暗示，西一个暗示，就不至于呆读死书了。这叫作“致其知而后读”。

第二，为做人计。

专工一技一艺的人，只知一样，除此之外，一无所知。这一类的人，影响于社会很少。好有一比，比一根旗杆，只是一根孤拐，孤单可怜。

又有些人广泛博览，而一无所专长，虽可以到处受一班贱人的欢迎，其实也是一种废物。这一类人，也好有一比，比一张很大的薄纸，禁不起风吹雨打。

在社会上，这两种人都是没有什么大影响，为个人计，也很少乐趣。

理想中的学者，既能博大，又能精深。精深的方面，是他的专门学问。博大的方面，是他的旁搜博览。博大要几乎无所不知，精深要几乎唯他独尊，无人能及。他用他的专门学问做中心，次及于直接相关的各种学问，次及于间接相关的各种学问，次及于不很相关的各种学问，以次及毫不相关的各种泛览。这样的学者，也有一比，比埃及的金字三角塔。那金字塔高四百八十英尺，底边各边长七百六十四英尺。塔的最高度代表最精深的专门学问；从此点以次递减，代表那旁收博览的各种相关或不相关的学问。塔底的面积代表博大的范围、精深的造诣、博大的同情心。这样的人，对社会是极有用的人才，对自己也能充分享受人生的趣味。宋儒程颢说得好：“须是大其心使开阔。譬如为九层之台，须大做脚始得。”博学正所以“大其心使开阔”。

我曾把这番意思编成两句粗浅的口号，现在拿出来贡献给诸位朋友，作为读书的目标：为学要如金字塔，要能广大要能高。

读书方法荟萃

魏际瑞《读书法》

若欲翻书，勿以爪掐。若欲看书，无以手压。掐则痕多，压则汗塌。不可摩擦，擦则模糊。不可卷折，折则痾瘘。不可乱点，不可狂涂。识者所笑，马牛襟裾[①]。书贵整齐，不宜散乱。部正行匀，秩然可玩。书贵齐修，不宜齷齪。洁净精良，人生一乐。即不常读，亦可常翻。读之养心，翻之怡颜。书有廉隅[②]，书有文饬[③]。彼读书者，自宜爱惜。不读书者，亦宜惜书。虽无他智，即此非愚。子亦有书，百千万卷。不汗不尘，不折不卷。君欲读书，奉赠此法。予言或然，幸垂笑纳。

古人读书法九则

（一）读书要专。将身收在书房中，将心收在腔子里，所谓专心致志也。

（二）读书要简。用心大劳，则神疲而不能久。

（三）读书要极熟。熟则与我心相入，即已读者冷如水，未读者热如火，还要把冷的再读。

（四）读书要立志。誓愿必坚，局面必大，度量必宽，不可作小小收场，草草结果之想。

（五）读书要看书。得解须从圣贤赤心中领略真脉，又于有字处悟到无字处，又于博中说约，或章中寻一句，或句中寻一字，才得担斤两之处，才有把捉拿手。

（六）读书要养精神。一切戕贼身心之事猛力扫除，以全副精神赴之，必势如破竹矣。

（七）读书最要穷经。六经是无底之海，奇文妙理，日索日出，万变不穷。学者当以此为水源木本，不可畏难。

（八）读书要看《史鉴》。上下千古既可发其议论，也可长经济之才。

（九）读书要下笔不俗……

——《中国书院学规》

---

① 襟裾：衣服的前幅。马牛襟裾：马牛穿上衣服。用以讽刺徒有外表而少学识的人。

② 廉隅：棱角。

③ 文饬：即文饰。

文以气盛，读以畅快

余平生最喜读者，为韩愈论《佛骨表》，取气盛也。三弟可常常阅之。多阅数十篇，得神志。譬如饮食，但得一肴，适口充肠，正不求多品也。苏轼代张方午谏用兵书，言之非常痛快，余亦当读。

——（清）李鸿章《致三弟》

论为学之道：读贵持之以恒

为学之道，勿求外出，亦可成名。昔婺源王双鱼先生，家贫如洗，在三十岁之前，为窑工画碗。三十岁之后，读书训蒙到老，终身不应科举，著作逾百，为本朝杰出名儒。彼一生未拜师友，不出闾里。故余所望，诸弟亦如是，住不出恒之一字耳。

——（清）李鸿章《致弟》

猛火熬与慢火炖

我国古来先哲教人做学问方法，最重“优游涵饮，使自得之”。越看越觉得这话亲切有味。凡做学问总要“猛火熬”和“慢火炖”两种之作，循环交互看用去。在慢火炖的时候才能令所熬的起消化作用融洽而实有诸已。思成，你已经熬过三年了，这一年正该用炖的工夫。不独于你身子有益，即为你的学业计，亦非如此不能得益。

——梁启超《致梁思成信》

陶行知推荐的读书方法

八大顾问：何事、何故、何人、何如、何时、何地、何去、几何。

十大秘诀：一序，由浅入深，循序渐进；二勤，业精于勤，荒于嬉；三恒，持之以恒，锲而不舍；四博，从精出发，博览群书；五问，不耻下问；六记，多动笔墨，多作笔记；七习，温故而知新；八专，专心致志，专一博广；九思，多加思考，学会运用；十创，触类旁通，敢创新路。

——1981 年《青年文摘》

如同世间万事万物都包含矛盾一样，读书亦有辩证法。懂得这一道理，我们在读书求知的过程中，就既不会厚此薄彼，也不会顾此失彼。

首先谈谈“熟读精思”与“不求甚解”。说读书要“熟读精思”，恐怕没人反对，因为有些书，特别是好书，一定要像朱熹那样，“精阅细读，融会贯通”；但说读书可以“不求甚解”，多数人就会不赞成。其实“不求甚解”并非指不去了解，而是有的书重在观其“大略”，过于细微的地方则不用去钻牛角，这便于从宏观上把握知识的脉系，提高自己的整体认知能力。

其次说说“读破万卷”与“读破一本”。杜甫说“读书破万卷，下笔如有神”，现代学者唐弢说“博览群书，读破一本”。“读破一本”必须建立在“广采博学”的基础之上。舍此，就会显得“势单力薄”、阅“力”不足和缺乏后劲。

——胡昌方、史乐翔《读书也讲辩证法》（2013 年 8 月 6 日《人民日报》）

唯有那些愿意花费时间和精力去读懂某“一本书”的人，才算是真正的读书人。这是一种良好的读书习惯，有这种读书习惯的人总能保持“虚心涵泳、切己体察”的安静的习惯。

杜甫说“读书破万卷，下笔如有神”。说明多读书而广积薄发，写文章才能得心应手。但真正做到“破万卷”绝非易事。学者唐弢有句名言叫“博览群书，读破一本”建立在广采博学的基础上，才能做到读书多且能应用。读书人不在于存在了多少珍贵的版本，而在于是否把书中的学问弄通了。

——夏衍（2012 年 4 月 22 日《南方日报》12 版）

美国作家莫提默·J. 艾德勒和查尔斯·范多伦的《如何阅读一本书》，简明扼要地从阅读的层次、阅读不同读物的方法和阅读的终极目标等方面进行了探讨和分析。书中提到了几个阅读误区，大家可以对照一下，是否属于“低质量的阅读者”。

误区一：阅读量大＝博览群书？在艾德勒看来，读得太广却没有读通透的阅读者属于“无知的阅读者”。阅读分为基础阅读、检视阅读、分析阅读、主题阅读四个层次，很多人都停留在第一个层次，因此读再多的书对我们的理解力和思考能力的提高并没有太大的助益。所以艾德勒说：“阅读的艺术，就是凭借着头脑运作，除了玩味读物中的一些字句之外，不假人和外助，以一己之力来提升自我的过程。”

误区二：速读＝精读？速读，也就是检视阅读，强调在一定的时间内抓住一本书的重点并快速消化，大部分人仅强调阅读要快，却没有努力使用阅读技巧，只接收到书的表象提供的信息，从而忘记了在阅读过程中对知识点的消化。当然慢读也不等于精读，如果阅读速度过慢，且在碎片化的时间里阅读，那阅读过程就是一步步遗忘的过程。所以艾德勒说：“要达到阅读的所有目的，就必须在阅读不同书籍的时候，运用适当的不同速度。”

误区三：阅读范围仅限于舒适区？在舒适区内阅读，无须集中精神，无须反复思考，只是可以提高消磨时间的趣味性。所以要达到阅读艺术的水平，还需要读一些对我们而言比较难的读物，要学会做个自我要求的读者，学着硬着头皮去挑战一些能力之上的读物。刚开始会比较吃力，但一旦我们消化了阅读过的读物，理解力和思考力水平就会得到提升。

误区四：碎片化阅读 = 碎片化思考？当生活被切割为大量的碎片化时间之后，我们的阅读也碎片化，同样呈现出的思考就比较随性而散乱，这就需要我们刻意训练自己的专注力，同时有效掌握阅读技巧，及时将脑中一闪而过的灵感和思想以文字的形式记录下来，这样才能避免无意义的阅读，成为一个优秀的阅读者。

误区五：读书不做笔记？随着阅读层次的提升，如果不做读书笔记，那我们在阅读过程中产生的思想火花就会被浪费掉。艾德勒提出三种做笔记的方法：结构笔记，类似思维导图，读者可以根据读物的逻辑架构建立自己的思维体系；概念笔记，在理解作者的基础上延伸出自我的想法，多表现为书评形式；辩证笔记，在阅读同主题的读物之后概括总结出自己的思考，从同主题的书中找出支撑自己论点并展开讨论的笔记。

——陈曦《你还在做低质量的阅读者吗?》

（1）读书的一般过程。读书的一般过程是：翻翻看看，阅读，重点细读，不断巩固。

（2）读书贵精思。凡是读书收获大的人，都有精思的习惯。读书收获的大小，决定精思的程度。宋朝的朱熹强调在熟读之后“继以精思，使其意皆若出于吾之心，然后可以有得尔”。

（3）边读边议，又读又写。大家围绕一定的中心议论、争论一番，是使读书获得最佳效果的方法之一。写指的是写读书笔记、卡片、眉批和旁批、记号等。读书时动笔墨，很可以比喻为春种夏锄后的秋收。

（4）读书要和“天书”结合读。“天书”指的是大自然和人类社会，读有字之书与读无字之书结合起来，能把字书读活，能使字书丰富，能加深对字书的理解。苏轼的《石钟山记》、李时珍的《本草纲目》、徐霞客的《徐霞客游记》都是善读“天书”的典范。

（5）读书要培养兴趣。读书的兴趣产生于对书的知，发展为对书的用。心理学认为：坚定的目的性，能使人的脑皮层建立起相应的优势灶，以利于成功。在同样环境下，“同师而超群者，必其乐者也”（《淮南子》）。

——安宏林《读书方法漫谈》

有理解地阅读，是快速阅读的前提。每本书或每篇文章的重点（所谓“金子般的核心”），一般约占全文的25%，“筛选”式阅读法，可以运用来选留这四分之一的“金子”。

快速阅读法要求读者在充分消化重点内容后，吸取其中的精华。专家们为此设计了三部曲的“消化吸收”阅读法：1. 选出最能反映内容实质的相关词语——关键词；2. 将关键词加以有机的组合排列，使它具有完整的意义；3. 用自己的语言把这些内容表达出来，进而记住它。

人的大脑是知识仓库，它要不断地存入知识和消息，也要随时提取出来应用，有理解地去阅读，知识的存取才能实现。理解能力强，接受知识势必多而快。每个人都有自己的理解方式，小孩子把“5”当成是“2”和“3”相加，这也是一种最简单的理解方式。对事物的理解，可以在实践中不断地运用，使方式方法越来越先进、越来越灵活。所以说，有理解地读书，是快速阅读的先决条件。

——冯曼亭据《快速阅读技术》编译

四别读书法：有的书，只要浏览一遍即可，叫目治之书；有的书或章节，不仅要阅读，而且要背出来，叫口治之书；有的书或警句，不仅要背出来，且要思考，叫心治之书；有的书或章节，怕心记不准而抄录下来，叫手治之书。

——摘自报刊

“破”字概括起来就是：突破、磨破、识破。读破不单是能读会背乃至倒背如流，读破应该是“悟”，悟出这本书的真谛，悟出其中之理，其中之规，悟出适合自己的东西来。否则，只算读了，未必读破。

——佚名

速读速记的方法

要想获得知识和学问，必须具备意志和毅力，而注意力正是这两者的集中表现。古今中外凡是有作为的人物，以及一切为人类作出贡献的科学家、文学家，他们之所以在事业上有所成就，无一不是集中注意力的结果。

快速阅读，不仅要充分理解读物的内容，而且要节省时间，就更应强调注意力，并使它达到“强化”的程度。要让自己在阅读时，始终保持头脑清醒，心情愉快，也就是说，要让自己处于身心健康的状态下进行阅读，要使看书、休息、写字等活动，有节奏地交替进行，要把注意力凝聚在能概括内容实质的关键词、新词和较难弄懂的词句上。

注意力可以促进阅读效率的提高，从一项实验中得出：注意力高度集中时，每分钟可读八千字母，而分散注意力则读不到六百字母。可见注意力是阅读过程的催化剂。

——冯曼亭《注意力是阅读的催化剂》

速读，就其方法而言，是一种科学地运用视力的方法，要想提高读速，重要在于增加每次眼球转动之后抓住的字数，以扩大视野。巴尔扎克在《路易·拉别尔》一文中，曾对速读有过生动的描述："在阅读过程中，他吸收思想的能力是罕见的。他的目光一下能抓住七八行，而且他的智力理解意义的速度与眼睛的速度相等，往往是一个唯一的词便能使他掌握全句的意义。"这就是说：速读时，目光不是追着每一个字一点一点地往前移动，而是自上而下地实行纵向扫描，即几行几行地扫阅过去，发现重要内容，再减慢速度，按行阅读，或打上记号，或作笔录，或深思细品。

速读的目的，就是要掌握书的精华之处。因此，速读时就要像雷达跟踪目标一样，敏锐准确地抓住文中的要点与精髓，而将一般性的叙述抛掉。这样，你就能够赢得时间，更多更快地掌握先进的科学知识。

——杨帆《科学地运用你的视力——谈快速阅读法》

1. 坚持"记忆力体操"（列夫·托尔斯泰语）。大脑和身体的其他器官一样，遵循着"用进废退"的发展规律，脑力劳动会使记忆保持在高峰，就像运动能使肌肉增强一样。

2. 培养积极心态。相信自己的记忆力，对记忆的对象有浓厚的兴趣，情绪高涨，精神集中，这种积极的心理状态可以提高记忆效果。

3. 保持愉快情绪。平静、欢乐、喜悦、愉快等良好情绪，能提高脑细胞的活动能力，从外面传来的信息就容易记住。

4. 注意大脑卫生。要保证大脑得到充分的氧气，最好不要在空气污浊的地方学习。每学习一小时，做1—2分钟的深呼吸；每学习两小时，到室外活动5分钟。

5. 利用科学记忆法。正确运用记忆法是提高记忆力的重要途径，如直观形象记忆法、发掘特征记忆法、列表对照记忆法、重复记忆法、重点记忆法、联想记忆法、改错记忆法等。

6. 摸索自己的方法。可以在掌握科学记忆法的基础上，按照自己的记忆特点，针对不同的记忆对象，创造出适应你自己的记忆方法。

——杨帆《记忆力的锻炼》

（1）字头法。将各项中一个字（不一定是头一个字）抽出来，进行整理排列，最好能将字头编成歌诀，只记住一列字头，当我们回忆整体时，字头就像一把钩子一样将整体从潜记忆中钩出来。周恩来曾用字头法"两湖两广两河山"记全国省、直辖市 、自治区名称。

（2）中心词法。在大段材料中，通过分析，抽出一些中心词，回忆材料时由中心词带出整个材料内容。其区别于字头法之点是：中心词与之所带的材料是用逻辑思维联系的。常用中心词法，分析能力提高较快，一面阅读一面分析提炼中心词，就要求记基本内容而言，可以“过目不忘”了。

（3）图示法。图形本身作为一个形象，能较强地影响大脑，造成难忘的印象。有经验的老师在给学生讲完某部分知识后，就画一棵“知识树”来帮助学生理清学习内容，便于逐项复习。使用图示法时，所制的图尽量让形态有所区别，记忆效果更佳。

（4）归类法。人类如果一次识记量超过七个单位，一般不易记全。所以超过七项，就要设法把所记对象归成不同的组别，每个组内尽量也不超出七项。分类也是一门功夫，可以某事物某方面的特征为标准，比如用途、性质、重量、颜色、形态等。

——曾宪礼《快速记忆四法》

读与写的关系

——一个有效的学习方法

学习，是一个老话题，又是一个常说常新的话题。因为什么时候说学习都不过时，什么时候抓学习都不算晚。个人可以学习，家庭可以学习，在单位里可以学，把学习融入生活、工作全过程，关键要有行动且持之以恒。这种广泛性的学习形成了氛围，为建设学习型社会构建了基础。

以认知为目的模仿称为“学”。学过后再温熟，反复自学或复习的行为称为“习”。所以，“学习”从广义上讲，是求知的行为与方法。有了模仿行为，加上方法正确，可以收到事半功倍的效果。学习方法包括阅读、听讲座、培训、观摩、考察等，这些属于理性层面的学习。还包括交谈与讨论、写读书笔记、写文章或著书立说、设计方案、动手制作等，这些是感性方面的学习，是更艰苦、更有效果的学习，但这些学习方法，却被许多人忽略。因此，学习效果事倍功半。就传统的学习方法而言，主要是阅读纸质书籍与写作。读写结合，实质是动脑与动手并举，有利于提高学习效率并取得好的效果。现代阅读包括读书读报（刊）读屏。当前，读屏（上网）成为人们特别是青少年的主要阅读方式。这种阅读让人容易放弃动手做笔记。“下载”文字资料照单全收，是“快餐”式的阅读，吸收的“营养”质量不高。我主张以传统阅读为主，做到读写结合。古人早就劝喻：“不动笔墨不读书！”又说：“纸上得来终觉浅，绝知此事要躬行。”强调只有读写结合才能真正有所获益。

读与写是学习问题的两个方面。读是第一位的，不经过广泛的阅读，就没有大量知识信息的收集、掌握、积累、整理、思考与消化，就不会有自己的见解和认识，因此，讲学习，主要是讲持之以恒地培养阅读习惯和能力。胡耀邦同志任党的总书记时，曾要求干部阅读书籍的字数要达到两亿之多，按此要求计算，若每年阅读500万字的书籍，就需花费40年，可见阅读是学习中的一个长期任务和重要方法，因为阅读是获得知识的主要途径之一。

写是阅读的延伸，如果把阅读比作知识的软积累，则写是知识的硬积累，也是思考的延伸，包括在阅读的书刊上写批注、记观点，或在笔记本上写读书心得。把书当作老师，互相讨论。写得多了，又有自己的见解时，就成为写作！这种写作是培养个人思维能力、丰富知识以及积累资料的极佳方法和途径。因为是自己与书本交流，没有任何外部干扰与心理压力，写起来轻松自如，可长可短，可深可浅，一孔之见，片言只字全由自己定。这是读屏方法无法达到的效果。读得多了必然促进思考，思考的过程是升华的过程。笛卡尔有句名言："我思故我在！"思，包含了思考、思想与思维的综合过程，都涉及思维因素，是阅读与写作过程中的必然现象。思想，是客观存在反映在人的意识中经过思维活动而产生的结果。积极正确的思考方式是产生积极正确思想的重要前提条件。可见，思想价值是人生价值极其重要的组成部分！放弃积极的思想过程就是放弃自己这部分的人生价值，非常可惜！一篇文字材料是否有高度和深度，主要源于自己对知识的理解后，经思考加工而得出新的观点。这就是收获与受益，就是进步与提高。要想写出有高度和有深度的东西，只能在多读多思多写的前提下去实现。此时，写作是第一位的任务，即确立一个主题，结合工作与学习实践，写出既有内容又有自己观点的文字材料，一个读与写的过程就完成了。这是阅读与思维过程产生的结果。而这结果就是思想的具体化。这一过程，既应用了阅读知识，又应用了写作知识。写，是比阅读与思考更艰难的事，只有不畏艰辛、反复写，在写的过程中反复体会、积累经验，才能写出有价值的东西，形成由阅读促写作，由写作加深阅读认识的良性循环，这时，才可以说，学有所获，否则就是水过鸭背。

读与写是相辅相成的学习方法，都有目的性，除了为延伸阅读与思考而写之外，写的另一个主要目的是记录个人思想经历，同时反映社会发展历程。此外，读写结合可陶冶人的情操，培训自己的逻辑思维，是一项既利于个人又利于家庭与社会的百善之举，何乐而不为！

——编者

写作兴趣与体验

我的写作兴趣与体验是从当采煤工人开始的。

那时写得最多的是广播表扬稿，将每班工人采煤创造高工效的事迹写成矿区新闻稿，通过广播向群众宣传，激励工人发挥高昂的斗志，互相竞争，争取更好的生产成绩。

后来，虽然多次变换工作岗位，直至当了矿长我仍坚持学习写作。

第一，工作与生活中有东西值得写。

一是煤矿企业是个小社会。我任矿长时，处在改革开放初期，不断变化的情况需要应对，企业生产经营中许多问题要探讨、解决，有许多经验需要总结，有些规律（如不同水平标高的安全生产规律）需要重新发现加以利用，也有教训需要吸取……通过写作进行归纳分析，把感性认识上升到理性认识再去指导实际工作。如结合实际情况写的《怎样当采掘队长》《安全生产要抓主要矛盾》等系列企业管理文章都是反映自己亲身体验的，这些文章印发给全矿干部进行交流。我所做的，是借助写作技能，把原来个别的或分散而行之有效的管理方法、经验归纳起来，使之条理化和系统化。

二是企业高层主管人员。学习与掌握写作这一“特殊工具与技能”，有利于训练逻辑思维能力，帮助在繁杂的工作中理出头绪，提高工作效率。任职矿长期间，每个月的全矿生产经营调度会上，矿长做的安全生产与经营效益情况分析报告，以及下一个月的安全生产目标与措施的布置，我都思考分析后再写成文字材料。因为看得准、讲得透、能操作，执行起来就比较顺利而达到预期目标。后来，矿区干群评介说：那几年是茶山矿煤炭生产与安全的高峰期。

三是丰富多彩的生活中，时常发生或出现反映时代精神、代表社会先进思想的人和事。作为干部，要有敏锐的眼光善于发现有影响力、有代表性、有积极意义的人和事，及时地用文字加以记录、归纳、提炼后进行宣传，用此方法营造艰苦环境下积极向上的氛围。如我写了《论曹庭顺的奉献精神》《围绕经济效益做决策——记茶山矿矿长李舒洪二三事》等文章，在全矿、全局以及全省煤炭系统企业进行宣传。也可以用文章去鞭笞、讽刺生活中消极和负面的现象，如《猫与鼠》《戒烟》等。

四是生活中的哲理。自然现象寓含丰富的哲理，某种看似偶然却蕴含必然的事物给我带来的启发与触动，还有思想中闪光的“火花”——灵感的出现，我都录为文字（材料）。如《山之韵》《芭蕉》就是这类小品文。

第二，如何写作。

写作因人而异。我用的是笨办法——反复写。方法是相对的，兴趣与经验更宝贵。

一是勤于学习。有了写作兴趣时，要阅读有关写作知识的书籍，了解与掌握写作的基本要求和技巧。更多的是读各类书籍报刊，长久积累知识。还要选一些文章精读、碾读，做解剖分析从中得到启发与借鉴。

二是勤于思考。一天中，人的绝大部分时间是思想活动，是精神世界。读了各类书报能拓宽视野，思想更活跃，甚至睡觉时也在想——做梦。当萌发了有价值的“思想”时就应动笔记下来。在阅读时往书报上写心得之类的批语，读写互动更有益于引发思考。勤于思考还包括对社会现象进行观察、分析与联想。这既是积累素材的方法，也是酝酿写作的过程。

三是勤于写作。“写”与“作”既有联系又有区别。“写”是指用笔在纸上“做字”（写字）。“作”是行动、开始。“写”是用“字”去记录事情，“作”是用文字把要表达的事情（内容、主题）按先后顺序有机地组织、连接起来。所以，文章是用“字”组成诸多句子，并把句子联系起来用于表达思想、观点、情感的无声语言。写文章时，“写”与“作”是同时完成的。

想到就写的重要方法是身边（如床头柜、公文包）时常备有纸笔。有时睡觉了，我会突然爬起来，写几行当时想到的“心语”。因为第二天会记不全甚至全忘了，或是忙于工作后“灵感”消失得无踪影。当行走或坐车途中有了灵感时，到了办公室或家中，我就记下来，甚至在车上就记录几句，作为下车后的“提示”。《论曹庭顺的奉献精神》就是出差途中在车上思考后，在住地写成初稿的。

一次参加某单位的年终总结会，其中一个主题是讲加快发展，触发了我的思维，我当即在报告纸空白处拟提纲，后来完成了《仁化发展县域经济以“快”制胜》的写作。

四是反复修改。我的许多文章，与其说是写出来的，不如说改出来的更准确。文章初稿写成后，不厌其烦地改写三四遍，甚至要改五六遍才比较满意。有些文章还要请“高人”帮忙改。我体会到：每写一篇文章，就是一次学习与积累经验的过程。所谓下笔千言一挥而就者绝无仅有。

第三，写作的收获。

劳动创造财富。写作属于脑力劳动，其收获体现在精神层面。

一是文章为作者的思想及形象在时空中的延伸。人作为一种感情的个体存在，从空间上和时间上来说是很有限的，但人的精神要超越这种个体存在。精神与物质比较，物质通常显得具体有形，而“精神”这个概念（或称谓）比较笼统、抽象，既可以用行为表现出来，也可以借助文章这个特殊的载体展示你的精神空间。因为有深度、有影响力的文章，是人的精神外化与凝固，从而留下比物质财富更持久、更有影响力的财富——精神财富。物无常主，而文章的主人永远是作者自己，是作者精神化了的劳动成果。我揣测，这可能是许多写作者所看重而乐此不疲的原因。

二是写作成果留下作者的“生命痕迹”。文章除了展示作者的精神空间外，字里行间记录了作者不同时期在学习、工作、生活及思想诸方面人生历程的痕迹。

佛学大师星云著述两千多万字。他对写作的见解是："因为文字是生生不息的循环，是弘法的资粮。人不在，文字还在。"（《百年佛缘》）"人不在，文字还在"，就意味把"生命痕迹"留在身后。

三是联系实际的写作，能抑制人性的弱点。善性、恶性都是人之本性。行善则抑恶，行恶则抑善。行善抑恶的一个重要途径是自省与自警，如写拒贪日记，写学习反腐倡廉政策与法规的体会，写观看（收听）腐败案例剖析材料。此外，写工作总结，写重大事件或事故原因、责任、教训分析，这类写作都要紧密联系自己的思想实际而为之，属自省式的"敲警钟""喝清凉汤"。这对"为官"的作者而言，起了居安思危中再铸灵魂的作用。

第四，写作之苦。

写作，是我自找的"苦差事"。我体会有"三苦"。

一是苦其心。脑力劳动，耗心血伤精神，有时抱病而不弃。我与许多为文者交谈过，共同的体会是：其一，过度思虑致内伤脾胃而影响消化吸收；其二，用眼过度外伤视力。二者导致睡眠质量差，久而久之落下一些病根。

二是苦其身。写作也讲究"进入状态"，一旦潜心写作，一坐就是几个小时，甚至废寝忘食。因放弃体育运动，久而久之，颈椎病、胃病、痔疮、老花眼不期而至，弄得心身疲惫。

三是苦其"时"。自己不是专业写手，除了工作，想写的东西很多，总感到时间不够用。写作时要参阅书刊资料，既要充分利用工作时间，又要利用休闲时间甚至牺牲宝贵的睡眠而为之。

当"世界万事都增价，老了文章不值钱"（刘基）之时，更加觉得写作是"苦差事"，我却坚持苦中作乐，其动力源自兴趣，更源于追求知识提升自我带来的快乐。这种感受正如顾作义在《汉字的菩提》一书的序言所说，写作中"有了新的感悟、新的发现，感到无比快乐。于是，写作并不成为一个负担，而是成为一种享受。写作的过程是自己学习提高的过程，更是自己心灵净化、提升的过程，乐在其中，也不觉得累"。

"乐在其中"是写作之时化辛苦为"享受"的体验过程，这种"享受"只有坚持写作的人方能体验得到。

——编者

读书之乐

——悦讀

四 读书至乐 成就人生

学而时习之，不亦说乎！

——（春秋）孔子

学则智，不学则愚，学则治，不学则乱。自古圣贤，盛德大业，未有不由学而成者也。

——（明末清初）黄宗羲

不是每个读书人都能成为领袖，而每一个领袖必是读书人。

——（美）杜鲁门

导语

为成功而阅读

阅读的意义是深远的。

阅读，让我们接触文字。文字记录了社会历史的内容，从而帮助我们增长知识，让我们知道得更多，这就叫求知。

阅读，让我们充分利用时间。著名学者梁启超说：“唯有打麻将可以忘记读书，也唯有读书才可以忘记打麻将。”因为只有阅读，我们才抵挡了外面的诱惑。从某种意义上讲，阅读使我们延长了生命的链条，这就叫生活质量好。

阅读，让我们天天有思想的积累。在阅读与思考中用别人的智慧之光照耀自己的人生旅途，让我们看得更远，在前行中丰富了人生意义，这就叫开卷有益。因为，“爱好读书就能把无聊的时刻变成喜悦的时候”（孟德斯鸠）。

阅读，让我们学会思考。“不读书的人，思想就会停止。”（狄德罗）笛卡尔说过：“我思故我在。”在思考中与作者交流并产生共鸣，因为深度的阅读会产生自己的判断，而判断是思考的重要条件，这就叫提高。

阅读，让我们忘了已到睡眠或吃饭的时间，毛泽东说：“饭可以一日不吃，觉可以一日不睡，书不可以一日不读。”废寝忘食手不释卷，享受着精神大餐的营养，体验着思想与体能带来的愉悦，这就叫乐在其中。

阅读，让我们忘记了自己的年龄与身份，也淡泊了名利的纠缠，这就叫“读书有味身忘老”（陆游）。

阅读，让我们懂得什么是对与错，从而选择正确目标而行动，实现新的成长与进步，这就叫收获。

…………

一个人，只要坚持阅读，一定能取得意想不到的收获。若能广泛而深度阅读，将可能改变命运。齐白石老人在他一幅作品中题款“读书出富贵”。这句话的意义在于提醒人们重视读书，因为读书是包含了阅读与学习在内的大概念。这里，“读书”是前提条件，“出富贵”是收获或目的。

英国一项调查显示，阅读是事业成功最重要的敲门砖。20 年间，牛津大学社会科学家将约 2 万名年轻人的习惯、活动和兴趣进行调查，并向英国心理学协会提交了调查结果。这些年轻人 16 岁时接受了关于业余时间活动的调查，33 岁时再次被调查。结果很明确：16 岁时喜欢阅读的女孩长大会在工作上获得经理职务级别的可能性为 39% ，而那些喜欢在业余时间从事其他活动的女孩长大后提升到这级别的概率只有 25% 。对于男孩来说，16 岁时不喜欢阅读和喜欢阅读者达到这一级别的概率分别为 48% 和 58% 。

跨过 30 岁的坎儿后，某些业余活动对人们职业水平产生的影响，包括体育锻炼、社交、参观博物馆、看电影、听音乐会或画画等，都没有像阅读那样重要。不仅如此，阅读的益处甚至在撇开父母文化程度或家庭经济条件等其他重要因素后依然存在。

有专家指出，因为阅读将我们带到理解与语言使用的世界，而语言是最强大的思想工具：“语言涵盖所有领域，它教你学会任何时候都非常有用的推理和逻辑关系。”掌握了语言，我们才能理解其他一切。此外，书读得越多，遣词造句就越得心应手，对所涉及的内容也更自信，因而与他人交谈时具有更多的话题，从而提高社交与演讲能力。

阅读已成为现代社会人生活的重要内容，也反映了一个国家的文明程度，正因为如此，党中央提出了建设学习型社会的目标，这是非常正确的决策，而要实现此目标，其重要途径之一就是阅读。（全民阅读立法已列入 2013 年国家立法计划，且草拟了《全民阅读促进条例》，见 2013 年 8 月 5 日《人民日报》12 版。）我们有充分的理由相信，在这一立法措施实施后，一个更广泛更健康的读书环境将在全国形成。一些学者专家对阅读的功能与作用有深入的研究，并形成独到的见解。北京师范大学教授韩震指出：“图书所体现的文字语言力量，是通过阅读形成的。阅读，可以激活人们的思想力、想象力、创造力，都可以感染人们的人性情怀和情感世界。文字符号必须通过鲜活头脑的碰撞，才能擦出思想的火花。只有通过人们的阅读，冰冷的符号才能迸发出智慧的火焰。因此，图书不仅是为了珍藏，更是为了人们的阅读。”

谈阅读带来的益处有一个前提：必须抛开功利心态。并从求知与爱好培养阅读欲望与兴趣。因为心浮气躁、急功近利者是难以坚持阅读的。李瑞环同志讲“读书是大事，是难事，也是苦事”。我理解和体会是：“难”，难在坚持，

"苦"，苦在急功近利。原因是功利心态作祟。中国作家协会主席铁凝为此做了很精确的解释：阅读的功用是显而易见的。但是，我更想强调的是"无用"阅读，正如文化给人的力量一样，更多的是缓慢、绵密、恒久的渗透。虽然它是"无用"的，然而一切都有痕迹，我们沉重的内心会因某些时刻"无用"的阅读而获得心灵的轻盈和洁净。

易中天教授2012年9月在上海图书馆做报告时说的一段话，有异曲同工之妙："书有两种，一种是谋生之书，实用为上，也许读完一本电脑技术入门就会摆弄电脑了，这对读书来说就是有用的。而另一种就是谋心之书，这样的书看起来没什么实用性，也不带功利目的，但却能抚慰人们的心灵。无用之用，是为大用。"

知道阅读有这么多的好处，我们不必因为自己不曾喜欢阅读而感到遗憾。黑发须知勤学早，白头不悔读书迟。其实，任何年龄都可以养成阅读兴趣与习惯，并从中受益，而且阅读习惯的培养也比我们想象的容易得多。有一个研究结论指出：对于孩子来说，无论阅读时间长短，对于以后工作的益处都是一样的，唯一的区别就是读与不读。甚至可以不求甚解地去读，等读了足够多的书时，就会有所理解。因此，"不必在意什么时候去做，只要你去做"，迟早都能获得成功。

当下，阅读中遇到电子阅读（又称网络阅读）与传统阅读孰优孰劣的问题：2011年7月香港书展期间，著名学者李敖在谈到关于"电子书"时指出，台湾55%的民众不看书，他担忧网络等新媒体的盛行破坏了年轻人的阅读习惯。他的担忧是有道理的，因为备受青年人推崇的网络阅读实际上是一种"浅阅读"。图书的意义在于它所提供的信息更加接近知识（knowledge），而非一般意义上的信息（information），更加不是大众传媒所追逐的娱乐。"我们应该收获知识而不光是信息。"网络信息是游览式的、跳跃式的，难以形成专一的系统的思考。另外，网络的精华内容比起传统阅读还是少得多，网络内容目前还不能同传统的纸质媒体相提并论。易中天也认为"电子书"完全替代是不可能的，那种用手触摸精装书籍的美好触感，电子阅读永远无法代替。经典作品还是要靠纸质媒介呈现，就像满汉全席能用塑料盘子装吗？

——编者

箴言

读书至乐

人心本自乐，自将私欲缚。私欲一萌时，良知还自觉。一觉便清除，人心依旧乐。乐是乐此学，学是学此乐。不乐不是学，不学不是乐。乐便然后学，学便然后乐。乐是学，学是乐。于呼！天下乐，何如此学；天下之学，何如此乐？

——（明）王艮《乐学歌》

我爱书，我爱书，书田菽粟乐丰余。圣贤血脉须寻着，天地经论有展舒。工夫若到通彻处，尽心知性契真如。莫将私欲蔽明镜，忘却妙义都成虚。许多快乐说不尽，人不读书何其愚。

——（清）石成金《爱书歌》

学习的乐趣在我的幸福中占据了主要的成分。

——（法）卢梭

以乐为学，此等学问是不会苦的甜瓜。入门就学乐，其乐也。

——（明）吕坤《呻吟语·问学》

喜欢读书，就等于把生活中寂寞的辰光换成巨大享受的时刻。

——（法）孟德斯鸠

读书最乐，若读史书则喜少怒多，究之，怒处亦乐处也。

——（清）张潮《幽梦影》

君子有三乐：读书声出金石，飘飘意远，一乐也；宏奖人才，诱人日进，二乐也；勤劳而后憩息，三乐也。

——（清）曾国藩

至乐无如读书，至要莫如教子。

——释净空

至哉天下乐，终日在书案。

——（宋）欧阳修

读书从勤苦中得些滋味，自然不肯放下。

——（清）周永年《先正读书诀》

观书所以长我志气，拓我聪明，且日知所未知，日行所未行。久之，而内观我，书即谓我。外不见书，我即书。此以书为化而不以心稽者也。故《易大传》曰：“默而成之，存乎德行。”

——（清）乾隆《日知荟说》

治天下者先治己，治己先治心。治心养性，一个直接、有效的方法就是读书。……在读书世界里感悟人生，乐以忘忧。

——习近平《领导干部要爱读书读好书善读书》

知识是一种快乐，而好奇则是知识的萌芽。

——（英）培根

讲嗜好的读书，那是出于自愿，全不勉强，离开了利害关系的。——我想，嗜好的读书，该如打牌的一样，天天打，夜夜打，连续的去打，有时被公安局捉去了，放出来之后还是打。……我想，凡嗜好的读书，能够手不释卷的原因也是这样。他在每一页每一页里，都得着深厚的趣味。自然，也可以扩大精神，增加智识的。

——鲁迅《读书杂谈》

好读书，不求甚解，每有会意，便欣然忘食。

——（东晋）陶渊明《五柳先生传》

知之者，不如好之者，好之者不如乐之者。

——（春秋）孔子

（意思是：懂得学习的人，不如喜爱学习的人，喜爱学习的人，不如以学习为乐趣的人）。

古今之成大事业、大学问者，必经过三种之境界：“昨夜西风凋碧树。独上高楼，望尽天涯路”，此第一境也；“衣带渐宽终不悔，为伊消得人憔悴”，此第二境也；“众里寻他千百度。回头蓦见，那人正在、灯火阑珊处”，此第三境也。

——王国维《人间词话》

夫学贵专门，识须坚定，皆是卓然自立，不可稍有游移者也。至功力所施，须与精神意趣相为浃洽，所谓乐则生，不乐则不生也。

——（清）章学诚《章学诚家书》

善读书者，要读到手舞足蹈处，方不落筌蹄；善观物者，要观到心融神洽时，方不泥迹象。

——（明）洪应明《菜根谭》

船中活计只诗篇，读了唐诗读半山。不是老夫朝不食，半山绝句当早餐。

——（宋）杨万里

入居节署，读书最乐，勉之，时不可失也。

——（清）左宗棠《左宗棠家书》

（释义：你居在官署中读书是最快乐的事，你要努力自勉，不能白白浪费时间）。

专门科学之外，还要选取一两样关于自娱乐的学问，如音乐、文学、美术等。

——梁启超《给孩子们书》

我是学问趣味方面极多的人，每历若干时候，趣味转过新方面，便觉得像换个新生命。如朝旭升天，如新荷出水，我自觉这种生活是极可爱的，极有价值的。我虽不愿你们学我那泛滥无归的短处，但最少也想你们参采我那烂漫向荣的长处。

——梁启超《给孩子们书》

读书成就人生

夫天才则不能以人致，而学问固可以力求。

——孙中山《战学入门·序》

能够摄取必要营养的人要比吃得很多的人更健康，同样的，真正的学者往往不是读了很多书的人，而是读了有用的书的人。

——（古希腊）亚里斯提卜

孔子圣人，其学必始于观书。

——（宋）苏轼

读书决定一个人的修养和境界，关系一个民族的素质和力量，影响一个国家的前途和命运。一个不读书的人，一个不读书的民族，是没有希望的。

——温家宝

（注：二战结束时，日本沦为一片焦土。一位美国记者看到一个孩子坐在战争废墟上读英语，他拍下了这个情景，发向全世界，并预言日本有希望。）

你们有两条腿，闲暇时可以玩高尔夫球，打野鸭子等等。而我的全部活动就是读书。

——（美）罗斯福

我们看古今中外一个国家有多大的力量，就看他们的阅读风气。日本全国上下，不但在学校里读书，在家庭读书，甚至在火车上、电车里都是人手一册。乃至于欧美有些国家，他们的青少年也宁可把买汉堡包的钱拿来买一本书阅读。

——星云大师《百年佛缘》

读书，真是滋养了我一生的成长，启发了我做人要有情有义，要有正义感，要正派。

——星云大师《百年佛缘》

在繁嚣浮躁的商品社会，还是要从从容容地读书，从从容容做人。

——冰心

我认为我所学到的任何有价值的知识都是从自学中得来的。

——（英）达尔文

学然后知不足，教然后知困。知不足，然后能自反也；知困，然后能自强也。

——《礼记·学记》

圣人生于疾学。不疾学而能为魁士名人者，未之尝有也。

——（秦）吕不韦《劝学》

昔之君子，成德立行，身没而名不朽，其故何哉？学也。……故学者如登山焉，动而益高，如寤寐焉，久而愈足。

——（东汉）徐干《治学》

自古贤哲，勤乎学而立其名。若不学，即没世而无闻矣。

——（唐）虞世南《劝学篇》

知识是人们在任何一条道路上的旅伴。

——（格鲁吉亚）古拉米施维里

人之不学，则才智腐于心胸。……人能务学钻炼其性，则才慧发矣。

——（南朝·梁）刘勰《崇学》

在知识的山峰上登得越高，眼前展现的景色就越壮阔。

——（俄）拉吉舍夫

养子必教，教则必严。严则必勤，勤则必成。学则庶人之子为公卿，不学则公卿之子为庶人。

——（清）石成金《劝学文》

各种蠢事，在每天阅读好书的影响下，仿佛烤在火上一样，渐渐熔化。

——（法）雨果

读了《增广》会说话，读了《幼学》知天下。

——《中华圣贤经》

读书趁年轻，临老始看经。

——《中华圣贤经》

朕八岁登基，即知黾勉学问。彼时教我句读者，有张、林二内侍，俱是明时多读书人。其教书，惟以经书为要。至于诗文，则在所后。及十七八，更笃于学，逐日未理事前，五更即起诵读；日暮理事稍暇，复讲论琢磨，竟至过劳，痰中带血，亦未少辍。朕少年好学如此，更耽好笔墨，在翰林沈荃，素学明时董其昌字体，曾教我书法。张、林二内侍俱及见明时善于书法之人，亦常指示。故朕之书法，有异于寻常人者以此。

——（清）康熙《庭训格言》

故凡事可论贵贱老少，惟读书不问贵贱老少。读书一卷，则有一卷之益；读书一日，则有一日之益。此夫子所以发愤忘食，学如不及也。

——（清）康熙《庭训格言》

人在幼稚，精神专一通利；成长以后，则思虑散逸外驰。是故应须早学，勿失机会。朕七八岁所读之经书，至今五六十年，犹不遗忘。至于二十以外所读经书，数月不温，即至荒疏矣。

——（清）康熙《庭训格言》

凡今日享有一点名誉的人，都是大家不做事的时候做了一件事（编者：指读书）。

——胡适

君子贵才学以成身也，非以矜己也；以济世也，非以夸人也。

——（明）吕坤《呻吟语·问学》

知识能塑造人的性格，精神上的各种缺陷，都可以通过求知来改善——正如身体上的缺陷，都可以通过适当的运动来改善一样。

——（英）培根

子弟者，大人之胚胎，秀才者，士大夫之胚胎。此时若火力不到，陶铸不纯，他日涉世立朝，终难成个令器。

——（明）洪应明《菜根谭》

知书识字的公民们许多都比我年轻，不要坐视堂堂一个中国，九百六十万平方公里的肥沃土地，在二十世纪变成一片广阔无边的文化沙漠。

——冰心

趁早须立志，得闲好读书。书中乾坤大，笔下天地宽。
读书觅佳句，润墨得风骨。龙从书海跃，鹏自笔下飞。
文房藏四宝，书架列千秋。泼墨留香久，读书受益多。

——（清）王永彬《围炉夜话》

小心那些只读过一本书的人。

——圣·托马斯·阿克那斯

学不倦，所以治己也；教不厌，所以治人也。

——（战国）尸佼《劝学》

学者如禾如稻，不学者如蒿如草。如禾如稻兮，国之精粮，世之大宝。如蒿如草兮，耕者憎嫌，锄者烦恼，他日面墙，悔之已老。

——（清）石成金《劝学文·真宗皇帝劝学谕》

朕观无学人，无物堪比伦；若比于草木，草有灵芝木有椿；若比于禽兽，禽有鸾凤兽有麟；若比于粪土，粪滋五谷土养民。世间无限物，无比无学人。

——（清）石成金《劝学文·仁宗皇帝劝学谕》

无才无学，士之羞也。

——（明）吕坤《呻吟语·问学》

坐则读经史，卧则读小说，上厕则读小辞，盖未尝顷刻释卷也。

——（北宋）钱惟演

书到用时方恨少，事非经过不知难。

——（宋）陆游

兴于诗，立于礼，成于乐。

——（春秋）孔子

爱好读书，就能把无聊的时刻变成喜悦的时刻。

——（法）孟德斯鸠

读书是福，有工夫读书谓之福。

——（清）张潮

人心如良苗，得养乃滋长；苗以水泉溉，心以理义养。一日不读书，胸臆无佳想；一月不读书，耳目失清爽。

——（清）萧抡谓《读书有所见作》

夫功成设乐，治定制礼。礼乐之兴，以儒为本。弘风导俗，莫尚于文。敷教训人，莫善于学。因文而隆道，假学以光身。不临深溪，不知地之厚。不游文翰，不识智之源。然则质蕴吴竿，非筈羽不美；性怀辨慧，非积学不成。是以建明堂，立辟雍。博览百家，研精六艺，端拱而知天下，无为而鉴古今。飞英声，腾茂实，光于天下不朽者，其唯为学乎？此崇文之术也。

——（唐）李世民《帝范》

读书须用意，一字值千金。

——（清）《增广贤文》

有田不耕仓廪虚，有书不读子孙愚。

——（唐）白居易《劝学文》

遗子黄金满籯，不如教子一经。

——（清）《增广贤文》

贫者因书而富，富者因书而贵。

——《中华圣贤经》

读书多了，容颜自然改变。许多时候，自己可能以为许多看过的书籍都成过眼烟云，不复记忆，其实它们仍是潜在的。在气质里、在谈吐上、在胸襟的无涯，当然也可能显露在生活和文字中。

——三毛《关于读书》

世之所贵读书寒士者，以其用心苦读书，境遇苦寒士，可望成才也；若读书不耐苦，则无所用心之人，境过不耐苦，则无所成就之人。

——（清）左宗棠《左宗棠家书》

人生无处无书读。

——（清）左宗棠诗题罗权如《读书秋树根图》

读书养身，及时为自立之计、学问日进，不患无用着处。

——（清）左宗棠《左宗棠家书》

“玉不琢，不成器；人不学，不知道。”然玉之为物，有不变之常德；虽不琢以为器，而犹不害为玉也。人之性，因物而迁，不学，则舍君子而为小人，可不念哉！付弈。

——（宋）欧阳修

故事

祖冲之的家教

祖冲之（429—500）是南北朝时的科学家，但这位伟大的科学家小时候并不出众，常被父亲祖朔之责骂。

祖朔之是个小官员，他一心希望儿子有出息，所以对他的学习非常严格。九岁的祖冲之在父亲的逼迫下背《论语》，结果两个月还只能背诵十多句。父亲一怒之下，摔书于地，顺手打了他几巴掌，还愤愤不平，怒骂他是个“笨蛋”。

祖冲之的祖父听见祖朔之训子的发威咆哮，连忙赶来，问明原因后，对祖朔之大不认同，他说：“如果祖家真出了笨蛋，你再怎么打他，也不会开窍的。孩子是打不聪明的，只会越打越笨，而且可能会变得粗暴无礼。你不能赶鸭子上架。他现在读经书蠢笨，说不定干别的事灵巧呢？做大人的，要细心观察孩子的兴趣，加以诱导。”

祖朔之冷静下来，也听进去了父亲的话，便不再要求祖冲之关在书房里念书。祖父见儿子气消了，便带着含泪的小冲之出去散散心，到他正在负责的建筑工地上玩耍。

到了工地上，祖冲之像放飞的小鸟一样高兴，他事事感到新奇，简直有十万个为什么。但无论多么蠢笨的问题，爷爷总是耐心地回答。

有一次，他问爷爷：“为什么十五的月亮一定会圆呢？”爷爷解释说：“月亮运行有它自己的规律，所以有缺有圆！”祖冲之越听越有趣，更加刨根问底。爷爷便对祖冲之说：“孩子，看来你对天文感兴趣，咱们家里天文历书多得很，你可以先看一看我给你找的这些书，用心钻研，不懂的地方再问我。”

看着读天文书入迷的小冲之，祖朔之也很高兴，也主动教孩子一些天文方面的常识。有时祖孙三人一起研究天文知识，其乐融融。祖冲之对天文学的兴趣越来越浓，研究也越发精神。

后来，祖冲之成为一名杰出的科学家。他推算的圆周率比欧洲早1000多年，国际上曾有科学家呼吁，应将圆周率改为“祖率”。他编制的《大明历》最先考虑到岁差问题的计算，对于日月运行周期的数据比当时其他历法更为准确。

苏家父子爱读书

“嬉笑怒骂，皆成文章”，是黄庭坚评价与赞赏苏东坡才学超人的话语。而苏东坡的求知欲是在其父苏洵的带动下培养起来的。

苏洵几次考进士落榜后，就常在外面游历，到二十七岁始发奋读书。所以《三字经》说：“苏老泉，二十七，始发愤，读书籍。”不仅自己如此，他还监督两个儿子苏轼、苏辙读书。“父兄驱率读书，初甚苦之，渐知好学。”

“驱率”二字说明，苏洵一是督促，二是表率。虽然刚开始比较痛苦，但慢慢地，苏东坡也尝到了读书收获知识的甜头，“自知趣向，既久则中心乐之，既有乐好之意，则自进不已”。

弟弟苏辙后来也常常回忆起与父兄读书的情景，有诗句说“读书犹记少年狂，万卷纵横晒腹囊……”。父子仨把读书看作一件快乐的事，留下了“一门三父子，都是大文豪”的佳话。后来苏东坡兄弟越过省级考试（举人）关，直接参加国家级（进士）考试，并且双双中举。这说明除了遗传因素（天赋）外，个人发奋读书是更重要的因素。

借外力“逼”读书

读书是自家事，这是很明白的事理，可是确实有不少人尤其是小孩，却不见得明白这个事理。往往因为某种外力的触发，他们才幡然悔悟，一心向学。这在古代的例子是很多的。

孟母“断机杼”是借“软外力”逼儿子用功读书的典范，最终“逼”出了孔子后的又一文化名人——“亚圣”孟子。

汉代著名的孝子韩伯愈小时候不认真读书，母亲就狠狠打他，让他发奋读书。最终韩伯愈学有所成，考取功名，做了大官。但母亲仍打他。小时候韩伯愈挨打，总是硬忍着，即便噙着泪水，也不吭声。可是大了，挨了母亲的打，他却号啕大哭。因为他发现母亲打他的时候一点疼的感觉都没有，韩伯愈知道母亲老了，没力气了。当然，这泪水或许更主要的是内心感激母亲曾逼他读书而成就了自己的人生。

北宋寇准幼年也不喜欢读书，母亲气急之下，曾顺手用秤砣砸中了他的后脚跟，这一砸使寇准有如醍醐灌顶，“由是折节从而学”，发奋读书，后来成为一代贤相。

旧时不讲心理学，不看对象，信奉“不打不成器”“严师出高徒”的专制教育法。在一些乡下学校或者私塾里，体罚学生是家常便饭。“一品无情竹，专打书不熟。若要痛爱子，何必送来读。”郭沫若在《少年时代》一书中对他启蒙时所受到和看到的种种教刑，有很详细的记述。他用“笋子炒肉”来形容老师用竹片打学生屁股的体罚之苦。

在家里，家长同样常用“体罚”逼孩子读书。邹韬奋在《我的母亲》一文中有一段生动的回忆：“我到十岁的时候，读的是《孟子见梁惠王》。……到年底的时候，父亲要清算我平日的功课。在夜里亲自听我背书，很严肃，桌上放着一根两指阔的竹板。我的背向着他立着背原文。背不出来的时候，他提示一个字，就叫我回转身来把手掌展放在桌上，他拿起这根竹板很重地打下来，我吃不了这一下苦头。痛是血肉的身体所无法避免的感觉，当然失声痛哭，但还要忍住哭，回过身去再继续背。不幸又一处中断，背不下去，经他再提示一字，再打一下……背完了半本‘梁惠王’右手掌打得发肿有半寸高，偷向灯光一照，通亮，好像满肚子装着成熟的丝的蚕身一样。”后来邹韬奋发奋读书，终成大才，为了纪念他对中国新闻事业做出的开拓性贡献，现在设立了以他名字命名的“韬奋新闻奖”。

当然，外力逼迫毕竟只是外因，关键还是靠内因起作用，否则欲速而不达，甚至适得其反。多少千里马骈死于槽枥之间，实在是可堪叹惋的。所以逼不逼孩子读书，如何逼，完全由家长自己选择，主要是方法要正确。而成年人要靠自己逼，养成读书的自控力。

自学中举的姚钿

明朝万历年间，姚钿出生在广东长宁县（今新丰县）的一个农户家里，他从小就失去父母，由伯父伯母抚养。他们十分疼爱小姚钿，无奈家贫，无力让他上学，只好找来一些旧书，让他在家自学。

为了培养姚钿的恒心和意志，伯父让伯母特意将一竹筒红豆和一竹筒绿豆倒进筐箕里，晃了好一阵，然后对小姚钿说：“现在红豆、绿豆混在一起，你要把它们重新分开，红豆归红豆，绿豆归绿豆，仍旧放回竹筒去。你可愿意?”

小姚钿点点头，他花了半天时间，才把红豆、绿豆分开拣回竹筒。不料第二天，伯父伯母又故意把红豆绿豆混在一起，叫小姚钿重新分拣。小姚钿仍旧顺从地细心拣豆。小伙伴们喊他出门去玩耍，他连头也不抬一下。

这门分拣红豆、绿豆的“功课”，伯父伯母让小姚钿做了5遍。小姚钿毫无怨言，每次都用心分拣。伯父伯母见状，相视而笑，他们从中看到了希望，勉励他：“只要你持之以恒，就必成大器。”

姚钿学有所成后，一直在乡下教书谋生，深得门生爱戴。但他淡泊功名，多年不赴科举。直到47岁那年，村中有个33岁的老蒙生中举还乡。他向老蒙生问明试题后，笑道：“这种试题，我也能考中。”翌年，姚钿赴考，果然高中戊年科第66名。万历四十七年（1619年），49岁的姚钿参加殿试，成为第三甲223名进士，从此步入仕途。

最初姚钿被派到浙江嘉兴府，担任推官一职。嘉兴府素来吏刁民悍，乡绅为富不仁，难以治理。姚钿上任后，宽猛兼济，短短一年间，政声大起。他将积存数十年的狱案一一清理，蒙冤之人得以洗雪。人们莫不叹其神明，称为“姚青天”。

5年之后，姚钿被擢为吏部文选清吏司主事，回到北京。1627年，时任稽勋司郎中的姚钿向明思宗告老还乡。1637年，姚钿又被召回北京，恢复稽勋司郎中一职。第二年，崇祯皇帝又任命他为吏部尚书、光禄寺正卿。

相传姚钿曾当过崇祯帝师。崇祯皇帝大婚之日，请他为自己铺床。姚钿一边替皇帝铺床，一边笑着说：“这事应该是尚书做的！可我并不是尚书。”崇祯皇帝说：“我叫你做，你做就是了！”从此，朝廷上下便称呼姚钿为“姚尚书”。姚钿一生著述甚丰，有《先月楼稿》20多卷、《嘉禾谳语》6卷。

保安员成为阅读之星

古今中外自学成才的人不少。美国开国元勋富兰克林早年在哥哥办的印刷厂当了近10年的印刷工人，但他坚持学习从未间断，常从伙食费中省下钱来买书读，后来富兰克林成为美国优秀的政治家、美国第一位享有国际声誉的科学家、发明家、音乐家。但他的墓碑上却只要求刻上“印刷工富兰克林”。

无独有偶，广东当代学人刘逸生也曾当印刷学徒与工人，工作之余坚持天天读书，并选自己感兴趣的方向发展，后写成了《唐诗小札》和《宋词小札》。这两部书在20世纪八九十年代很畅销。

名人的故事很多，我们再来看看普通人的自学人生。中央电视台科教频道节目报道的2013年“十大读书人物”介绍了三位通过自学求知改变命运的保安员。

在河南农村长大的王同建，1993 年到北京做保安工作，月薪 150 元。他决心用知识、方法、态度去提升自己，常常利用午间吃饭后的时间学习外语。起初，没有稳定的读书环境，他就选择相对僻静的路灯下读外语。20 多年来，王同建学会了五种外语（英、意、法、西班牙、日语）。在一次电视读书节目上，王同建用五种外语叙说读书改变命运的收获。

甘相伟大学毕业后，先到广东打工，后来到北京大学应聘当保安员。业余时间全部用去蹭课，2007 年拿到北京大学中文系录取通知书，圆了自己的梦想。

刘永在深圳当保安，读中学时就写了《涉世之初》，并获得 2 万元奖金。家贫的他常常用各种草纸、牛皮纸写作。后因遭遇车祸而休学，到深圳当保安员。业余时间全用在读书上，2009 年他出版了新的作品《深圳门》。他说："身份卑微不等于人格卑微，读书可能改变不了现实生活，但能充实我的精神。"

卖菜不忘读书

姚启中出身于安徽农家，只有四年小学文化的他，决心改变命运，1997 年他咬咬牙借了 1200 元到北京打工，以卖菜为生。开始卖菜时，姚启中夫妇俩常被城管撵，三年里被收扣或丢失 4 辆三轮车，还被罚款。每天收入只有 100 多元，每月房租要付 1050 元，还有孩子的学费，生活费所剩不多，每天伙食只能以面条为主。

艰难困苦并没有将他打倒，在卖菜的同时，姚启中坚持阅读，收集励志的资料，如名言之类。一次他带孩子上街，在书摊上看到卢勤写的《把孩子培养成财富》，就不带孩子逛商场了，因他花了 20 多元买书就没钱了。他还坚持写日记，三年里写了 20 多万字的日记，记录其生活经历、感想以及思想收获。后经整理出版《卖菜叔日记》一书。

姚启中还非常重视对孩子的培养与引导。二儿子姚五一既上学又练武。在姚启中的作品中，他记录下孩子的获奖与学武术的收获，也记录家中的贫穷史。他认准一条，孩子不读书，不学到一技之长，今后还会穷下去。所以姚启中回到村里，看到许多家长让十多岁的孩子出去打工，他不为所动。一些人也劝姚启中把孩子送去打工赚快钱，他拒绝了，坚持供三个孩子上学。他常说："孩子自己争气，不用烧香拜佛也能取得好成绩。孩子不争气，每天到雍和宫去烧香拜佛也不灵。"

姚启中的字写得很端正，遇到不懂的字就向买菜的顾客请教（写在他手上），后来学会了查字典，被誉为"当代朱买臣"，因为汉朝的朱买臣就是靠砍柴为生坚持读书的。

文摘

四时读书乐

春

山光照槛水绕廊，舞雩归咏春风香。
好鸟枝头亦朋友，落花水面皆文章。
蹉跎莫遣韶光老，人生唯有读书好。
读书之乐乐何如？绿满窗前草不除。

夏

新竹压檐桑四围，小斋幽敞明朱曦。
昼长吟罢蝉鸣树，夜深烬落萤入帏。
北窗高卧羲皇侣，只因素稔读书趣。
读书之乐乐无穷，瑶琴一曲来熏风。

秋

昨夜庭前叶有声，篱豆花开蟋蟀鸣。
不觉秋意满林薄，萧然万籁涵虚清。
近床赖有短檠在，对此读书功更倍。
读书之乐乐陶陶，起弄明月霜天高。

冬

木落水尽千崖枯，迥然吾亦见真吾。
坐对韦编灯动壁，高歌夜半雪压庐。
地炉茶鼎烹活火，四壁图书中有我。
读书之乐何处寻，数点梅花天地心。

《四时读书乐》是元朝人翁森写的，曾收入民国时期的中学语文课本。这四首诗写了不同季节里，特别是夜晚读书的心态与环境。我们今天阅读，千万不要刻意找所谓理想的环境读书，读书也不必张罗，想读就读。只要专注阅读，就不会分散精神。美国加州大学曾发生3.5级地震，当时图书馆内突然起了一些小骚动，该大学政治学教授约翰逊博士却浑然不知，他的整个精神已融入书本里。这才叫作用心读书。

“好鸟枝头亦朋友，落花水面皆文章”两句，是读书人才能领悟的奇妙境界。“绿满窗前草不除”之句说明潜心用功，惜时读书而不去除掉窗外的野草。“夜深灯尽萤入帏”，描写了夏天夜晚读书环境的幽静，与白天的蝉鸣树绿形成对比，无心欣赏美丽的夜景，因为心境沉浸在“素稔读书”的乐趣中。秋夜在床前灯光的照耀下更加用功读书，直到半夜当空的月光照进来才知道已经是深夜了。冬天虽然不是读书天，但台上读书灯，台下炉火旺，户外雪压顶，已忘了冬夜这一切，只因“四壁图书中有我”而全身心投入读书，使得人书难分，彼此交融。

——编者

“学以致用”与“学以致知”

中国人与西方人在读书上是有差别的。中国人强调“学以致用”，而西方人则强调“学以致知”。“用”和“知”有什么区别呢？德国马克斯·普朗克学会主席彼得·格鲁斯曾说：基础学科是回答“这是为什么”，而应用科学回答的是“这有什么用”。以此而论，学以致用只是回答应用问题，而学以致知则回答真知问题。因此，在做学问上，我们不仅需要学以致用，还要学以致知，也即探究事物本源，发现以新理论、新技术为载体的新知识。

读书不是目的，而创造才是应当追求的目的。一般而言，读书是学习前人的知识，也就是间接知识，而创造则是发明体现新知识的新产品、新技术和新理论。

我个人的经验是，尽可能地阅读经典著作，因为经典之为经典，不仅是经过长久实践检验，而且获得了学术界的认同，一般少有谬误流传。大凡经典之作，多出于大师和名家之手。他们严谨治学的态度也反映在书中，如康德、黑格尔、笛卡尔、培根、罗素、弗洛伊德、穆勒、杜威等。在我国文化典籍中，像《史记》《红楼梦》《资治通鉴》等，都是传承千百年的名著，受益者不计其数。

当今网络技术十分发达，不少年轻人喜欢上网，而忽视读书。虽然网络上存储着巨大的信息，但网络不能代替阅读。这是因为网络上的资料，是网络技术人员收集和综合的，往往不系统、不全面，也不见得都是正确的。因此，应当把网上阅读与读经典著作结合起来，使之相互补充。

——刘道玉《读书到苦方觉甜》(2011年2月15日《人民日报》)

不会阅读的学生是没有潜力的学生

阅读学

在“知识爆炸”的今天，书山有路勤为径，有时是行不通的。面对这浩如烟海的书籍，如何去选择，如何读得快，如何记得牢，这就成了人们需要研究的新课题，于是一门新兴的学科——阅读学应运而生。

1966年国际阅读协会在法国巴黎成立，许多知名学者从语言学、心理学、哲学和社会学的角度研究阅读的本质、阅读的心理特点以及阅读效果最优化等理论问题，用以解决读物设计、阅读指导等具体问题，并设计出各种“速读”“速学”等训练教程。

——辑自报刊

2006国际儿童读物联盟第30届世界大会分论坛“我们的文学”儿童论坛主题为“我阅读，我成长；我梦想，我快乐”。论坛倡导两个理念：不会阅读的学生，是没有潜力的学生；不会阅读的民族，是没有希望的民族。坚持“三先原则”：先自己，从每天阅读10分钟开始；先家庭，从每周一次亲子阅读开始；先学校，从知识传播与能力培养开始。力求实现四大目标：培养阅读习惯，提高个人素养；促进亲子阅读，构建和谐家庭；倡导母语阅读，传播民族经典；丰富阅读文化，促进社会发展。

国际儿童读物联盟（IBBY）是历史上第一个让儿童登上讲台的论坛，拥有69个会员国，有国际儿童阅读“小联合国”之称，是1953年在瑞士苏黎世成立的国际非政府组织。其设立的“安徒生奖”是世界儿童图书领域最高奖项。国际儿童读物联盟中国分会于1990年成立。

——2006年5月10日《人民政协报》

2015年3月15日，国务院总理李克强会见中外记者。人民日报记者提问关于“全民阅读”的话题。

李克强先跟大家分享最近一次网购经历，就是在网上买书。随后他说：

“书籍和阅读可以说是人类文明传承的主要载体。就我个人经历来说，用闲暇时间阅读是一种享受，也是拥有一种财富，可以终身受益。我希望全民阅读能够形成一种氛围，无处不在。我们国家全民阅读能够逐年增加，这也是我们社会进步，文明程度提高的十分重要的标志。而且把阅读作为一种生活方式，把它与工作方式相结合，不仅会增加发展的创新力量，而且增加社会的道德力量。这也是为什么我两次愿意把全民阅读这几个字写入《政府工作报告》的原因，明年还会继续。”

美国教育部长赖礼曾发起一项全国性的“马上读书”运动。这也是美国教育当局有史以来所推出的最大规模的读书计划。

在第一阶段，教育部鼓励儿童每天读20分钟的书，并督促大人陪孩子读书，多和他们交流读书心得。伊利诺伊大学教育学教授瓦伯格认为，当务之急应该进一步鼓励学生养成阅读的好习惯。他说：“读愈多书的孩子愈出类拔萃。”

但是现在孩子宁可看电视、打球或抓萤火虫，而不愿看书。儿童图书馆服务协会会长维吉妮亚·麦基认为，关掉电视和收音机，给孩子布置适合读书的环境。孩子看书时，最好坐在一旁，和他一起看，父母要以身作则。还要强调高声朗读的重要性，“当你向孩子朗读时，不啻在促销读书的乐趣。在大人放下书本离开房间时，他们自然会拿起书本，好奇地看下去，而你的任务就圆满完成了”。

——辑自报刊

心理学家发现，读书兴趣与人的年龄有关。在20岁以下可分为六个阶段：4—6岁绘画期，6—8岁传说期，8—10岁童话期，10—15岁故事期，15—17岁文学期，17—20岁思想期。其中9—13岁是读书最盛的时期。进入青年期读书活动的比例渐小。但年龄越增长，选择力越强，感受性、理解力越敏锐，读书质量也越提高。处于青年期的人，读书同时具有故事期、文学期和思想期三个特点。

——辑自报刊

“乌鸦嘴式”教育是指用消极的心理暗示对孩子的表现进行否定，比如常常埋怨孩子不如别人家的聪明、脑子笨等。一张张不负责任的乌鸦嘴，在不经意间影响了孩子们健康成长的轨迹。心理学研究表明，一些比较敏感、脆弱、独立性不强的人，比如儿童很容易接受心理暗示。一个人如果长期遭受消极和不良的心理暗示，会对人的生活产生恶劣的影响。长此以往，不仅会给孩子成长造成巨大的心理障碍，更有甚者会葬送孩子一生的幸福。为人父母，为人师表，必须透彻地了解心理暗示这把双刃剑，必须熟练掌握健康的、积极的心理暗示这个法宝，以便孩子健康成长。

——《新华每日电讯》2012年4月13日

阅读的快乐

阅读的快乐，就在于自由，就在于放松，功利心越少，能享受到的阅读乐趣就越多。……做一个爱读书的人和善于读书的人，如是，那就是个优秀的读书人了。

——安武林《一生能读多少书》(2012年8月15日《南方日报》A19版)

我一直觉得，阅读和写作充满快乐。学问并不是那么重要，只要快乐，什么学问都可以学到，而快乐的阅读是最重要的。

——余秋雨（2012年8月20日《南方日报》A02版）

读书要读高于自己（水平）的书，那才是一种快乐。人的快乐源于仰望。能和人类一流大师交流，是一件非常幸福的事情，如果你没有意识到这一点，只是对每天网络上发生的事情、漂亮的语言感兴趣，是非常局限的。

——余秋雨（2012年8月26日《南方日报》第12版）

读书就是读你自己，读什么书，成什么人。书潜移默化地塑造你的人格，因此，要成为第一流的人，就要读一流的书。

——顾作义《汉字的菩提》

读书未必能够改变我们人生的起点，但可以改变我们人生的终点；读书未必能够增加我们生命的长度，但可以增加我们生命的厚度。

——杨海文《学习着并快乐着》(2008年11月1日《南方日报》第11版)

读政治书，以养大气；读业务书，以养才气；读文学书，以陶冶情操；读史书，以使己明智；读诸子百家，以思圆行方。

——摘自网络

读书让人懂得事理，会使人向好。

——梁晓声（作家、教授）

书是活的，需要尊重和爱，我们想赋予它们更长的生命。

——法国保护纸质书志愿者（2012 年 7 月 20 日《新华每日电讯》第 9 版）

惜时、专心、苦读是做学问的一个好方法。

——蔡尚思

读一本书并不能给一个人带来多大的改变，因为靠读书所追求的成功，还需要很多客观因素，需要很长时间的积淀。

——赵巍巍《读书读到什么时候才能改变命运》（微信公众号）

大声朗读可以让人集中注意力，培养演讲口才与技巧，更可以让人增强记忆力。老人这样做了可以预防老年痴呆症。

——辑自《老人报》

阅读和写作也是这样，尤其是孩子们，不要在一开始接触读写的时候，囿于什么条条框框，要挣脱限制，先去感受，先去体验，才能享受在文字中驰骋的自由，进而把握它。

——毕飞宇（作家，茅盾文学奖得主）

书和人的关系与人和人的关系有相通之处，物以类聚，人以群分，书人之间也讲究因缘聚会同气相求。敬重书的品质，养成慢读的习惯，好书自然会像你聚拢而来，这将让你一生受用无穷。

——谢大光《慢生活慢阅读》（2011 年 9 月 25 日《南方日报》A12 版）

多读书达观今古，可以免忧。

——（明）吴麟徵《家诫要言》

自学与成才

教育赖以培养人的主要媒介是知识和技能，而知识技能有着多种载体，从而有着多种传递手段和渠道。除有人的大脑和肢体这一活载体外，还有以书籍、报刊为表象的文字载体，以生产资料特别是劳动工具为表象的物质载体。不仅图书、报章、杂志等是自学者的良师益友，而且在整个社会生产或生活过程中，一切生产资料或生活设施也会活化为各种教育信息，供有志自学者索取、吸收。各行各业的生产劳动，当然首先是生产过程，同时也是一种物化教育过程。自学者可充分利用上述各种教育因素的作用，获取所需要的知识、技能。

教学有人力、物力集中，以及时间、精力、地点集中等得天独厚的优越条件。自学也有教学所无法比拟的独到之处：不受时间、空间、地点等条件限制的可行性和群众性；理论联系实际，学用结合的紧密性和实用性，学习方式方法的灵活性和多样性；自学者内在的高度自觉性和积极性等。

——辑自报刊

自学成功主要包括三要素：

一、思想要素。这是自学者最基本的“内功”，包括坚定的信心、顽强的意志、勤奋的精神、谦逊的态度等。

二、方法要素。自学的方法要素应包括：怎样确定自学的方向和选题的方法；自学科目的读书方法；自我提问及加深理解的方法；自学中疑难问题的排除方法；如何增强记忆知识的方法；怎样提高观察能力的方法，自学咨询方法；自学群体外向学习的方法，掌握知识的应用及创造的方法等。

三、技能要素。科学地安排自学的计划，合理运筹自学的时间，充分利用图书馆和资料室，熟练使用各类工具书，掌握各种积累资料的方法，学会保存、整理、使用自己的“资料库”，还应有较强的动手能力。

——辑自报刊

自学方法与能力培养

比较法是自学的方法之一。所谓比较法，就是不急于从书本中取得现成的东西，而是把自己摆进去，设身处地让自己去回答问题，用自己的答案同书本作比较。俄国著名的数学家叶尔玛柯夫每读一本教学书时，先看每章的引言和结论，看作者提出什么问题，得出什么结论，然后自己试图解决作者提出的问题，直到导出作者所得的结论为止，最后才读书中的解题方法，与之比较。我国剧作家夏衍在看电影时，也是先看剧情介绍，然后假设自己来写这部电影，如何安排布局和构思。最后在看电影时，和原剧作比较，取长补短。

这种自学方法，可随时随地进行。无论是自学数理化、看电影或戏剧、听相声、读小说、欣赏诗歌等，都可以把自己的思路和作者比较一下，这样去自学就可收到更好的效果。

——何展图《自学一法——比较法》

我国著名的园艺家吴耕民教授对“学生”一词有新解释。他说：“求学的目的是为求得做人的道理，学好就业的基本知识和技能。所以求学的人自称‘学生’。就是学习生活的意思。称教师叫‘先生’，意谓先学到生活的人。”这一解释令人耳目一新。

“学生”就是“学习生活”。而学习生活有两样东西最为要紧：一是“做人的道理”，这是立身处世之根本；二是“就业的基本知识和技能”，这既是人赖以谋生存的手段，又是为他人和社会做贡献的切实本领。

——辑自报刊

“信马由缰”式的学习，很难收到预期的效果。恩格斯说，游手好闲的学习并不比学习游手好闲好多少。为了防止“信马由缰”，就要订自学计划。一是对每天的时间要有所安排；二是对每月、每年的自学进度要有所安排。

王若飞1920年留法勤工俭学时自订的作息时间表是：上午五时起床，五时半到六时半读书，六时半后吃咖啡入厂（由宿舍到厂须走一刻钟），十一时半到十二时半午餐，十二时半至一时阅读；下午一时入厂，一时半至五时做工，五时半至六时晚餐，六时至九时读书，九时半后睡眠。

关于自学进度计划，应该既切合实际，又略带紧迫性。带点紧迫感有利于把学习抓紧。当然，所谓抓紧，不是眉毛胡子一把抓。至于落实自学计划，有两个诀窍：一是抓今天。今者金也，要争取在今天有限的时间里学习比计划更多的东西。二是逼自己。

——辑自报刊

培养自学能力，要从学会阅读入手。首先要培养学生学会阅读教科书，特别是数、理、化教科书。有些学生由于阅读能力差，在课外读有关参考书就很困难。阅读还包括培养学生学会查阅工具书。懂得如何运用工具书，就可以排难解疑，做到举一反三，触类旁通。

养成积极思索和自己提出问题并主动寻求答案的习惯，是培养学生自学能力的关键。老师上课，常常会提出一些问题，这时学生之间思维能力的差异马上就明显地表现出来。有的学生思路敏捷，能一连串提出好几个问题；有的学生却思维迟钝，一潭死水，一个问题也提不出来。平时读书解题也是这样，有的学生会按照老师布置的去做，读完了，解好了，就满足了。有的学生却能在阅读和解题的过程中，积极开动脑筋，大胆提出问题。

培养学生的自学能力，不能仅限于课堂之内，还要加强课外阅读，使学生去寻找自我锻炼的机会。如果一个学生除了读语文课本外，任何小说、散文、诗歌都不接触，那他的语文自学能力肯定不如读书多的学生。

——张念群

自学者的好“老师”

——我与《新华字典》

几乎每个中国家庭里都有一本《新华字典》，它自 1953 年初版，到 1998 年累计印数已达 3.4 亿册，到 2003 年进行第 10 次修订，惠及了几代人。该书在多次修订或重排说明中指出：“本字典是一部小型语文工具书。”其体例特点是“以音统字，以字统义，以义统词”，所收单字，包括异体、繁体字在内，由早期的 8500 多字到现在的 11100 字左右。

《新华字典》使用方法简单，辨字时容易查找，涉及的语文知识丰富，购买方便且价格便宜，拥有广泛的学习与使用群体。可以肯定，与其他语文类工具书相比，在帮助人们学习语文知识方面发挥的作用首屈一指。

我学习与使用《新华字典》40 年了。“他”是我尊敬的“老师”和亲密的“朋友”！

1970 年，我读了两年初中后，当了井下采煤工人。那正是“文化大革命”的特殊时代，在“教育要革命”的特殊条件下，学校缺教材、缺教师，学生多数时间“与工农兵相结合”，或学工、学农、学军，或批资产阶级，学校的正常教学秩序被搞乱了，我根本没学到知识，加上当时社会上流行的口号是“知识越多越反动”，各行各业都受到极大的冲击，教育与文化事业被贴上“封资修”的标签，因而，社会上没有什么出版物，缺乏书籍与报刊。矿山的生产与生活环境都很艰苦，业余文化生活极其贫乏。我在家里所能读到的唯一书籍是父亲购买的《毛泽东选集》。在后来的政治运动中，上级发给了“法家”人物的部分著作，再后来，又增加了马克思、恩格斯、列宁的部分著作。而要读懂这些书，对一个只有初中文化程度的人来说，难度可想而知，另外读这些书都是上级安排的，那时我也不知道当矿工读这些书有什么作用，但阅读的兴趣引导我不停地“啃”这些大部头的书。

为弄懂不认识的字和词，我几次到几十里外的韶关市区才买到一部《新华字典》。从此，不论是当采煤工人、采煤队长，还是当矿长以及后来到地方政府任职，几十年来，我一直保持使用《新华字典》的习惯。当矿工时，凭着字典的帮助，通读了《毛泽东选集》1 至 4 卷，还读了《欧洲哲学史》《历史唯物主义与辩证唯物主义》等一批理论与历史知识书，大大提升了我的阅读能力，拓宽了知识面。我从内心爱上《新华字典》，并感谢这位无声老师给予我的帮助！

我在长期的阅读中使用《新华字典》，由识字而识词而识文，一举多得。有的时候，查字典成为阅读的一个环节，因此，家里和办公室都备有《新华字典》，其中一部 1989 年版的字典随我先后走进了五个单位的办公室，至今还伴随着我。这样在阅读时，就可以方便我查对不认识的字。没字典可用时，回到家里或办公室也要补救。此外，读写结合。我不仅坚持大量阅读，以充实知识，拓宽视野，提高思维能力，而且坚持做笔记写心得体会，结合工作实践写调研材料或论文。阅读与写作，提升了我的知识水平，这给我带来了许多收获：1981 年参加全省煤炭系统的考试合格后，被省重工业学校录取，学习采矿与煤炭企业经营管理专业，为后来成为一名优秀的矿长打下了基础。在校两年我充分利用时间阅读了几百万字的历史类书籍并做了笔记。回矿任采煤队长、副矿长期间又参加了广播电视大学的学习。无论哪种形式的学习，遇见不认识或忘记了的字或词，就查字典，坚持在学习中使用，在使用中学习，《新华字典》成了我可信赖的老师与亲密的学习伙伴。

我后来不断更换《新华字典》，主要原因有二：一是因为字典用一段时间后，其纸张、封皮会老化且有些纸张被损坏或污染等，用起来不方便，这时就需要更换新的字典。现在家中的书柜里有五部“退休”的《新华字典》。二是更换新字典的另一好处是：让知识与时俱进！因为新修订出版的字典，字与词组的意义和内容会随时代的变化而修改、充实，甚至更新。如“阶”字，除组成“阶梯”之外，还有“阶级”“阶层”“阶级斗争”“阶级分析”等词。在各个不同时期版次中都有这些词与解释，长期保留在字典中，反映了当时“以阶级斗争为纲”的社会状况，而这些曾经让人心怵的词，到 1987 年的修订本，才取消了这些解释，只保留词组，到 1998 年的修订本时，“阶级斗争”“阶级分析”等词组都删去了。对“阶级”这一词的解释比旧的版本更简练了。这说明我国不再提“以阶级斗争为纲”，而转向以经济建设为中心。

我还引导小孩坚持使用《新华字典》。记得孩子上小学，学校教学生查字典时，小孩回到家里就兴奋地对我说：“学校也教我们查字典了！”我就因势利导鼓励他使用《新华字典》。在我的影响下，孩子上大学或工作了，仍保持用字典的习惯。中央电视台有一句公益广告词：“孩子学习能力的养成，从学会使用字典开始。”我的体会是，不同年龄段的人都可从使用《新华字典》中受益。我还备有《现代汉语词典》《康熙字典》《说文解字》《辞海》，这些工具书与《新华字典》互为补充，更有利于提高阅读质量，当然，在这些工具书当中，《新华字典》的使用率是最高的。现在，随着网络的普及，我们可以在网上“百度”查找不认识的字词，这是时代进步与文化发展的表现。《新华字典》体积精小却容量大，使用方便，更适应年龄较大的传统阅读者使用。

《新华字典》既传播基础知识，又传递时代信息，像一位知识渊博、诲人不倦的老师，我将终生热爱和跟随这位老师，坚持活到老学到老。

——编者

五 名人品书与读书典故

读书起家之本，循理保家之本。和顺齐家之本，勤俭治家之本。

——《朱子家训》

学者非必为仕，而仕者必为学。

——《荀子·大略》

导语

学习就是生活

在长期的学习实践中，我的认识和体会是：学习不能解决一切问题，但解决一切问题可以从学习入手。因为，学习就是生活，学习就是工作，学习就是快乐。

学习就是生活

有句老话说，活到老学到老；现在流行新语：人生从读书开始。这说明学习就是生活。人生下来后，从学习开始了生命的历程：学吮奶、学说话、学吃饭、学走路、学识字……学一切为生存所需要的知识、技能、专长以及风俗习惯、道德伦理。中国人形象地将之比喻为“学做人”！

人的知识来源有两个主要途径：一是上学校读书，二是在实践中积累经验。从上幼儿园、小学、中学到大学，有的还考硕士、博士，这个过程先是学基础知识，包括识字、语言逻辑、计算规律等，尔后是学专业知识与技术专长，这是真正能让人安身立命，并区别人不同层次、对社会做出贡献大小的决定性因素！参加工作接触社会实践，积累经验的过程，其实也是学习！人们称为社会大学，读“天书”“无字书”，这是一个渐进而长期的过程，其核心是在实践中应用书本知识并积累经验，又叫“悟道”！有了专业理论的指导，加上实践经验，成为某行业的专才（当然平凡的简单劳动也有专才与经验）。他的知识既有书本上的，又有实践中的经验，这就是所谓知识的具体化，是介于书本知识与经验之间的知识，有些经验是只可意会难以言传的东西，接近于“禅”的境界：即修炼到能感受到但又说不清楚的特殊程度，所以某个行业的专家、师傅离开后，技术（工艺、方法、经验）就绝了。

社会越发展，知识更新越来越快，现实逼着人们不断学习新知识，适应快速变化的生活环境，客观上，人们已自觉或不自觉（主动或被动）地学习新知识，这时，谁真正把学习作为生活的重要部分，谁就能更快更好地掌握新知识，适应新环境。这里有个特点，就是年龄与新知识的接触点发生重大差异。年轻人乐意接收新知识，并能更快地掌握和应用新知识，因此，许多新知识（新技术）由年轻人发明或掌握并使用，这样，客观上促使年龄大的人要继续学习，进行知识更新。由此，学习成为人类社会最重要的组成部分。学习就是生活，已经不是一句口号，而是实实在在的行动。现在的年轻人将来也会成为老人，年轻人与老年人都要学习，美国人类学家玛格丽特·米德把晚辈与长辈之间的学习称为“前喻文化”“并喻文化”和“后喻文化”，她说：“前喻文化，是指晚辈向长辈学习的历史阶段；并喻文化，是指晚辈、长辈互相学习的历史阶段；后喻文化，是指长辈向晚辈学习的阶段。我们的社会正处于并喻文化时期。今天的儿童生长在一个我们感到陌生的时代里，但我们很少有人意识到这一点，并认识到这是历史的必然。”（2006 年 6 月 14 日《人民政协报·年华》C1 版）

学习就是工作

毛泽东同志有句名言：“读书是学习，使用也是学习，而且是更重要的学习。”而“使用”主要是在工作过程中。人要在社会上安身立命，就必须有一个工作岗位，为社会服务。传统的说法，三百六十行，行行出状元！就是说各行业都有拔尖的人才。而要成为拔尖人才，须具备多种因素和条件，其中个人因素是第一位的，如扎实的基础知识（基本功），敬业精神与长期的积累，不回避困难与矛盾，面对新的任务敢于接受挑战。总之，从过程看，无论做什么事，都看作是学习的机会，并抱着认真学习的态度去对待，无论什么岗位，都先从学习入手，了解特点、掌握政策与知识，分析形势与任务，尔后每日、每月、每年的工作都能顺利进行，这其实就是学习的过程，因为你干了许多原来没干的工作，你接触和掌握了许多书本上没有的知识，毛泽东同志说过：“要使我们适应新情况，就得学习。”这其中既有自己去悟、去调查分析、去解决问题、去总结经验，还包括借鉴别人（外界）的经验，接受上级的指导，采纳同行的意见。工作做好了，学习过程也结束了！进行新的工作时也意味着新的学习开始了！

学习，还包括从失误、失败、挫折中吸取教训，因为这些既是宝贵的经验，也是另一种知识和财富。

学习就是快乐

“学而时习之，不亦说乎？”把学习作为一件快乐的事，这可能是孔夫子首先提倡并实践的。历朝历代都有把学习作为乐事，并学有所成者，宋代王安石写了《劝学文》，其中“读书不破费……只见读书荣，不见读书坠”之句极具劝导性。明代心学家王艮的《乐学歌》，把学习获得快乐写得极具哲理性：“人心本自乐，自将私欲缚。私欲一萌时，良知还自觉。一觉便消除，人心依旧乐。乐是乐此学，学是学此乐。不乐不是学，不学不是乐。乐便然后学，学便然后乐。乐是学、学是乐。吁呼！天下之乐，何如此学，天下之学，何如此乐。”

学习有三乐：乐于收获、乐于充实、乐于健康。

乐于收获。学习如播种与耕耘，反复循环长久坚持，必有所获，达到“春华秋实”的境界。学习可以收获知识，开阔视野，知识告诉你想知道的一切东西，当今社会，物质财产是财富，知识更是跨越地域与时空的财富，知识是获取财富并最终驾驭财富的财富，因此知识是财富之神！前人感叹：“黄金非宝书为宝！”书，是知识、财富的代名词！另一方面，寻求财富受诸多客观因素限制，寻求知识完全受主观因素的支配，如你现在想读书，就可放下手中的麻将、扑克牌去读书，日积月累，你的知识也会与日俱增。如你产生了灵感，就应立即用笔写下来，让知识的火花变为火焰。如你想发明创造或改进某项技术，只要下决心做下去，必定会出成果。总之，只要你有了自控能力，愿意迈开双脚，就会在求知的大道上快跑，找到丰富的知识财富。而知识财富总会有转化为社会物质财富或个人物质财富的机会。

乐于充实。学习让人充实，这早已成为人们的共识！一是充实精神生活。学习中看到知识的无限与人生的有限，更看到自己的差距，也看到勤能补拙的益处，思想就会活跃，精神就会振奋！从而对工作充满激情、对生活充满希望、对社会怀着感恩之心。二是充实时间。人的一切成就都是在一定的时间和空间实现的。谁利用好时间就成为命运的主人。其实，人生是时间的另一表现形式，人生是时间的记录，人生就是时间。俗话说，志士苦日短，庸人嗟日长！一个爱学习的人，会随时随地进行学习和思考，抓紧每一个宝贵的时间去积累知识，努力追求提升自己的人格层次！要让自己知道，时间就是生命，浪费时间就是浪费生命！而浪费青春期的时间，等于残害生命！

乐于健康。现在人们都在谈论健康，争取健康，但有一个生活内容被一些人忽略，即学习可以促进健康而延年益寿。因为，在学习中获得知识与充实，让人产生快乐而感到幸福。“幸福的思想会导致幸福的生活状态和幸福、健康的身体。负面的思想和压力会降低身体的活力、影响大脑的功能。”这是风靡全球的畅销书《秘密》中的观点。这一观点被世人广泛接受。2009 年 10 月 29 日、31 日，我国科学界的泰斗贝时璋、钱学森先后辞世。贝老寿攀 106 岁，钱老寿高 98 岁，他们都是活到老学到老的典范，贝老 90 多岁时还每天学习写作三个小时，钱老养成阅读与思考的良好习惯。其中的奥秘在于，他们不急功近利，避免了心浮气躁，让身心变得平静！学习既成就了他们的事业，更给他们带来了健康，他们用行动诠释了孟子所说：“学问之道无他，求其放心而已矣。”贝老与钱老真正把学习作为生活、作为工作来对待，淡泊名利，心理放松，思想解放，精神爽朗，内心和谐，达到修身养性、清心寡欲的境界。有了这种精神境界，其体健康，其寿必高！

总之，学习是对人的思想进行浸润，对灵魂进行洗礼，对行为进行规范，实现重塑人生。

——编者

箴言

品书名言

书籍是巨大的力量。

——（苏联）列宁

学史可以看成败、鉴得失、知兴替；学诗可以情飞扬、志高昂、人灵秀；学伦理可以知廉耻、懂荣辱、辨是非。

——习近平在中央党校建校80周年庆祝大会暨2013年春季学期开学典礼上的讲话

读书就像在阅读人生。

——星云大师《百年佛缘》

唯有读书，知识永远是智慧。读过了，知识永远会存在你的心里，即佛教所说的八识田中。

——星云大师《百年佛缘》

读书的种子，会埋在我们的心里。因缘聚会时，它会成长、开花，也就是所谓“开般若花，结般若果”。

——星云大师《百年佛缘》

书籍是全世界的营养品。生活里没有了书籍，就好像没有阳光，智慧里没有书籍，就好像鸟儿没有翅膀。

——（英）莎士比亚

读死书是害己，一开口就害人；但不读书也并不见得好。

——鲁迅

我觉得，当书本给我讲到闻所未闻，见所未见的人物、感情、思想和态度的时候，似乎是每一本书都在我面前打开一扇窗户，让我们看到一个不可思议的新世界。

——（苏联）高尔基

书籍是伟大天才留给人类的遗产。

——（美）爱迪生

书籍是人类知识的总统。

——（英）莎士比亚

书是人类进步的阶梯。

——（苏联）高尔基

书籍是造就灵魂的工具。

——（法）雨果

书籍是培植智慧的工具。

——（捷克）夸美纽斯

一本书像一艘船，带领我们从狭隘的地方，驶向生活无限广阔的海洋。

——（瑞士）凯勒

书籍是在时代的波涛中航行的思想之船，它小心翼翼地把珍贵的货物运送给一代又一代。

——（英）培根

学问是异常珍贵的东西，从任何源泉吸收都不可耻。

——阿卜·日·法拉兹

吾之身由口腔进食以养之，吾之心身当由目腔纳书籍以养之。

——（汉）刘向

外物之味，久则可厌；读书之味，愈久愈深。

——（宋）程颐

读书之精神，恰如运动之于身体。书对于智慧，像体操对于身体一样。

——（美）爱迪生

至乐无声惟孝悌，太羹有味是诗书。

——三味书屋对联

（注：三味书屋之名来自古语：“读经味如稻粱，读史味如肴馔，读诸子百家味如醯醢。”馔，指饮食、吃喝；醯，音夕，指醋；醢，音海，指肉酱类的食物。）

人心如良苗，保养及滋长。苗以水泉溉，心以理文养。一日不读书，胸臆无佳想。一月不读书，耳目失清爽。

——（清）萧抡谓

读书使人得到一种优雅和风味，这就是读书的整个目的。读书并不是要“改进心智”，若是如此，一切读书的乐趣便丧失净尽了。

——林语堂《生活的艺术》

惟书有色，艳于西子；惟书有华，秀于百卉。

——（唐）皮日休

读一本好书的感觉就像自己又多活了一次。

——佚名

读书三如：其一，读书如抚琴，其意不在书，在乎心灵感悟也。其二，读书如听雨，其情不在书，在乎情景交融也。其三，读书如品酒，其味不在书，在乎意味深长也。

——佚名

发前人未发之论，方是奇书。

——（清）张潮

理想的书籍是智慧的钥匙。

——（俄）列夫·托尔斯泰

书籍是屹立在时间的汪洋大海中的灯塔。

——（美）惠普尔

书，要算人类在走向未来幸福富强的道路上所创造的一切奇迹中最复杂最伟大的奇迹。

——（苏联）高尔基

书，这是一代对另一代精神的遗训，这是行将就木的老人对刚开始生活的青年人的忠告，这是行将去休息的站岗人对走来接替他岗位的站岗人的命令。

——（俄）赫尔岑

书籍就是收集思想，收藏历史。

——报纸用语

著得一部新书，便是千秋大业。注得一部古书，允为万世宏功。

——（清）张潮《幽梦影》

人的影响短暂而微弱，书的影响则广泛而深远。

——（俄）普希金

用之当今，足以鉴览前古。传之来世，可以贻厥孙谋。

——（唐）魏徵评《群书治要》

半部论语治天下，一代风流看今朝。

——《中华圣贤经》

小子读书不用心，不知书中有黄金。早知书中黄金贵，高照明灯念五更。

——（唐）坎曼尔

圣贤之学，即见乎圣贤之书。使圣贤于书之外别有所谓学，则书非圣贤之书，学亦非圣贤之学矣。圣贤立教，本欲使人人因书以修圣贤之学，以至圣贤之地。岂有遗哉？岂有隐哉？

——（清）乾隆《日知荟说》

书是随时在近旁的顾问，随时都可以供给你所需要的知识，而且可以按照你的心愿，重复这个顾问的次数。

——（美）海伦·凯勒

读书要有感受，要有审美感，对他人的金玉良言，要能融会贯通，并使之付诸实践。

——巴金

《论语》劝学语录

吾十有五而志于学，三十而立，四十而不惑，五十而知天命，六十而耳顺，七十而从心所欲，不逾矩。

好学之人，十室之邑，必有忠信如丘者焉，不如丘之好学也。

好仁不好学，其蔽也愚；好知不好学，其蔽也荡；好信不好学，其蔽也贼；好直不好学，其蔽也绞；好勇不好学，其蔽也乱；好刚不好学，其蔽也狂。

（意思是：若不好学，再仁厚也会遭人愚弄；再聪明也会放荡不羁；再诚实也会被人利用；再直率也会咄咄逼人；再勇敢也会飞扬跋扈；再刚强也会胆大妄为。）

吾尝终日不食，终夜不寝，以思，无益，不如学也。

学而时习之，不亦说乎？

学而不思则罔，思而不学则殆。

兴于诗，立于礼，成于乐。

学也，禄在其中矣。

子夏曰：仕而优则学，学而优则仕。

君子以文会友，以友辅仁。

君子食无求饱，居无求安。敏于事而慎于言，就有道而正焉。可谓好学也已。

子夏曰：日知其所亡，月无忘其所能，可谓好学也已矣。

子夏曰：博学而笃志，切问而近思，仁在其中矣。

子夏曰：百工居肆以成其事，君子学以致其道。

附：

其为人也，学道不倦，诲人不厌，发愤忘食，乐以忘忧，不知老之将至。

——司马迁《史记·孔子世家》

自天子王侯、中国言《六艺》者，折中于夫子，可谓至圣矣。

——司马迁《史记·孔子世家》

朱熹劝学语录

朱熹（1130—1200），南宋哲学家、教育家。他集注的“四书”成为后来儒者必读、科举必试的书。季羡林曾说：“朱熹这个人也真是了不起的。这个人啊，是古今中外，知识面是非常广的。”（《季羡林口述史》）朱熹看到从抓教育入手来谈和践行培养人才的极端重要性，主张“读书起家之本”，而读书又以教材为本，遂倾其全力编写教材。朱熹对于编辑青少年读物的热情，在中国古代教育史上是罕见的。他编著了相当于今天小学、中学、大学的一整套教科书。其中《四书集注》耗费了他毕生精力。朱熹自己说，他对其中每一个字都反复斟酌过。“如秤上秤来无异，不高些，不低些。”“添一字不得，减一字不得。”朱熹临死前三天，还在修改《大学·诚意》文章。所以《四书集注》盛行七百余年，长期作为教科书流传，除了帝王运用政治权力提倡外，其注释的精练大概也是一个重要原因。朱熹有关读书的名言至今引导着人们发奋读书。朱熹有如此大的学问与影响力，得益于他终身读书。

劝学

勿谓今日不学而有来日，勿谓今年不学而有来年。日月逝矣，岁不我与。呜乎老矣，是谁之愆？

——《劝学歌》

读书起家之本，循理保家之本。和顺齐家之本，勤俭治家之本。

——《朱子家训》

半亩方塘一鉴开，天光云影共徘徊。问渠那得清如许，为有源头活水来。

昨夜江边春水生，艨艟巨舰一毛轻。向来枉费推移力，此日中流自在行。

——《观书有感》二首

学者为学，譬如炼丹，须是将百十斤炭火煅一饷，方好用微微火养教成就。今人未曾将百十斤炭火去煅，便将微火养将去，如何得会成。

——《总论为学之方》

立志

学者只是不为己，故日间此心安顿在义理上时少，安顿在闲事上时多，于义理却少，于闲事却熟。

——《总论为学之方》

学问，无贤愚，无小大，无贵贱，自是人合理会底事。

——《读书法》

关了门，闭了户，把断了回头路，此正读书时也。

——《读书法》

看文字，往大段看，精彩看。耸起精神，树起筋骨，不要困，如有刀剑在后一般。

须是一棒一条痕，一掴一掌血！看读文字，要当如此，岂可忽略。

看文字，须是如猛将用兵，直是鏖战一阵；如酷吏治狱，直是推勘到底，绝不恕他。

看文字，正如酷吏之用法深刻，都没人情，直要做到底。若只悠地等闲看过了，有甚滋味。大凡文字有未晓处，须下死功夫，直要见得道理是自家的方住。

看文字如捉贼，须知道盗发处，自一文以上赃罪情节，都要勘出。若只描模个大纲，纵使知道此人是贼，却不知何处做贼。

看文字，当如高舨大艑，顺风张帆，一日千里方得。如今只才离了小港便着浅了，济甚事。

——《读书法》

为学应少不同，年少精力有余，须用无书不读，无不究竟甚义。若年齿向晚，却须择要用功，读一书，便觉后来难得工夫再去理会。须沉潜玩索，究极至处可也。

——《读书法》

为学读书，须是耐烦细意去理会，切不粗心。

——《读书法》

人之为学，固是欲得之于心，体之于身。但不读书，则不知心之所得者何事。

——《读书法》

少年易老学难成，一寸光阴不可轻。未觉池塘春草梦，阴前梧叶已秋声。

——《偶成》

学者大要立志。所谓志者，不道将这些意气去盖他人，只是直截要学尧舜。……学者立志，须教勇猛，自当有进。志不足以有为，此学者之大病。

——《总论为学之方》

成己方能成物，成物在成己之中。

——《总论为学之方》

为学之道，莫先于穷理。穷理之要，必在于读书。读书之法，莫贵于循序而致精。而致精之本，则又在于居敬而持志。

——《总论为学之方》

学者须是立志。今人所以悠悠者，只是把学问不曾做一件事看，遇事则胡乱恁地打过了。此只是志不立。

——《总论为学之方》

立志要如饥渴之于饮食，才有悠悠，便是志不立。为学须是痛切恳恻做工夫，使饥忘食、渴忘饮，始得。

——《总论为学之方》

为学极要求把篙处着力。到工夫要断绝处，又更增工夫，着力不放令倒，方是向进处。为学正如撑上水船，方平稳处，尽行不妨。及到滩脊急流之中。舟人来这上一篙，不可放缓。

直径着力撑上，不得一步不紧。放退一步，则此船不得上矣。

——《总论为学之方》

君子之学，不为则已，为则必要其成，故常百倍其功。

——《总论为学之方》

方法

举一反三，闻一而知十，及学者用功之深，穷理之熟，然后能融会贯通，以至于此。

——《朱子全书》

读书，始读未知有疑惑。其次则渐渐有疑，中则节节是疑。过了这一番后，疑渐渐解，以至融会贯通，都无所疑，方是学。

——《读书法》

不可终日思量文字，恐成硬将心去驰逐了。亦须空闲少顷，养精神，又来看。

——《读书法》

读书便是做事。凡做事，有是有非，有得有失，善处事者，不过秤量其轻重耳。读书而讲究其义理，辨别其是非，临事即此理。

——《读书法》

读书之法，有大事大原处，有大纲大目处，又有逐事上理会处，又其次则解释文义。

——《读书法》

中年以后之人，读书不要多，只少少玩索，自见道理。

——《读书法》

常人之学，多是偏于一理，主于一说，故不见四旁，以起争辩。圣人则中正和平，无所偏倚。

为学须专一，吾儒惟专一于道理，则自有得。

——《总论为学之方》

读书看文理，须是胸次开放，磊落明快，恁地去。第一不可先责效。才责效，便有忧愁底意。……只专心玩味意理，便令心精，心精便会熟。

——《读书法》

读书，放宽着心，道理自会出来，若忧愁迫切，道理终无缘得出来。

——《读书法》

少看熟读，反复体验，不必想象计获。只此三事，守之有常。

书宜少看，要极熟。小儿读书记得，大人多记不得者，只为小儿心专。

——《读书法》

读书不可兼看未读者，却当兼看已读者。

读书，只看一个册子，每日只读一段，方始是自家底。如看此又看彼，虽从眼边过得一遍，终是不熟。

——《读书法》

大凡读书，须是熟读，读熟了，自精熟，精读后，理自见得。

——《读书法》

读书之道，用力愈多，收功愈远，先难而后获，皆是此理。

读书之法，须是用工去看。先一书费许多工夫，后则无许多矣。始初一书费十分工夫，后一书费八九分，后则费六七分，又后则费四五分矣。

——《读书法》

书只贵读，读多自然晓。

——《读书法》

尝思之，读便是学。……读了又思，思了又读，自然有意。

——《读书法》

泛观博取，不若熟读而精思。

——《读书法》

大抵学者读书，务要穷究。“道问学”是大事。要识得道理去做人。大凡看书，要看了又看，逐段、逐句、逐字理会，仍参诸解传，说教通透，使道理与自家心相肯，方得。

——《读书法》

博学，谓天地万物之理，修己治人之方，皆所当学，然后各有次序，当以其大而急者为先，不可杂而无统也。

——《总论为学之方》

学者，须是熟。熟时，一唤便在目前，不熟时，须着旋思索。到思索得来，意思已不如初了。

——《总论为学之方》

大凡学者，无有径截一路可以教他了得；须是博洽，历涉多，方通。

——《总论为学之方》

读书之法，当循序而有常，致一而不懈，从容乎句读文义之间，而体验乎操存践履之实，然后心静理明，渐见意味，不然，则虽广求博取，日诵读五车，亦奚益于学哉！

——《学规类编》

学与思须相连。才学这事，须便思量这事合如何，学字甚大，学效他圣贤做事。

学而不思，如读书不思道理如何，则罔。

思而不学则殆，虽用心思量，不曾就事上习熟，毕竟生硬，不会妥帖。

——《朱子语类》卷 24

自控

读书有三到，谓：心到、眼到、口到。……三到之中，心到最紧。心既到矣，眼、口岂不到乎？

——《训学斋规》

为学虽有聪明之资，必须做迟钝工夫，始得。

——《朱子语类辑略》

读书不可不敬。敬便精专，不走了这心。

——《读书法》

人读书，如人饮酒相似。若是爱饮酒人，一盏了，又要一盏吃。若不爱吃，勉强一盏便休。

——《读书法》

人常读书，庶几可以管摄此心，使之常存。

——《读书法》

须是存心与读书为一事，方得。

人心不在躯壳里，如何读得圣人之书。

——《读书法》

读书须将心贴在书册上，逐句逐字，各有着落，方始好商量。大凡学者须是收拾此心，令专静纯一，日用动静间都无驰走散乱，方始看得文字精审。如此，方是有本领。

——《读书法》

今且要读书，须先定其心，使之如止水，如明镜。

——《读书法》

读书，须是要身心都入在这一段里面，更不问外面有何事，方见得一段道理出。

——《读书法》

读书有个法，只是刷刮净了那心后去看。

——《读书法》

曾听人说："大凡心不公底的人，读书不得。"今看来，是如此。

——《读书法》

学者须是奈烦，奈辛苦。

——《总论为学之方》

学者须养教气宇开阔弘毅，"虚心顺理"，学者当守此四字。

——《总论为学之方》

学者贪高骛远，不肯从近处做去，如何理得大头顶底。……学者只今便要做去，断不疑，鬼神避之。

——《总论为学之方》

为学须是切实为己，则安静笃实，承载得许多道理。若轻扬浅露，如何探讨得道理？纵使探讨得，说得去，也承载不住。

——《总论为学之方》

万事须是有精神，方做得。

——《总论为学之方》

博学之，审问之，慎思之，明辨之，笃行之。

——江西省白鹿书院揭示

某旧时，亦要无所不学，禅、道、文章、楚辞、诗、兵法，事事要学，出入时无数文字。

——《朱子语类》卷104

若果有志，无书不可读，但能剖析精微，玩味久熟，则众说之异同，自不能眩，而反为吾磨砺之资矣。

——《朱文公文集》

大凡敦厚忠信，能攻吾过者，益友也；其谄谀轻薄，傲慢亵狎，导人为恶者，损友也。推此求之，亦自合见得五七分。见人嘉言善行，则敬慕而记录之。见人好文字胜己者，则借来熟看，或传录之而咨问之，思与之齐而后已。不拘长短，惟善是取。

——《朱子文集》

故事

朱买臣砍柴不忘读书

朱买臣是西汉时的穷儒生，会稽人，从小好读书，安贫乐道，成人后也淡泊名利，到了40多岁，不仅没有谋得一官半职，连饭也快吃不上了。这让妻子很是抱怨。

为了维持生活，妻子只好每天跟他上山砍柴，换米维生。一路上，朱买臣挑着柴，独自摇头晃脑，念念有词。妻子听得烦了，就说：“跟你这个穷书生，真是苦啊。你读那么多书有什么用呢？再这么下去，我就要另找生路了。”朱买臣连忙劝阻：“你跟我已经有二十多年了，难道就熬不下去了。我的学识总有一天会派上用场。待我富贵了，一定好好报答你！”

妻子听着他说大话，愈发坚定心志，最后离家另嫁。朱买臣见妻子去意已决，也不强留，仍旧读书卖柴，艰苦度日。有一年清明节，他在山上砍柴遇雨，躲到荫蔽处，恰巧碰到一对夫妇扫墓，女的正是他的前妻。朱买臣只好装作不相识。前妻见他落魄如此，便把祭奠的酒饭分给他吃，然后各自归家。

又过了数年，朱买臣受到汉武帝刘彻的召见，他张口就说《春秋》，言《楚辞》，条条有理，让刘彻大为赞赏，当即拜他为中大夫，让他在朝廷供事。后来，又任命他为会稽太守。临上任时，武帝笑着对他说：“富贵不归故乡，如同衣锦夜行，无人可见。如今你可谓衣锦荣归了！”

朱买臣却不事声张，自己藏着印绶，仍穿了一件破衣，先到在京的会稽会馆里去见众乡亲。正巧这里有一班会稽官吏在饮酒，他们见朱买臣衣衫褴褛，以为他失官觅食，并不邀他入席。朱买臣见众人喝得醉醺醺的了，才从怀中露出绶带。众人一见，无不惊骇，醒过神来以后，一一拜倒在地。朱买臣冷笑一番，乘上车子，前去赴任了。

宋朝皇帝爱读书

陈寅恪说："华夏民族之文化，历数千年之演进，造极于赵宋之世。"宋代的皇帝多数是喜好文化、热爱读书的主儿。有不少皇帝简直将读书功利说到极致了。

宋朝的开国皇帝赵匡胤还未当皇帝时，"虽在军中，手不释卷，人间有奇书，不吝千金购之"。每次行军打仗，都喜欢收集一些好书阅读，从中得到启发与智慧。他跟随周世宗柴荣征伐淮甸时，有人私下告发说赵匡胤收了很多金银财宝，"私阶载，凡数车，皆重宝器也"。柴荣大怒，命令查看，发现里面全是书籍。柴荣说："你是名武将，应该带武器出征，准备这么多书干吗?"赵匡胤说："我是名武将，缺乏奇谋，因此如果不读书增长才干，开阔视野，真对不起陛下。"周世宗因此对赵匡胤愈加赏识。后来，赵匡胤累建功勋，并立志改变当时军阀混战的割据局面，凭着刻苦读书而增长的智慧，实现国家大一统，成为新朝代的奠基者。

宋太宗赵光义是宋朝第二位皇帝，"开卷有益"就出自他之口。为了治国理政，宋太宗命人辑录了从汉朝到宋朝初期的小说、笔记、野史等五百种，共编成一千卷，名为《太平御览》。又令编集野史五百卷，名《文苑精华》。这几部书都是很有史料价值的，备受后人重视。他每天必看《太平御览》，一天三卷，用一年时间就读完了。如果哪一天因为事情忙而错过的话，就一定要补回来。有人劝他少读书多休息，他说："开卷有益，朕不以为劳也。"这既是读书的体会，也是他从读书中吸取治国理政经验之谈。

宋真宗赵恒写的《励学篇》如今也是广传众口，人尽皆知。"富家不用买良田，书中自有千钟粟。安居不用架高堂，书中自有黄金屋。娶妻莫恨无良媒，书中自有颜如玉。出门莫恨无人随，书中车马多如簇。男儿欲遂平生志，六经勤向窗前读。"这首诗把读书的功利最直白地表述出来。从此，"书中自有黄金屋，书中自有颜如玉"等成为吸引人们读书的名言流传不衰。

宋高宗赵构也挺喜欢读书。他认为"读十遍不如写一遍"，有时还抄写一些文章送给亲信大臣看，如抄写《后汉书·光武本纪》送给大臣徐俯。可见他读书是很用功的。

武将也读书

三国时期的东吴大将吕蒙是个传奇人物。他15岁投奔姐夫随军出征，凭个人胆略直捣敌营而获全胜。吴主孙策非常欣赏，将他安置在身边予以培养。

孙策死后，孙权也很重用吕蒙。吕蒙的军事才华日益显露，简直是常胜将军。但他从小当兵打仗，没有读书学习的机会，向孙权报告军务也是口头汇报，所以鲁肃等一批有学问的人瞧不起他。

孙权当面劝吕蒙："你现在是大将了，身份不同以前，应该要多读书，提高自己的思考与表达能力。"吕蒙说："军务这么忙，我哪有时间读书？"

孙权开导他说："我不是让你攻读经书当博士，你军务忙，难道比我还忙吗？我掌管东吴以后，仍然坚持读史书、兵书，自己感到大有收益。"

孙权还为吕蒙开了书单，针对吕蒙的职业性质列出《孙子兵法》《六韬》《左传》《国语》等一批书籍，还向吕蒙提示："汉光武帝刘秀在兵马征战关头手不释卷，咱们的对手曹操也老而好学。你要向他们多多学习。"

打那以后，吕蒙开始发奋读书，学而不厌，加上理解能力强且有丰富的作战经验，他常能把书上的道理融会贯通。但吕蒙一直不张扬，也不喜卖弄，许多人还是用老眼光看他。

一次，鲁肃经过吕蒙驻兵的地方，出于礼节去看望他。酒席间，鲁肃问吕蒙："你准备用什么战略战术对付老对手关羽？"吕蒙顺口说"随机应变"，并且向鲁肃献上对付关羽的"五策"，还分析关羽的个人性格说："关羽很好学，熟读《左传》，但性格耿直，太自负，瞧不起别人，应抓住这个毛病来对付他。"

鲁肃听后高兴地走到席前拍拍他的肩膀说："今天才知道你学识渊博，再不是当年的吴下阿蒙啦！"吕蒙也半开玩笑地说："士别三日，当刮目相看嘛。"

这就是"士别三日，当刮目相看"的典故。

清朝咸丰年间也有个武官叫张曜，因苦战有功被提拔为河南布政使。但他是个文盲，有人说他"目不识丁"，所以常受一些饱学的朝臣歧视，因此改任他为总兵。

张曜受辱后回到家里，气愤不已。妻子怪问其故，待张曜说明之后，妻子便说："不就念书吗？这还不简单，你拜我为师就行了。"张曜也知妻子出身书香世家，读书心切，他随即穿起朝服，让妻子坐在孔子牌位前，对她行三拜九叩之礼。

从此以后，但凡有空余时间，张曜都由妻子教读史书。每当妻子一摆老师的架子，他就躬身肃立听训。他还请人刻了一方"目不识丁"的印章，佩在身上自我警醒。几年以后，张曜成了一个很有学问的人。

后来，张曜做山东巡抚时，又有人参他"目不识丁"。他就上书皇上，请求当场测试，那应对策问让皇上百官大为惊奇。张曜也学以致用，在任上筑河堤、修道路、开厂房、精制造，做了不少利国利民的事。因为他勤奋好学，死后被皇帝谥他为“勤果”。

半部《论语》治天下

宋朝开国宰相赵普年轻时就忙于事务，很少读书，所以史书上记载他“习吏事，寡学术”。做了宰相后，赵普的年龄已大，可是在宋太祖赵匡胤手不释卷的带动和督促下，赵普每天回到自己的府邸，就关上门，自己取出书安安静静地阅读，有时候一整天都不出门，其结果是工作效率大大提高，每次有什么重要的政事决议，他都应对如流。

为什么能做到“临政处决如流”呢？那是因为赵普在家里关门读书，实际上是创造一种工作小环境，长期保持一种工作的状态或者准备状态。而且赵普所读的许多书与工作相关，便于学以致用，所以上朝理政能大大提高工作效率。其中他最爱读的书就是《论语》，读了一遍又一遍。

宋太宗赵光义即位后，一次和赵普闲聊，问道：“有人说你只读一部《论语》，这是真的吗？”赵普回答：“臣平生所知，诚不出此，昔以其半辅太祖定天下，今欲以其半辅陛下致太平。”所以史称赵普以“半部《论语》治天下”。

断齑画粥

北宋著名的政治家、军事家与文学家范仲淹，是一位典型的靠读书起家的人物。他幼年丧父，母亲改嫁，无处安身，就到附近的醴泉寺借僧房读书。那里翠竹成林，溪流环绕，风景优美。但范仲淹则喜欢此地的幽静，适合读书和思考。他目不窥园，经常独自挑灯读书到深夜。

由于家贫，物资匮乏，范仲淹的生活过得十分清苦。每天用糙米煮一锅粥，等到粥水凝冻之后，用刀划成几块用于三餐充饥，没有菜，就沏上一些盐水浸泡野菜，用来佐餐，这就是“断齑画粥”的故事。

寒来暑往，秋去春来，范仲淹在寺中借舍苦读了几年之后，参加科举考试，一举成名，被委以重任。而范仲淹也一心效忠朝廷，体恤下民，政声甚好。

后来，醴泉寺因修缮缺钱，便找到了当年借读的范仲淹，请他从府银中划拨一笔钱来修缮寺庙。范仲淹热情地接待了寺僧，明白来意后，他突然想到了当年读书的一件旧事。

那时，范仲淹还在寺庙读书，某日发现有人在寺前的一棵树下埋东西，他当时不以为意，只顾读书，有一次偶然经过树下，想起了这事，出于好奇，他拨开了泥土，发现是一筐金银财宝。君子爱财，取之有道，范仲淹不为所动，立即将藏金处恢复原状，迅速离开了现场。

时过多年，范仲淹便告诉僧人，回去启用这笔财富以完成寺庙的修缮工程。果然，这笔金钱多年来竟无人取去，成为范仲淹对当年借宿僧舍时的回报！由此可以看出范仲淹不图虚荣、不贪钱财的品性，也更加能让人领会他“先天下之忧而忧，后天下之乐而乐”的情怀。

呕心沥血的诗人

“诗鬼”李贺是唐朝的天才诗人，据说小时候就下笔如有神。有一次韩愈和皇甫湜听说他的才名特意去拜会他。他当场写了一首《高轩过》，让二公大为赞赏。可惜他英年早逝，民间都传说是天上的玉帝因为白玉楼成，要召唤他去吟诗作赋呢。

李贺一生天才，创作了许多家喻户晓的诗，有许多名句至今为人所传诵，如“雄鸡一声天下白”“大漠沙如雪，燕山月似钩”“少年心事当拿云”“桃花乱落如红雨”等。他一生虽然只活了27岁，但成就卓著，流传至今的诗歌有200多篇。这固然有其天才的缘故，然而更多的却是由于刻苦勤奋所得。

相传他每天都会作诗，但并不是在书斋里冥思索句，而是骑上瘦驴，有个小童跟着，到郊外踏青游赏，边走、边看、边构思。遇到好的景致、题材，有好的诗句，随即写在纸条上，放进背袋里，回家后再整理成篇。

母亲看见他这般刻苦，很为他的健康担心。每天傍晚看到儿子从外面回来，母亲就让丫鬟将李贺的背囊取出，如果见到他写的句子很多，就很心疼，常说：“照这样下去，这孩子连心血都会呕出来了。”这就是“呕心沥血”的典故，现在我们常用它来形容穷思苦索、费尽心思而写作。

文摘

康熙《庭训格言》

康熙《庭训格言》之名，源于《论语》所载孔子过庭之训。《论语·季氏》篇载，有一天孔子一个人站在庭院中，他的儿子伯鱼恭敬地从庭中走过。孔子问：“学《诗》了吗?”伯鱼回答：“还没学。”孔子说：“不学《诗》就不会说得体的话。”伯鱼乖乖地回去读《诗》了。又有一天，孔子独立庭中，伯鱼又从庭中走过。孔子问：“学《礼》了吗?”伯鱼回答“还没有”，孔子说：“不学《礼》，就没法在社会上立身。”后人就将父亲对儿子的教导称为“庭训”或“过庭之训”。而格言的意思，则是含有教育意义，可以作为准则的话。这里辑录的是康熙皇帝晚年教导诸皇子有关读书学习部分的内容。

学者一日，必进一步，方不虚度时。大凡时间一技一艺，其始学也不胜其难，似万不可成者，因置而不学，则终无成矣。所以初学贵有决定不移之志，又贵有勇猛精进之心，尤贵有贞常永固不退转之念。人苟能有决定不移之志，勇猛精进而又贞常永固毫不退转，则凡技艺焉有不成者哉!

子曰：“吾十有吾而有志于学。”圣人一生，品在“志学”一言，又实能“学而不厌”，此圣人之所以为圣也。千古圣贤，与我同类人，何为甘于自弃而不学？苟志于学，希贤希圣，熟能御之？是故志学乃作圣之第一义也。

子曰：“志于道。”夫志者，心之用也。……志之所趋，无远弗届；志之所向，无坚不入。志于道，则义理为之主，而物欲不能移，由是而据于德，而依于仁，而游于艺，自不失其先后之序、轻重之伦，本末兼该，内外交养，涵泳从容，不自知其入于圣贤之域矣。

人多强不知以为知，乃大非善事，是故孔子云：“知之为知之，不知为不知。”朕自幼即如此，每见高年人，必问其已往经历的事，而切记于心。决不自以为知而不访于人也。

人心虚则所学进，盈则所学退。朕生性好问，虽极粗鄙之夫。彼亦有中理之言，朕于此等决不遗弃，必搜其源而切记之，并不以为自知自能而弃人之善也。

读书以明理为要。理既明则中心有主，而是非邪正自判矣。遇有疑难事，但据理直行，得失俱可无愧。《书》云："学于古训乃有获。"凡圣贤经书，一言一事，俱有至理，读书时便宜留心体会："此可以为我法"，"此可以为我戒"。久久贯通，则事至物来，随感即应，不待思索矣。

读书之法，以经为主。苟经术深邃，然后观史。观史则能知人之贤愚，遇事得失亦易明了。

朱子云："读书之法，当循序而有常，致一而不懈，从容乎句读文义之间，而体验乎操存践履之实，然后心静理明，渐见意味。不然，则虽广求博取，日诵五车，亦奚益于学哉！"此言乃读书之至要也。人之读书，本欲存诸心，体诸身，而求实得于己也。如不然，将书泛然读之何用？凡读书人，皆宜奉此以为训也。

凡人学艺，即如百工习业，必始于易而步步循序渐进焉，心志不可急遽也。《中庸》云："譬如行远必自迩，譬如登高必自卑。"人之学艺，亦当以此言为训也。

看古人书须念作者苦心

训曰：劝戒之词，古今明论，书记中无处不有。有殷勤痛切，反复叮咛，要之使人听信遵行之已。夫千百年以下之人，与千百年之上之人，何所关切，而谆谆教诲训戒若此？盖欲一句名言，提醒千百年以下之人，使知前车之覆，而为后车之戒也。后学读圣贤书，看古人如此血诚教人念头，岂可草草略过？是故朕常教人看古人书，须念作者苦心，甚勿负前人接引后学之至意也。

学习不可半途而废

从来有生知，有学知，有困知，及其成功则一。未有下学既久而不可以上达者，但功夫不可躐等而进，尤不可半途而废。《书》云"为山九仞，功亏一篑"，正为半途而废者惜也。

然人或有幼年，遭逢坎壈，失于早学，则于盛年，尤当励志。盖幼而学者，如日出之光，壮而学者，如炳烛之光。虽学迟者，亦犹贤乎始终不学者也。

善书法者虽多出于天性，大半尤恃勤学。朕自幼好书，今年老，虽极匆忙时，必书几行字，一日亦未间断，是故犹未至于荒废。人勤习一事，则身增一艺。若荒疏，即废弃也。

朕自幼读书，间有一字未明必加寻绎，务至明惬于心而后已。不特读书为然，治天下国家，亦不外是也。

凡人读书或学艺，每自谓不能者，乃自误其身也。《中庸》有云："有弗学，学之弗能，弗措也"，"人一能之已百之，人十能之已千之。果能此道矣，虽愚必明，虽柔必强"，实为学最有益之言也。

读古人书当审其大义之所在，所谓"一以贯之"也。若其字句之间，即古人亦互有异同，不必指摘辩驳，以自伸一偏之说。

读书须到不忍舍处，方是得出真味

朱子云："读书须读到不忍舍处，方是得书真味。若读之数过，略晓其义即厌之，欲别求书者，则是于此一卷书犹未得趣也。"此言极是。朕自幼亦尝发愤读书看书。当其读某一经之时，固讲论而切记之。年来翻阅，其中复有宜详解者。朱子斯言，凡读书者皆宜知之。

《诗》之为教也，所从来远矣，昔在虞庭，夔为典乐之官，以教胄子，曰"诗言志"。盖人性情之发，不能无所寄托，而诗则触于境而宣于言者也。自夫子册定而后，三百篇之旨粲然可睹。采之里巷者《风》，陈之朝廷者《雅》，荐之郊庙者为《颂》。观其美刺，而善恶之鉴昭矣；观其正变，而隆替之治判矣；观其升歌、下管、间歌、合乐之所咏叹，而祖功宗德之实著矣，千载而下，因言识心，故曰可兴、可观、可群、可怨也。夫子雅言之教，称引诵说，惟《诗》最多，如《大学》《中庸》《孝经》，篇末必引《诗》以咏叹之，亦见夫古人之斯须不离乎《诗》也，思夫伯鱼过庭之训，"小子何莫学夫《诗》"之教，则凡有志于学者，岂可不以学《诗》为要乎？

凡人养生之道，无过于圣人所留之经书。故朕惟训汝等熟习五经四书，性理诚以其中，凡存心养性立命之道，无所不具故也。看此等书，不胜于习各种杂学乎？

训曰：学以养心，亦所以养身。盖杂念不起，则灵府清明，血气和平，疾莫之撄，善端油然而生，是内外交相养也。

为学之功有三等焉，汲汲然者上也，悠悠然者次也，懵懵然者又次也。然而懵懵然者，非不向学，必未达也，透而达之，安知懵懵之不为汲汲也？惟悠悠者最为害道，因循苟且，一曝十寒，以至皓首没世，亦犹夫人而已。古之圣人进修贵勇，如汤之《盘铭》曰："苟日新，日日新，又日新。"未岂有舜息悠悠之意哉？孔子曰："有能一日用其力于仁矣乎？"盖深悯学者之悠悠，而翼其奋然用力也。学而能日新，则缉熙不已，造次不忘旧习，渐渐而清，至趣循循而入，欲罢不能，莫知所以然而然。故诗人美汤曰“圣敬日跻也”。

黾勉学问

朕八岁登基，即知黾勉学问。彼时教我句读者，有张、林二内侍，俱是明时多读书人。其教书，惟以经书为要。至于诗文，则在所后。及十七八，更笃于学，逐日未理事前，五更即起诵读；日暮理事稍暇，复讲论琢磨，竟至过劳，痰中带血，亦未少辍。朕少年好学如此，更耽好笔墨，在翰林沈荃，素学明时董其昌字体，曾教我书法。张、林二内侍俱及见明时善于书法之人，亦常指示。故朕之书法，有异于寻常人者以此。

故凡事可论贵贱老少，惟读书不问贵贱老少。读书一卷，则有一卷之益；读书一日，则有一日之益。此夫子所以发愤忘食，学如不及也。

人在幼稚，精神专一通利；成长以后，则思虑散逸外驰。是故应须早学，勿失机会。朕七八岁所读之经书，至今五六十年，犹不遗忘。至于二十以外所读经书，数月不温，即至荒疏矣。

曾国藩论读书

前些年曾出现一股“曾国藩热”，介绍曾国藩的书籍、文章很受热捧。2011 年 9 月 3 日，首届海峡两岸曾国藩学术研讨会在曾的家乡湖南双峰举行。有人把曾国藩比喻为那个时代的“励志哥”。若从读书成就人生、事业、家庭而言，曾国藩堪称楷模。他从幼年直到逝世，几乎天天读书、练字、写日记，并把读书写字作文的经验与方法用家书的方式介绍给他的诸位弟弟及子侄。在做官做事的同时，培养了其弟曾国荃、其子曾纪泽等杰出人物。此处主要辑其关于读书的嘉言，分享曾国藩的读书经验。

读书要早起不必择地

谕纪鸿儿：尔读书写字不可间断，早晨要早起，莫坠高祖以来相传之家风。

谕纪泽儿：读书乃寒士本业，切不可有官家风味。吾于书箱及文房器具，但求寒士所能备者，不求珍异也。

致诸弟：苟能发奋自立，则家塾可读书，即旷野之地、热闹之场亦可读书，负薪放豕，皆可读书；苟不能发奋自立，则家塾不宜读书，即清静之乡、神仙之境皆不能读书。何必择地？何必择时？但自问立志之真不真耳！

切勿以家中有事，而即间断看书之课，虽走路之日，到店亦可看书，考试之日，出场亦可看也。兄日夜悬望，独此“有恒”二字告诸弟，伏愿诸弟刻刻留心，幸甚幸甚！

读书不求强记也是养身之道

致诸弟：吾谓读书不求强记，此亦养身之道。凡求强记者，尚有好名之心横亘于方寸，故愈不能记。若全无名心，记亦可，不记亦可，此心宽然无累，反觉安舒，或反能记一二处亦未可知。

熟读好文章自可益神智

余平日好读东坡《上神宗皇帝书》，亦取其轩爽也，弟可常取阅。多阅数十遍，自然益我神智。譬如饮食，但得一肴适口充肠，正不必求多品也。……弟以不能文为此生缺憾，宜趁此家居时，苦学二三年，不可抛荒片刻也。

起家以读书为本

致澄弟沅弟：纪瑞侄得取县案首，喜慰无已。吾不望代代富贵，但愿代代有秀才。秀才者，读书之种子也。世家之招牌也，礼义之旗帜也。谆嘱瑞侄从此奋勉加功。为人以为学并进，切戒骄奢二字，则家中风气日厚，而诸子侄争相濯磨矣。

昔吾祖星冈公最讲求治家之法，第一起早，第二打扫洁净，第三诚修祭扫，第四善待亲族邻里。凡亲族邻里来家，无不恭敬款待，有急必周济之，有讼必排解之，有喜必庆贺之，有疾必问，有丧必用。此四事之外，于读书种菜等事，尤为刻刻留心。

书味深者火候既到

书味深者，面自粹润；保养完者，神自充足。此不足以伪为。必火候既到，乃有此验。

……今年奇热，余度夏甚苦，然看书未甚间断。

读书贵有心得

近日所看之书，及领略古人文字意趣，尽可自抒所见，随时质正。前所示有气则有势，有识则有度，有情则有韵，有趣则有味，古人绝好文字，大约于此四者之中必有一长。

父子兄长互课背诵文章

谕纪泽儿：……以上选文七篇三种，尔与纪鸿儿皆当手抄熟读，互相背诵。将来父子相见，余亦课尔等背诵也。

君子三乐

君子有三乐：读书声出金石，飘飘意远，一乐也；宏奖人材，诱人日进，二乐也；勤劳而后憩息，三乐也。

谕纪鸿儿：凡人多望子孙为大官，余不愿为大官，但愿为读书明理之君子，勤俭自持，习劳习苦，可以处乐，可以处约。

勤俭自持，习劳习苦，可以处乐，可以处约，此君子也。余服官二十年，不敢稍染官宦习气，饮食起居，尚守寒素。家风极俭也可，略丰也可，太丰则吾不敢也。凡仕宦之家，由俭入奢易，由奢返俭难。尔年尚幼，切不可贪爱奢华，不可惯习懒惰。无论大家小家、士农工商，勤苦俭约，未有不兴，骄奢倦怠，未有不败。

看、读、写、作每日不可缺一

谕纪泽儿：……余在军中不废学问，读书写字未甚间断，惜年老眼蒙，无甚长进。尔今未弱冠，一刻千金，切不可浪掷光阴。

读书之法，看、读、写、作，四字每日不可缺一。

看者，如尔去年看《史记》、《汉书》、韩文、《近思录》，今年看《周易折中》之类是也。

读者，如四书、《诗》、《书》、《易经》、《左传》诸经，《昭明文选》、李杜韩苏之诗，韩欧曾王之文，非高声朗诵则不能得其雄伟之概，非密咏恬吟则不能探其深远之韵。譬之富家居积，看书则在外贸易，获利三倍者也；读书则在家慎守，不轻花费者也。譬之兵家战争，看书则攻城略地，开拓土宇者也。读书则深沟坚垒，得地能守者也。看书如子夏之“日知所亡”相近，读书与“无忘所能”相近，二者不可偏废。

至于写字，真行篆隶，尔颇好之，一切不可间断一日。既要求好，又要求快。余生平因作字迟钝，吃亏不少。尔须力求敏捷，每日能作楷书一万则几矣。

至于作诗文，亦宜在二三十岁立定规模；过三十后，则长进极难。……少年不可怕丑，须有狂者进取之趣，过时不试为之，则后此弥不肯为矣。……尔十余岁至二十岁虚度光阴，及今将看、读、写、作四字逐日无间，尚可有成。

切己体察虚心涵泳

谕纪泽儿：汝读四书无甚心得，由不能虚心涵泳、切己体察。朱子教人读书之法，此二语最为精当。……善读者，须视书如水，而视此心如花、如稻、如鱼、如濯足，则涵泳二字，庶可得之于意言之表。

写字先求圆匀次求敏捷

谕纪泽儿：作字时先求圆匀，次求敏捷。若一日能作楷书一万，少或七八千，愈多愈熟，是手腕毫不费力。将来以之为学，则手抄群书，以之从政、则案无留牍。无穷受用，皆自写字之匀而且捷生出。

写字心要定

写字时心稍定，便觉安恬些。可知平日不能耐，不能静，所以致病也。写字可以验精力之专注否，以后即以此养心。

学诗习字要诀

致温弟：……你要学诗，先须看一家集，不要东翻西阅。先须学一体，不可各体同学。盖明一体，则皆明也……

习字临《千字文》亦可，但须有恒。每日临帖一百字，万万无间断，则数年必成家矣。

读古诗文当认貌观神

谕纪泽儿：尔以后读古文古诗，惟当先认其貌，后观其神，久之自能分别蹊径。

谕纪泽儿：不特写字宜摹仿古人间架，即作文亦宜摹仿古人间架。《诗经》造句之法，无一句无所本。《左传》之文，多现成句词。……尔以后作文作诗赋，均宜心有摹仿，而后间架可立，其收效较速，其取径较便。

读书应有选择

谕纪泽儿：乡间苦于无书，然尔生今日，吾家之书，业已百倍于道光中年矣。买书不可不多，而看书不可不知所择。以韩退之为千古大儒，而自述其所服膺之书，不过数种。

最宜熟读的十一种书

谕纪泽儿：……吾儿既读五经四书，即当将此十一书寻究一番。纵不能讲习贯通，亦当思涉猎其大略，则见解日开矣。

（最宜熟读之书：《史记》、《汉书》、《庄子》、韩文四种，《文选》《通典》《说文》《孙武子》《方舆纪要》《古文辞类纂》以及《十八家诗钞》。）

读书要做笔记

谕纪泽儿：尔作文时，宜先讲词藻，欲求词藻富丽，不可不分类抄撮体面话头。近世文人，如袁简斋、赵瓯北、吴谷人，皆有手抄词藻小本。……昌黎之记事提要，纂言钩玄，亦系分类手抄小册也。

尔观看《文选》，宜略抄典故藻汇，分类抄记，以为馈贫之粮。……此科名之要道，亦及学问之捷径也。

夜深，思将古来政事人物分类，随手抄记，实为有益。

读书要有志有识有恒

致诸弟：盖士人读书，第一要有志，第二要有识，第三要有恒。有志则断不甘为下流；有识则知学问无尽，不敢以一得自足，如河伯之观海，如井蛙之窥天，皆无识者也；有恒则断无不成之事。此三者缺一不可。

谕纪泽儿：尔读书记性平常，此不足虑。所虑者第一怕无恒，第二怕随笔点过一遍，并未看得明白。此却是大病。若实看明白了，久之必有些滋味，寸心若有怡悦之境，则自略记得矣。尔不必求记，却宜求个明白。

立志读书可改变人的气质

谕纪泽纪鸿儿：人之气质，由于天生，本难改变，惟读书则可变化气质。古之精相法者，并言读书可以变换骨相。欲求变之之法，总须先立坚卓之志。……古称金丹换骨，余谓立志即丹也。

修德业双胜

谕纪泽儿：人生惟有常是第一美德。尔之短处在言语欠钝讷，举止欠端重，看书能深入而作文不能峥嵘。若能从此三事上下一番苦工，进之以猛，持之以恒，不过一二年，自尔精进而不觉。

言语迟钝，举止端重，则德进矣。作文有峥嵘雄快之气，则业进矣。

读书须“看、温、习、思”并行

看生书宜求速，不多阅则太陋；温旧书则求熟，不背诵则易忘。习字宜有恒，不善则如身之无衣，山之无水；作文宜苦思，不善作则如人之哑不能言，马之跛不能行。四者误一不可。

读书之志，须以困勉之功，志大人之学。

“静”字全无功夫，欲心凝定，得乎？

读书穷理，不办得极虚之心，则先自窒矣。

读书贵有心得，不必轻言著述。

书须通读一遍

致温弟：无论何书，总须从首至尾通看一遍，不然，乱翻几页，摘抄几篇，而此书之大局精处茫然不知也。

致诸弟：凡读书有难解者，不必遽求其解。有一字不能记者，不必苦求强记，只须从容涵泳。今日看几篇，明日看几篇，久久自然有益。但于已阅过者，自作暗号，略批几字，否则历久忘其已阅未阅矣。

读书犹如熬肉掘井

致诸弟：子思、朱子言为学譬如熬肉，先用猛火，然后用慢火温。……吴子序曾教我说：“用功譬如掘井，与其多掘数井而皆不及泉，何若老守一井，力求及泉而用之不竭乎。”此语正与予吾病相合。

读书要成风范

致澄弟：家中读书事，弟亦宜常常留心。如甲五、科三皆须读书，令晓文理，在乡能起稿，在外能写信，庶不失大家子弟风范。若不能此二者，则是父母之过。即余为伯者亦有责焉，弟不可太疏忽也。

读书须勤敏

致澄弟：纪泽看《汉书》，须以勤敏行之。每日至少亦须看二十页，不必惑于在精不在多之说。今日半页，明日数页，又明日耽搁间断，或数年不能毕一部，如煮饭然，歇火则冷，小火则不熟，须用大柴大火乃易成也。

谕纪泽儿：尔兄弟总宜在五十以前将应看之书看毕，免致老大伤悔也。

读书为进德修业

致诸弟：吾辈读书，只有两事：一者进德之事，讲求乎诚正修齐之道，以图无忝所生；一者修业之事，操习乎记诵词章之术，以图自卫其身。

谕纪泽儿：五言诗，若能学到陶潜、谢朓一种冲淡之味、和谐之音，亦天下至乐、人间之奇福也。尔既无志于科名禄位，但能多读古书，时时哦诗作字，以陶写性情，则一生受用不尽。

致诸弟：教诸弟及儿辈，但愿其为耕读孝友之家，不愿其为仕宦之家。诸弟读书不可不多，用功不可不勤，切不可时时为科第仕宦起见。

致诸弟：以后写信，但将每月作诗几首、作文几首、看书几卷，详细告我，则我欢喜无量。

谕纪泽儿：……目下尔在家饱看群书，兼持门户，处乱世而得宽闲之岁月，千难万难，尔切莫错过此等好光阴也。

勤学问以广才

……讲究之法，不外学问二字。学于古，则多看书籍；学于今，则多见榜样。问于当局，则知其甘苦；问于旁观，则知其效验。勤习不已，才自广而不觉矣。

（这是曾国藩向身边工作人员提的四条规矩之三。）

忙碌中不间断读书

自课两例：

其一：求阙斋课程（癸卯孟夏立）

读熟读书十页，看应看书十页。习字一百，数息百八（佛教静修方法）。记过隙影（日记），记茶余偶谈一则。右每日课。

逢三日写回信。逢八日作诗、古文一艺。右月课。

熟读书：《易经》、《诗经》、《史记》、《明史》、屈子、庄子、杜诗、韩文。

应看书不具载。

其二：

致诸弟：学问之道无穷，而总以恒为主。余往年极无恒，近年略好，而犹未纯熟。自七月初一起。至今则无一日间断，每日临帖百字，抄书百字，看书少须满二十页，多则不论。自七月起至今已看过《王荆公文选集》百卷，《归震川文集》四十卷，《诗经大全》二十卷，《后汉书》百卷，皆朱笔加圈批，虽极忙，亦须了本日功课，不可昨日耽搁而今日补做，不以明日有事而今日预做。

谕纪泽儿：时文亦不必苦心孤诣去作，但常常作文，心常用则活，不用则窒；常用则细，不用则粗。

文章雄奇在行气

谕纪泽儿：尔问文中雄奇之道。雄奇以行气为上，造句次之，选字又次之。然未有字不古雅而句能古雅，句不古雅而气能古雅者；亦未有字不雄奇而句能雄奇，句不雄奇而气能雄奇者。是文章之雄奇，其精处在行气，其精处全在造句选字也。

扬长还需补短

谕纪泽儿：尔之天分，长于看书，短于作文。此道大短，则于古书之用意行气，必不能看得谛当。目下宜从短处下功夫，专肆力于《文选》、手钞及摹仿二者皆不可少。待文笔稍有长进，则以后诂经读史，事事易于着手矣。

尔阅看书籍颇多，然成诵者太少，亦是一短。嗣后宜将《文选》最惬者熟读，以能背诵为断。

至于纯熟文字，极力揣摩、固属切实工夫，然少年文字，总贵气象峥嵘。东坡所谓蓬蓬勃勃，如釜上气。……尔当兼在气势上用功，无徒在揣摩上用功。

左宗棠论读书

读书要眼到、口到、心到。写字，温书要多遍想解，读生书要细心听解。

人生读书得力只有数年。十六以前知识未开，二十五六以后人事渐杂，此数年中放过，则无成矣，勉之！

读书要目到、口到、心到。尔读书不看清字画偏旁，不辨明句读，不记清首尾，是目不到也。喉、舌、唇、牙、齿五音并不清晰伶俐，蒙冤含糊，听不明白，或多几字，或少几字，只图混过就是，是口不到也。经传精义奥旨初学固不能通，至于大略扭解原易明白，稍肯用心体会，一字求一字下落，一句求一句道理，一事求事原委，虚字审其神气，实字测其义理，自然渐有所悟。一时思索不得，即请先生解说，一时尚未融解，即将上下文或别章别部义理相近者反复推寻，务期了然于心，了然于口，始可放手。总要将此心用在字里行间，时复思绎，乃为心到。

读书要循序渐进，熟读深思，务在从容涵泳以博其义理之趣，不可只做苟且草率工夫，所以养心者在此，所以养身者在此。

读书总要涵泳从容，不可图快潦草，切切！

读书不必急求进功，只要有恒无间，养得此心纯一专静，自然所学日进耳。

读书先须明理非循序渐进。熟读深思，不能有所听悟。尔从前读书只是一样草率，故穷年伏案则进境殊少。

尔在家专意读书为要。当涂夏弢甫先生所赠我《小学》、《孝经》、《近思录》、四书四种，刻本极精又送尔曹龙尾研四枚，亦非易得之物。吾于屯军乐平段家时，无意中得东坡书手卷一轴，元明人题跋颇多，极可爱玩；又石庵先生手书一册，皆至宝。今以与尔曹，好为藏之。若我治军之暇尚有余力，当翻刻《小学》、《孝经》、四书、《近思录》四种以惠吾湘士人，尔曹学业稍进，能供校刊之役则尤幸甚。

今尔等读书总是混过日子，身在案前，耳目不知用到何处，心中胡思乱想，全无收敛归着之时。悠悠忽忽，日复一日，好似读书是答应人家工夫，是欺哄人家，掩饰人家耳目的勾当。昨日所不知不能者，今日仍是不知不能；去年所不知不能者，今年仍是不知不能。孝成今年十五，孝宽今年十四，转眼就长大成人矣。从前所如所能者，究竟能比乡村子弟之佳者否？试自忖之。

至科第一事无足重轻，名之立与不立，人之传与不传，并不在此。儿言欲早得科第，免留心帖括，得及早为有用之学。如其诚然，亦见忘趣之不苟，然吾不能无疑。科第之学本无与子事业，然欲求有以取科第之具，则正自不易，非熟读经史必不能通达事理，非潜心玩索不必不能体认入微。

《易》曰："君子朋友讲习。"夫子以学之不讲为忧，盖明于心而不宣诸口则旨趣未畅，其必往复辩论，而后人已共浃洽于中也。

求博而不返诸约，流弊殆不可胜言。

绎志多忘嗟老大，读书有味且从容。

三日一文一诗，每日写大卷三开，白折三开，切要自定功课，有恒无间。

识得一字即行一字，方是善学。终日读书，而所行不逮新农野夫，乃能言之鹦鹉耳。纵能掇巍科，跻通显，于世何益？于家何益？非惟无益，且有害也。

读书用功，最要专一，无间断。

尔年已渐长，读书最为要事。所贵读书者，为能明白事理，学做圣贤，不在科名一路。如果是品端学优之君子，即不得科第亦自尊贵。若徒然写一笔时派字，作几句工致诗，摹几篇时下八股，骗一个秀才、举人、进士、翰林，究竟是甚么人物？

读书能令人心旷神怡，聪明强固，盖义理悦心之效也。若徒然信口诵读而无得于心，如和尚念经一般，不但毫无意趣，有久坐伤血，久读伤气，于身体有损。

人才之少，由于专心做时下科名之学者多，留心本原之学者少。且人生精力有限，尽用之科名之学，到一旦大事当前，心神耗尽，胆气薄弱，反不如乡里粗才尚能集事，尚有担当。试看近时人才有一从八股出身者否？八股愈做得入格，人才愈见庸下。

用兵最贵节制精明，临阵胜负只争一刻工夫。譬如在家读书、作诗文、习字是平时治军要紧工夫。而打仗不过如入场就试耳，得失虽在一日，而衣领长短却在平时。果于“节制”二字。实有尤分可恃，临阵复出以小心，则事无不济。

尔两试侥幸取前列，然未免占寒士进取之路，须自忖诗、文、字三者真比同试之人何如，应可因郡县刮目遂自谓本领胜于寒士也。院试过后须赴乡试，过考日多，读书日少，殊为无谓。我欲尔等应考，不过欲尔等如此道辛苦，发愤读书。至科名一道，我生平不以为重，亦不以此望尔等。况尔例得三品荫生，如果主志读书，亦不患无进身之路也。世事方艰，各宜努力学好，为嘱。

尔往小淹后何日回家？今年夏、秋、冬三季应酬奔走之日多，读书静坐之日少，不知如何荒废矣！学问不日进则日退，殊可虑也。

读书养身，及时为自立之计，学问日进，不患无用着处。吾频年兵事，颇得方舆旧学之力。入浙以后，兼及荒政、农学，大都昔时偶有会心，故急时稍收其益，以此知读书宜预也。

曾记冯钝吟先生有云“小时志大言大，父师切勿抑之”，此乃为庸俗父兄之拘束佳子弟者也。若尔之性质不逾中人，而我之教汝者并不在科第之学，自不得以此例之。且尔欲为有用之学，岂可不读书？欲轰轰烈烈做一个有用之人，岂必定由科第？汝父四十八九犹一举人，不数年位至督抚，亦何尝自进士出身耶？当其未做官时，亦何尝不为科第之学，亦何尝以会试为事？今尔欲息赴会试以博科名，欲幸得科名以更为有用之学，视读书致用为两事，吾所不解也。大约近日颇事游嬉，未尝学问，故不觉言之故旷如此。

儿从师学时俗八股尚未有成，遽望以此弋取科第，所见差矣。至谓“俟得科第后再读有用之书”，然则从前所读何书？将来更读何书耶？如果能熟精专注，则由此以窥圣贤蕴奥亦复非难。不然，则书自书，人自人，八股自八股，学问自学问科第不可必得，而学业道无所成，岂不可惜？试细想之。

读书非为科名计，然非科名不能自养，则其为科名而读书，亦人情也。但既读圣贤书、必先求识字。所谓识字者，非仅如近世汉学云云也。

西安所买各种书籍，数千金何足惜？惟博览为难，且亦无益，以悦目不能悦心斗。儿志在读书，吾所深喜，然程子以玩物丧志为嗜书不知我者戒，亦所当知。

大凡一艺成名者，非肯下功夫不可几也。

盖谓天下事功之成，必学有本原而后可期不朽，否则粗材幸获，流弊而不返诸约，不可言也。

人生无处无书读。

——李渔村《左宗棠处世箴言》

冯京第《读书灯》

幼而孤苦，欲学无资。然资至无灯火，可谓穷矣。晋沙门释惠远，游学出家，释昙翼每资以灯烛之费，盖灯烛费故事语出此。空门乃有此好事人，可免导法师采薪之苦矣。北游京师，乌柏烛不可得，烧牛羊脂，膻臭触鼻熏眼，油灯难致灯心草，捼败絮作柱，童奴取给敝裘供之，殊乏明光，此皆增贫士穷况耳。尝自削竹为灯，著脚施柱，幕以素纸，斋头雅供也。奴子恒以油干告。因思古来代烛之物多矣。古之好读者，奚必灯哉？掇其人事，图写开关于灯幕上，以五七言语记之，以自勖云。

饮食油一：（宋）邵子康节也。

先生夜读《易》，煎和失膏脂。此法须知加一倍，会取声希味淡时。

桐油子二：（宋）朱昂也。

侍郎住衡山，三年拾桐子，不用阿爷千文钱，买断九经十七史。

松明三（一曰松节）：（齐）顾欢、（宋）孔延也。

斫松爇松明，昼耕夜自读。与公执烛伴无眠，吞取烟煤定妙墨。

薪四：（晋）葛洪也。

上山采薪艰，入市苦纸贵。书中自有九还丹，常恐神倦不识字。

麻炬五：（梁）刘峻也。

丘中种麻苎，缚秸以为炬。火烧须鬓知不知，何不淬掌困如许。

蒿六：（汉）任末也。

任公隐蒿中，夜以蒿自照。茅庵竹笔供有余，掉头不应天子诏。

荻七：（梁）刘绮、（隋）沈恒也。

惜荻如惜阴，折荻寸寸烧。不见吴儿船载荻，沉塘南畔饭铛焦。

糠八：（齐）顾欢也。

食糠不解肥，然糠那有辉。男儿努力痴点半，田中黄雀食稻飞。

囊萤九：（晋）车胤也。

勤书有榜样，练囊萤无恙。案头干死车公愁，何不食字为脉望。

月星十：（汉）任末、（齐）江泌也。

借月乞星光，任子与江郎。有时坠地远上屋，人言非痴如是狂。

雪十一：（宋齐）孙康、（梁）范云也。

对酒持酒杯，讵如手简策。何当负笈峨眉巅，六月不肖千岩白。

邻壁十二：（汉）匡衡也。

邻火四壁余，贫女夜见逐。匡生善偷邻不妒，殿上说诗然宫烛。

藜杖十三（汉）刘向也。

天公其好书，吹火惊天禄。安得青藜化烛龙，遍照寒士暗中屋。

注：

作者冯京第做过明朝兵部右侍郎。

全文由小序与十三种不同的读书灯组成（有的不能归为灯类）。小序开宗明义说作者幼年无钱读书，也缺灯供夜晚照明读书。当游学到京城时，想用乌柏烛照明也成为奢望，只能自己削竹点灯读书。由此想到前人点灯读书的故事，从北宋到西汉跨越朝代多，历时久远，筛选出十五位用不同灯光读书的文士，以劝导后人励志读书成才。

冯京第还写过一篇《簟溪自课》，是为约束自己读书治学所订立的章程。可知作者是一位苦读之人，也是一位饱学之士。

《读书灯》其内容与形式为小序配词（原有图）。既是歌咏，也是解说，所记录的是历代文人勤学苦读的故事，以此劝学，方式别具一格且新颖非常。

一是食油灯。从古代至中华人民共和国建立的前后，许多家庭夜间是点灯照明。能以食用油点灯照明的已是富裕的家庭了。所以在十三灯中列第一。

食用油包括菜籽油、香油、豆油、葵花籽油，还有动物脂肪等。

二是木本植物灯。如桐油、松脂或直接烧柴火照明，如晋代的葛洪烧柴照明读书。

三是草本植物灯。大麻、苎麻、蒿（草）、荻（草）、藜杖、糠。从“然糠那有辉”知，糠烧火发出的光很微弱。

四是自然光。趁明月当空或大地遍积厚雪之时，自然光照充分明亮之际用功读书。

五是借光。用萤火虫照明读书成为历代劝学的佳话。夏秋季节的野外，夜晚飞游着萤火虫，要捉足一定数量累积成萤囊而聚光也非易事。另，借邻居家灯光穿墙（洞）而照明读书。这必须是“邻火四壁余”且“邻不妒”才能做到，否则，长年累月，邻居不配合事难成。

关于萤囊照明读书之说，曾引起清代康熙皇帝的怀疑。他做了实验，证明萤囊照明读书之说不成立。从晋代到清代，时隔千年，萤火虫的发光是否由强变弱不得而知。如今，小孩子连萤火虫都难得一见。但此故事激励了一代代人发奋读书。

这十三种读书灯的共同特点是亮度不够。此外，烟尘与异味刺激人的眼鼻；燃蒿（草）、荻（草）、藜、干柴时，用量大，所以才有“上山采薪艰”“惜荻如惜阴”“折荻寸寸烧”之举。另，烧柴火照明易引发火灾；“坠地远上屋”读书时摔伤也难免，冬天夜映雪读书时易受冻而致病。作者在小序中说了“尝自削竹为灯”。燃烧竹（枝）照明，与旧时农民把向日葵杆晒干点燃照明相似。作者在京城游学时，想用“乌桕烛不可得，烧牛羊脂，膻臭触鼻熏眼”。可知夜读之士连照明都成了大问题。

清末煤油（又叫火水）传到中国，才用起了煤油灯照明。大文豪鲁迅在北京任教时，夜晚用煤油灯写作了三本文集和《彷徨》里的许多文章。有时夜读后鲁迅手拿煤油灯照着一直送学生到院子门口。

文中提到的十五位勤学苦读之士，除刘绮、沈恒生平无记载外，皆因家境贫穷而立志读书改变命运。

邵康节成为北宋学者，原名邵雍，对《易经》有独到的研究成果，还有其他著述。鉴于他的贡献，他死后，朝廷谥他为康节。

朱昂也是北宋的学者，因少年就好读书，有“小万卷”之称，官至翰林学士。

顾欢是南朝学者，一生好学，笃志不倦，以讲学著述为生计。

孔延之是北宋学者，幼时孤且贫，昼则带书耕锄，夜继燃松（脂）读书。庆历中进士而入朝做官（似现在中央政府公务员）。正所谓“朝为田舍郎，暮登天子堂”。

葛洪是晋代的神仙家、医学家。曾隐居广东罗浮山读书炼丹（算是化学药剂的鼻祖）。著有《抱朴子》《金匮药方》《肘后备急方》等医药学著作。

刘峻，南朝梁学者，从小好学，有“书淫”之称，著有《世说新语注》。

任末，东汉学者，游学京师，教授十余年，不愿做官，“掉头不应天子诏”。

车胤，东晋人，就是那个夏日之夜常囊萤以读书的小孩，后官至吏部尚书。

江泌，南朝齐学者，就是那个随月光握卷上屋读书的孩子。做过地方王的陪读老师。

孙康，南朝齐大臣，就是那个冬夜常映雪读书的孩子，官至御史大夫。

范云，南朝齐、梁大臣，被朝廷重用而封侯。

匡衡，西汉学者，就是那个借“邻火”读书的穷孩子。学成后成为解读《诗经》的专家，“殿上说诗然宫烛”而改变命运，并成为太子的老师。

刘向，西汉学者，领导了我国第一次大规模的文献整理工作。“书犹药也，善读之可医愚”出自刘向，说出了读书的基本功用是益智。著有《新序》《说苑》《列女传》等。

这十三个用灯照明读书且学有所成的故事，诠释了《三字经》中“少而学，壮而行，上致君，下泽民”的意义。

灯光，在今天已不成问题，如何教人坚持读书却成了大问题。

韩愈教子读书诗——《符读书城南》

木之就规矩，在梓匠轮舆。
人之能为人，由腹有诗书。
诗书勤乃有，不勤腹空虚。
欲知学之力，贤愚同一初。
由其不能学，所入遂异闾。
两家各生子，提孩巧相如。
少长聚嬉戏，不殊同队鱼。
年至十二三，头角稍相疏。
二十渐乖张，清沟映污渠。
三十骨骼成，乃一龙一猪。
飞黄腾踏去，不能顾蟾蜍。
…………
问之何因尔？学与不学欤。

说明：现在讲的“飞黄腾达”原作“飞黄腾踏”，即语出唐朝大文豪韩愈的这首长诗《符读书城南》。

韩愈的儿子韩符年少十分贪玩，不喜读书。韩愈专门写了这首诗教育儿子要立下远大的志向做个有学问的人。

诗一开头就用生动的比喻告知儿子，木材之所以能造成器具和房子，是因为木匠付出了辛勤的劳动。那么，人要有知识和才能，同样要靠勤奋学习。人要聪明，“勤”字是关键，所以诗中“勤”出现两次，“勤”是全诗的中心论点。

接着诗中具体写了两户人家，各生一子，他们小时候资质很相似，还常在一起玩耍。但渐渐不同了，长大后两人性格和体态更有明显的差异，成了“一龙一猪”。一个像飞黄一样奔腾而去，再也顾不了那个落后的“蟾蜍”（癞蛤蟆）。

这首诗用比喻说明了孩子读书受教育的程度决定人生走向。抛开遗传因素，后天的努力是成功的主要因素。而努力是从小时候发奋读书开始的，否则“飞黄腾踏”缺乏基础而成空想。

宋庆龄说过："有些事是可以等待的，但是对于少年儿童的培养是不可以等待的。"古往今来，许多人明白这个道理。所历史上有诸葛亮写《诫子书》劝学，有韩愈写诗教子读书，有陶渊明写《责子》诗指出众儿读书不勤的缺点，有欧阳修《诲学说》之诗喻读书明理的关系，还有王安石的《劝学文》，以及李白、杜甫、白居易、朱熹、陆游、杨万里……都曾作诗写文引导孩子读书。朱熹直白地说"读书起家之本"，曾国藩的家书中大多数内容是劝诸弟及子侄勤奋读书。直到现代，陈独秀在狱中还编《小学识字教本》；伟人毛泽东也曾写信要求儿子勤奋读书学好专业知识，并购书寄给远在异国他乡（苏联）的两儿子共读……为什么他们这样重视引导后嗣读书？答案有可能是他们都认同"成身莫大于学"（《吕氏春秋》）、"立身以立学为先，立学以读书为本"（欧阳修语）的古训。

经典是必要的营养品

书有两种，一种是"谋生之书"，实用为上，也许读完一本电脑技术入门就会摆弄电脑了，这时对读者来说就是"有用"的。而另一种则是"谋心之书"，这样的书籍看起来没有什么实用性，也不带功利目的，但却能抚慰人们的心灵。无用之用，是为大用。

——易中天（在上海图书馆报告厅作报告）

未读的书是一片密封着的诱人的世界，里面肯定有趣味，更有智慧。打开来读是一种享受，放在手中不轻易去打开也是一种享受。

而凡读过的书都成为有生命的了，就像一个个朋友，我熟悉他的情感与情感方式，他们每个珍贵的细节，包括曾把熄灭的思想重新燃亮的某一句话。

——冯骥才《摸书》（2009 年 6 月 6 日《南方日报》）

经典的东西开始可能不太让人喜欢，但它是必要的营养品。以后你要成为一个有用的人，要读一点经典。

——温儒敏（北京大学教授）

很多书，最开始就像一道门，关着的门。你把它们都看一眼，才知道自己的方向在哪。然后你就朝着那个通道走过去，进入另一个有很多门的大房间里。……你要读哪些书，要成为什么样的人，生活和书都会告诉你。

——赵巍巍《读书读到什么时候才能改变命运》

书是知识的源泉，精神的食粮；书是人生的指南，进步的阶梯。如果一个人能好好读书，书能成为人生永恒的朋友。具体来说，书能使人明白世界，有正确的思路，有了思路，就有了出路，有了出路，就有前途。一本书能改变一个人的命运。

——洪昭光《健康养生精华集》

人类文明最终都沉积在书籍中，所有人类文明成果，唯有艺术永恒。读书不只获取知识，同时能开启思路，强化修养，塑造人格，提升境界。有些书是偏于知识的，而艺术却是关乎人性。有些书是专业人士读的，而艺术却要全人类来读。

——潘启文《阅读是快乐的》

它总是沉默着，把它深邃的思想、精确的哲理、流溢的激情、璀璨的文采掩抑在浩瀚的卷帙之中，它总是沉默着，静静地等待你的光顾。

——《读者精华》第二卷开卷语

六 传统阅读与读经典不可或缺

不闻先王之遗言，不知学问之大也。

——荀子《劝学》

真学问从五伦起，大文章自六经来。

——古书院楹联

导语

传统阅读不可或缺

——网络阅读与传统阅读之比较

几年前，国际上有一个关于阅读的分析与判断：在知识经济时代，有多少人具备最高的阅读能力，最终决定了这个国家未来的竞争力大小。因为阅读是学习知识的重要环节，所以阅读越来越被各国重视，如今网络阅读应运而生。进入21世纪后，网络阅读正在挑战传统阅读，传统纸质图书不再一统天下，网络的迅速发展使电子书成为国民阅读的新宠，国民阅读开始走入读屏时代。资料显示，截至2005年12月31日，我国上网用户总数超过6400万人，网民人数世界第二，联网计算机近5000万台，全国网站超过70万个。如此庞大的网络大军，为网络阅读提供了坚实的基础。

网络正在改变传统的阅读习惯。因为网络阅读具有许多优点。首先是各类信息的传播“与时俱进”，凡天下事，立刻在网络中显示出来，网络阅读空间信息量大、速度快，且不受时间、地点、文字类别的影响，从而改变了信息由纸张的多环节费时费力的传统传递方式，特别符合现代社会因节奏快须节省时间，以最快的速度掌握信息的要求，因此特别受到广大青少年读者的宠爱。年轻人成了网络阅读的主体。其次，阅读者众，网络阅读具有更广泛的现代读者群，读者还可以利用网络发表自己的意见。由此，拉近了读者与社会的距离，读者作为社会成员的参与责任感增强了，这既是网络阅读特有优势，也为读者直接参与社会的“话事”权提供平台。其三，网络阅读可补传统阅读之不足，凡是读者要阅读的东西，只要打开网络，极短时间内就能搜索到成百上千图文并茂的信息内容，真正建成资源共享的平台，从提高效率角度讲，它远远超过了传统查纸质资料的速度。

事物都有利弊双重性，网络阅读近些年才迅速发展起来。因此，网络阅读被专家称为“浅阅读”，具有较浅、较泛、瞬时性的特点。它所带来的是精读危机和功利危机。因为具有信息海量的网络，其智能化程度还比较低，它会让人们逐渐滋生一种获取信息或者知识浅尝辄止的心态，大家会渐渐习惯只停留在看到表象、肤浅的一面，而不讲究缜密的逻辑连贯性、深度以及来源。所谓精读危机主要是指网络信息往往是浏览式、跳跃式的，难以形成专一的系统思考。有资料称：中国传媒大学的一位博士生导师发现，近年来他所带的很多研究生思维方式受网络影响很大，碎片化、跳跃式的思维想法很多，但往往无法深入，这与长期缺乏传统阅读思想训练有关系。所谓功利危机，是指阅读过程的急功近利造成的危害，许多人上网阅读是为了考取各种上岗证及文凭，把下载的信息与资料拼凑一番，结果是各类上岗证及文凭大大贬值，一些人带着上岗证到应聘现场时一筹莫展而退下阵来。精读危机与功利危机的缺陷造成人们不愿再去花费精力去理解语句的内在逻辑和深层意蕴，只看能不能给我们带来快感和获得好处。还有一个社会现象就是无论小学生或许多大学生，都不太重视文字的规范书写，也与网络阅读和写作有关。此外，网吧游戏造成的负面影响尤其严重！鉴于网络阅读的诸多弊病，有识之士呼吁人们在爱上网络阅读的同时，仍然要重视传统阅读，用传统的精读补网络浅读之不足。

传统阅读也称为图书阅读。阅读是与文字联系在一起的，若从甲骨文时代算起，已伴随人们走过了几千年的历程。传统阅读的最大优点是读写结合，古人说，不动笔墨不读书，可见读与写是相辅相成的。写，不仅写文章，还写读书笔记，把阅读时所思所获随时记下，把书本当老师与之交流。阅读为写作提供借鉴与素材，包括被启发、理解、构思、积累等。但这还是感性的东西，只有把阅读中产生的思想写出来，才是自己的收获，从而上升到理性认识。因此古人说：纸上得来终觉浅，绝知此事必躬行。这个“躬行”就是“读”与“写”的实在行动。写是对阅读的进一步消化、理解、吸收与摄取，也是对所读知识的延伸。写作是综合性应用所阅读过的知识，它既是对所学知识的巩固，也可由此表达自己的见解与情感。2006 年母亲节时，有些学校组织学生给母亲写封信，这个简单的写作就是具体地应用所学知识，主题是让孩子在信中写出自己想说的话，从而达到学会感恩这一目的。遗憾的是有相当部分学生不会写或文不达意，写信四要素不全，有的写了后寄不出去。这是学生只读不写造成的缺陷。更有甚者，目前有些大学生，甚至研究生、博士生对什么是论文还不是很清楚。对此，南开大学历史学教授、博士生导师王玉哲先生非常感慨并指出：论文是某学科比较新的知识，要有创造性，要突破旧说，哪怕是比旧说增加一点。也难怪，有了网络阅读后，许多大学生都在“网里”拼凑论文，把动口（阅读）、动脑、动手的传统阅读放在一边，才会出现这类尴尬。由于一些学生过度依赖网络阅读，在校几年没上过图书馆，更谈不上去书店，到知识殿堂享受阅读快乐的权利被自己放弃了！当然更深层的原因是传统的读写方法是艰苦的脑力劳动，“人之不乐多做者，大抵因为艰难费力之故”。

传统阅读的另一个优点是可以随时随地阅读，因为传统阅读的书籍类别较之网络阅读更丰富多彩。如今，我国每年图书出版品种有20多万种，其中初版新书11多万种，位居世界第一。究其原因，一是热爱读书的人仍然大有人在；二是方便读者，无论工余抑或是出门在外，书刊等物可随身携带（与笔记本电脑相对应的是口袋书），随时随地都能阅读。读得认真者还可在书卷里写笔记，相比较而言，为阅读带台电脑在身边就不那么方便了。

前两个优点决定了传统阅读的第三个优点是便于精读。精读是古今中外读书人的重要读书方法和宝贵经验。中华文化的集大成者孔子晚年才读《易经》，“韦编三绝”的典故就源于孔子对《易经》的精读，让串联竹简的牛皮绳断了三次。古人讲，好书不厌百回读。因为有些书不是读一遍就能理解的。有时读第二遍、第三遍完全像读一本从来没读过的书一样。数学家张广厚有一次得到一篇外文数学论文，感到对自己的数学研究有用处，因而读了一遍又一遍。这篇论文只有20页，读的时间却花了半年。由于读的次数多了，白白的书边上摸出一条黑手印。他爱人开玩笑说：“这哪叫念书啊，简直像吃书一样。”著名科学家杨振宁也主张读书“破”一卷，即根据自己的专业选择某一指导性强的书反复读，可获益良多。为什么古今中外学者都反复强调精读呢？清朝的郑板桥对此有独到见解：“板桥居士读求精不求多，非不多也，惟精乃能运多，徒多徒烂耳。”原来，“惟精乃能运多”。这就是精和多的辩证关系。如今时间成了宝贵的资源，精读就是保证效益，节省时间的好办法。精读就必须动笔以及随时随地反复读，而这又是网络阅读难做到的。

总之，网络阅读与传统阅读各有优劣，应取长补短，若偏废某一方都可能给学业造成损失。

（此文为编者所著，发表于《人民政协报》2007年9月17日C1版《文化》专栏）

箴言

典，经也。

——《尔雅》

典，五帝之书也。

——《说文》

（注：“经典”是指有渊源的书，是不可轻易删改的书，是足以成为其他书的依据的书，是常读常新且可以产生其他书的“原书”。）

不登峻岭，不知天之高，不入深谷，不知地之厚；不游六艺，不知智之源。

——《四部精华〈刘子·崇学〉》

六艺统摄一切。

——马一浮

《诗》《书》为至善，《礼》《乐》为至美，《易》《春秋》为至真。以《易》为自然科学之源，而《春秋》为社会科学之源。盖《春秋》讲名分，而《易》讲象数。自然科学以数学为依归，其所量者不外乎数目、数量、时间与空间，故自然科学不能逃于象数之外，其利益甚明显。

——竺可桢

欧洲的科学发达、物质文明的进步，不过是近来二百多年的事。讲到政治、哲学的真谛，欧洲人还要求之于中国。诸君都知道世界上学问最好的是德国，但是现在德国研究学问的人，还要研究中国的哲学，甚至于研究印度的佛理，去补救他们科学之偏。

——孙中山

以学益智，以学修身。中国的传统文化博大精深，学习和掌握其中的各种思想精华，对树立正确的世界观、人生观、价值观，很有益处。

——习近平在中央党校建校八十周年庆祝大会暨2013年春季学期开学典礼上的讲话

通过阅读经典，我们感到它们远比传闻中所想象更新鲜、更出乎意料、更不可思议。

——卡尔维诺

兄少时从徐明经游，常告读经之法。穷经必专一经，不可泛骛。读经以研寻义理为本，考据名物为末。读经有一耐字诀。一句不通，不看下句。今日不通，明日再读。今年不精，明年再读。此所谓耐也。弟亦不妨照此行之，经学之道，不患不精焉。

——（清）李鸿章《致鹤章》

小时候读诸子诸经，不懂就老念老念，念熟了过一会儿，过一阵，过几年，就不知不觉懂起来了。……我好些书都是先背熟了，后来才慢慢儿懂的。

——赵元任

越是经典的书，越耐得住重读。

——莫言

宜将经书七八百字分作五日读之，每日读四十遍，五日之后必能熟背，此妙法也。诸经既读，必期能解，苟不解其义，读无益也。

——（清）唐彪

链接：

何为“六艺”？

关于“六艺”有两种说法：

一是韩愈《师说》中的“六艺”，注为《诗》《书》《礼》《易》《乐》《春秋》六部经书。这六部经书始于孔子“六艺于一治也”。《礼》以节人；《乐》以发和；《书》以道事；《诗》以达意；《易》以神化；《春秋》以义。

二是《后汉书·张衡传》中的“六艺”，指礼、乐、射、御、书、数六种学问和技能。礼，是指礼节仪式；乐，是指弹奏技巧；射，是会射箭；御，是会驾驭车辆；书，是指书写艺术；数，是懂计算（演算）。

“四书五经”与“十三经”

四书是指古代儒家经典著作：《大学》《中庸》《论语》《孟子》。宋朝朱熹曾对四书作注释并成权威之述。五经是指《周易》《尚书》《诗经》《礼记》《春秋》；十三经在五经之外增加了《周礼》《仪礼》《春秋左氏传》《春秋谷梁传》《春秋公羊传》《论语》《孟子》《孝经》。

韦编三绝

《史记·孔子世家》载：孔子晚年而喜《易》，序《彖》《系》《象》《说卦》《文言》，读《易》韦编三绝。曰“假我数年，若是，我于《易》则彬彬矣”。

（注：《彖》《系》《象》《说卦》《文言》是孔子为《易经》作的《十翼》篇名）。“韦编三绝”是指孔子读《易》并写作《十翼》时穿串竹简的牛皮带断了多次。“三”是指多的意思，寓意孔子读《易》下的功夫之多。）

故事

古代学者如何背诵经典

从隋朝开科取士，到1905年废除科举制的1300年里，产生过700多位状元、十万进士、百万举人。(2003年4月25日《南方日报》A14版)

科举制度为各阶层读书人创造一个跻身上层社会的机会。许多人从童年到青年、到壮年直至老年，皓首穷经。因为考的多是古代经典，特别是宋朝之后，基本上考朱熹注释过的“四书”。那么学子们要读以及背熟多少文字呢？清代唐彪在《读书谱》中列的“十三经”除《仪礼》《公羊》《谷梁》《尔雅》外，其余九经，共478995字。若包括此处列的四经还不止这个数。欧阳修说：“以中资计（中等记忆能力），每日读三百字，则四年半可读毕，即或下资，加一半工，亦九年读毕。”

唐彪说：“宜将经书七八百字分作五日读之，每日读四十遍，五日之后必能熟背，此妙法也。诸经既读，必期能解，苟不解其义，读无益也”。这是要求在熟读经典的基础上，还要读为经典作的注释文字，这又是成百万的字数。

古代读经典的目的是“欲作经世名文，欲为国家建大功业”，还要熟读诸子百家、各种名家作品、典制以及其他传世之作。

总之，参加科举者须读阅不少于三五百万字或更多的文字资料，而背熟的经典不下百万字数，在此基础上还要学会写八股文，包括写好毛笔字，有坚卓之志持之以恒。即使如此，仍然是只有少数人才能中举。

摸书

2009年6月6日《南方日报》刊登了冯骥才的文章《摸书》，文中讲述了一个嗜书如命的老妇人——莫拉的故事。她收藏了4000多本书，她长期以来养成的习惯是，每天晚上必须用眼扫一遍，才肯关灯睡觉。

冯骥才听了大呼有趣，他说：“书，有时候不需要读，摸一摸就很美、很满足了。”莫拉一听好像找到了知音，她大叫：“我也这样，常摸书。”然后愉快地做着摸书的动作。

莫拉的丈夫在世时是个书虫，她藏书及摸书的嗜好，一半来自她的丈夫。据说她丈夫终日在书房里，除读书之外，便是把那些书搬来搬去。翻一翻、看一看、摸一摸。每每此时，“他像醉汉泡在酒缸里，这才叫真醉了呢！”

这谈话让冯骥才大为感慨，摸书确然是一个美妙的习惯。

他后来动情地写道：“闲时，从书架上抽下几本书来，或许是某位哲人智慧的文字，或许是某位幻想者迷人的呓语，或许是人类某种思维兴衰全过程的记录，这全凭一时兴趣、心血来潮。有的书早已读过，或再三读过；有的书买来就立在架上，此时也并非想读，不过翻翻、看看、摸摸而已。

“当一本古旧的书拿在手里，它给我的感受便是另一番滋味。……也许这书没有多少耐读的内涵，也没有多少经久不衰的思想价值，它在手中更像一件古旧的器物。它的文化价值反成为第一位的了，这文化的意味无法读出来，只要看看，摸摸，就能感受到。”

“人与书的境界是超越读的。”这正是他从摸书中领悟的。

文摘

为什么要读经典？

读经典，不只是为了追本溯源，做一流学问，也是对自己的知识负责，对自己的宝贵的时间负责，确保自己珍贵的时间，不会浪费在不入流作者的误人子弟的书本上。

——马涌《读书当读典》（2013 年 10 月 1 日《人民日报》第 8 版）

国学大师马一浮先生认为“六艺统摄一切”，即一切学术皆源于“六艺”。浙江大学校长竺可桢 1938 年 5 月 14 日听马一浮讲座《西方近代科学出于六艺》时，在日记中记下：“《诗》《书》为至善，《礼》《乐》为至美，《易》《春秋》为至真。以《易》为自然科学之源，而《春秋》为社会科学之源。盖《春秋》讲名分，而《易》讲象数。自然科学以数学为依归，其所量者不外乎数目、数量、时间与空间，故自然科学不能逃于象数之外，其利益甚明显。”

——《马一浮与浙江大学校歌》（2007 年 12 月 6 日《人民政协报》）

阅读经典和精细阅读是对“读破一本”的高度概括。“经典”虽说不上一字抵一万字，但一般而言，它的思想内涵与知识含量是其他图书所难以比拟的。精读经典，认真钻研，收获将更多。

——胡昌方、史乐翔（2013 年 8 月 6 日《人民日报》）

人类的思维是一个圆圈，我们可能在圆圈里有些进步，却超越不了源泉，因此我们要接受古往今来高贵的思维。我们不缺经典，缺的是对经典的重新阐释和选择。

——余秋雨（2012 年 8 月 20 日《南方日报》A02 版）

我喜欢看两类书，也就是“两极”。一个就是经典，中国传统文化的经典，主要是儒家和道家、佛家这方面的书籍，这是智慧的源泉。第二方面，管理学方面大部头的书我不看，而是看杂志，杂志是贴切当代社会状况的，因为随着环境的变化，很多书都已经过时了。

——黄建平（广东唯美陶瓷集团公司董事长兼总裁、党委书记，《曲仁（红工）家园》第一期）

我个人的经验是，尽可能地阅读经典著作，因为经典之为经典，不仅是经过长久实践检验，而且获得了学术界的认同，一般少有谬误流传。大凡经典之作，多出于大师和名家之手。他们严谨治学的态度也反映在书中，如康德、黑格尔、笛卡尔、培根、罗素、弗洛伊德、穆勒、杜威等。在我国文化典籍中，像《史记》《红楼梦》《资治通鉴》等，都是传承千百年的名著，受益者不计其数。

——刘道玉《读书到苦方觉甜》

如何选书？我建议读两种书：一种是经典读物，看那些影响过历史和现实，已被证明的经典，相当于补课；另一种是时下有口碑的书，这种书有着较强的现实感，对我们思考现实问题有益。

——李昕（北京三联书店总编辑，2012 年 9 月 23 日《人民日报》）

我建议大家把精力放在寻找第一流的好书上，即使阅读有些累，这也是快乐的。……第一流的书逻辑清楚，叙述简明，有非常好的理性结构，可能一开始读起来难。而有的书逻辑混乱前后矛盾，你以为学会了很多，其实已经上当了。

——余秋雨（2012 年 8 月 20 日《南方日报》A02 版）

在“知识爆炸”的时代，书籍堆积如山，而人的精力有限，我们必须镇定地把握住自己已有的书可以不读，有的书要翻烂，有的书要读破。选择一本适合自己能读的书读“破”，这样就可以立于天地之间了。

——佚名

真正值得我投入智力、花费精力、值得我尊重的事大概是两大类：读一流的书，做一流的人。……人读书越多，越不会被外在的环境困扰，越不会被寂寞孤独这样恐怖的东西打败。因为书籍逐渐在人的心灵里，建造了一个完全独立于外界力量的王国。这个王国是被心灵完全拥有的，在这个世界里栖居着令人神往的古今中外丰富而伟大的灵魂。当一个人的内心拥有这样一个王国的时候，他灵魂的承受能力会有多么坚强！他完全不需要依靠任何外力支撑他的生命。

——王强《启迪与智慧》

大学与高中最大的区别是，自由很多，挥霍自由的人也很多。希望你能利用这难得的自由，多读些书。现在很多年轻人不喜欢阅读，他们可以花很多时间逛街、淘宝、打游戏、网聊……就是不肯花时间安安静静地阅读。我曾给学生写过一条读书寄语："趁年轻，认认真真跟好书来一次热恋。"我强调趁年轻，走上社会你就知道，抽出时间来读书是多么不易。

我还强调读好书，有些书确实害人，思想贫乏，内容平庸。读书像交友，要仔细甄别，非善勿近。一个简单的方法是读经典，经典是时间选择的产物，读者挑剔的结果。一本书之所以成为经典，肯定有它的道理。只要是经典，只要你想读，都可以去读。

——《一封惊动教育部的家书·关于阅读·读经典：经典是时间选择的产物》

读经典须从儿童抓起

现在有个提法，弘扬国学，从娃娃抓起。我写过这个字幅。

现在年轻孩子啊，多背点书，有好处，特别是多背点诗，年轻孩子最少能够背几十篇诗。

——《季羡林口述史》

北京大学教授辜正坤认为，民国以前的儿童在七八岁时需要背诵《大学》《中庸》《论语》等经典，这种教育方式很早被认为是封建的、落后的，其实，从语言文字本身存在的规律来看，汉语言文学没有太多的词法与句法规则，教学的重点可以放在直接记忆上。儿童的机械记忆力强，成长后理解记忆能力增强，社会生活体验日益丰富时，就容易融会贯通。

——《四大国学导师的读书方法》（2012 年 3 月 16 日《新华每日电讯》）

古代人在小时候背诵时便埋下了理解的种子，而埋种方法就是吟诵。……古代儿童三四岁开蒙，六七岁进学馆，识字量一般在三四千字，已经具备了自由阅读能力。现在，到小学毕业 12 岁规定的识字量才 1700 字，还不能自由阅读，孩子对文化的亲近感、学习的能力都会差很多。

——徐建顺《吟诵是理解诗词的关键》（2012 年 8 月 12 日《南方日报》A08 版）

从阅读中文古籍经典入手，可撷取古人智慧精华，兼可涵养气质德行。

——曾淑贤（台湾图书馆馆长）

诺贝尔奖奖金获得者 2/3 是犹太人，据说犹太人的儿童有三宝：第一宝就是读经典；第二宝是不阻碍儿童的创造力发展；第三宝是教育儿童遵守规则。

——《邓铁涛谈中医发展》（2012 年 4 月 13 日《南方日报》A15 版）

儿童时代的阅读，必将影响一个人的一生；儿童时代的文学阅读，也必将影响一个人一生的文学与艺术气质的形成。如果一个人在他的儿童时代能够集中阅读许多文学作品，他将能久久地激发起对文学、对人生永恒的肯定与追求，终身受益。

——范若丁《不老的文学树》（2002 年 6 月 16 日《南方日报》B03 版）

现在学生上网时间多，读书时间少，写东西抄袭多，真情实感少。针对此弊端，北京大学中文系主任、北京大学语文教育研究所所长温儒敏教授奉劝中小学生多读经典。

经典的东西开始可能不太让人喜欢，但它是必要的营养品。以后你要成为一个有用的人，要读一点经典。

阅读经典能培养一种高雅的高贵的生活方式，养成阅读的习惯，培养对文字细腻的感觉，这就是继续提升写作能力的最好捷径。

大量阅读是写作的动力，大量的阅读能启发心智，积累素材，开阔眼界，培养对文字的感觉。

要把阅读与作文练习结合起来，读多了，有体会，加上练习，就会进步。

——（2008 年 7 月 27 日《南方日报》B03 版）

那些经典和名著自然是需要一读再读的，常读常新。在我看来，同一本经典在读第二遍的时候，等同于又读了一本书。更不用说一本经典从理论上说抵得上十本百本的一般书。

——安武林《一生能读多少书》（2012 年 8 月 15 日《南方日报》A19 版）

阅读不能被畅销书榜牵着鼻子走，特别是某些上榜图书的真实销售数据是一团迷雾。我认为，既要读畅销书，更要读经典。当下的畅销书是我们与当代人沟通的桥梁，经典是我们感知前人的路径，读畅销书使人时尚，读经典使人智慧。

——魏玉山（2010 年 8 月 12 日“网络学习天地”）

互联网与阅读

当今网络技术十分发达，不少年轻人喜欢上网，而忽视读书。虽然网络上存储着巨大的信息，但网络不能代替阅读。这是因为网络上的资料，是网络技术人员收集和综合的，往往不系统、不全面，也不见得都是正确。因此，应当把网上阅读与读经典著作结合起来，使之相互补充。

——刘道玉《读书到苦方觉甜》

没有互联网，我们两眼一抹黑；有了互联网，我们大脑一抹黑。

——摘自报刊

当一个人坐在电视机前，他的智商便会降低；当一个人坐在书桌前阅读，他的智商便提高。此话说得极端了点儿，但并非全无道理，请阅者自己体验。

——摘自报刊

互联网时代，“问题”并不是在“看书”这个具体的动作上，而是出在“阅读”这一更加深奥的生活方式上。看书针对的只是一种具体的形态，而“阅读”则是人类吸取知识、构建体系、形成观点和改变世界的重要手段。看书是阅读，看电影、看电视、看纪录片也是阅读。能够从中得到什么取决于阅读者的“道”（泛指思想与精神意识）。

——常江《看书与阅读的辩证关系》（2012 年 4 月 27 日《新华每日电讯》）

我们沉浸在嘈杂的各种信息中，美国的调查研究显示，我们周边 99.9% 的信息与我们都无关，而且一分钟之内就会忘掉。每多看一分钟，我们的生命就消耗掉一分钟，是多么可惜啊。

——余秋雨（2012 年 8 月 20 日《南方日报》A02 版）

现在学生上网时间多，读书时间少，写东西抄袭多，真情实感少。

——温儒敏（2008 年 7 月 27 日《南方日报》B03 版）

不管介质如何转换，纸质还是电子，一个人的阅读习惯都必须从小培养，这是教育和文化界的共识。

——《暑假阅读：关键要让孩子喜欢》（2012年7月8日《南方日报》A12版）

在“世界读书日”这样的日子里，更需要的不是对书籍文化（主要是传统出版业）复兴的呼吁，而是对人类自身糟糕的阅读习惯和推卸责任的阅读态度的反思。一个打心眼里热爱阅读的人，应当有能力从任何媒介形态中获取知识。

——常江《看书与阅读的辩证关系》（2012年4月27日《新华每日电讯》）

新媒体改变了人们的大脑认知和记忆结构，当代人仿佛原始人一般回到了丛林之中，进行如同原始狩猎般的扫描和搜索。人们读的不再是文本，而是一个个关键词，这些新媒体上的热点词汇在脑海里不断高亮度地闪烁、跳跃。

——严锋（复旦大学教授，2012年2月14日“网络学习天地”）

文化需要去“化”，宗教需要去“传”，国家冲突需要去“解”，当代思想战略需要去“行”。然而，在大众媒体的炒作和平面化中，今天满地的“文化侏儒”和消费享乐主义者，却少有能够担当“天下”的大气象者。这意味着，中国文化在新一轮文化竞争中有可能处在不利地位。

——王岳川（北京大学中文系教授，2010年8月10日“网络学习天地”）

完全替代是不可能的，那种用手触摸精装书籍的美好触感，电子阅读永远无法代替。经典作品还是要靠纸质媒介呈现，就像满汉全席，能用塑料盘子装吗？

——易中天（厦门大学教授，2011年7月22日“网络学习天地”）

网络对传统的阅读影响巨大，特别是多媒体和视听技术的发展，让人们获得信息的便捷化、舒适化习惯正在形成，大量快速浏览的习惯正在代替阅读，但是读书是不能被网络电影、电视语言等替代的，正是最普通的书，表达了思想的魅力。

图书馆是一个产生思想的地方，现代科技手段越科学，图书馆就越神圣。

——王蒙（2012年12月24日“网络学习天地”）

随着生活节奏加快，在途中“动态”阅读的人越来越多。然而，这种阅读方式最容易造成视觉疲劳。因“途书族”长时间注视闪烁、单调、刺眼的物体，或在颠簸的路上看东西等，都会造成眼睛超负荷工作，导致视觉疲劳。严重者还可出现头痛、头昏、记忆力下降等症状，青少年还可能出现近视眼或原有近视程度加深。

——（2013 年元月 9 日“网络学习天地”）

现实中用真名说假话，网络中用假名说真话。

——网络用语

阅读其实很简单，利用工作的间隙和应酬的空档，减少上网和寒暄的时间。重新拿起书本，回归阅读，只要坚持每天抽出一点时间，读一读那久违的人文作品，生活将会变得更充实，人生将会更有意义。

——白靖利《“莫言热”能否开启公众的阅读之门》（2012 年 10 月 17 日《南方日报》封二版）

信息污染，或称信息障碍，它包括：信息超载或信息过剩，信息垃圾、计算机病毒。

网络信息污染表现为三个层面：一是网络中有用信息的污染；二是网络无用信息的污染；三是网络中有害信息的污染。

网络给人类的交流与通讯所带来的便捷为人类社会创造了巨大的经济效益和社会价值，但也带来了十分严峻的信息污染难题。

——（2013 年 4 月 1 日“网络学习天地”）

我们的书籍设计未来就是要和电子阅读抗衡，它的优势在于，纸质书的阅读是物质化的，有过程的，是有时间和空间概念的。设计者还可以在书的结构中，制造节奏、层次、旋律等。我们相信，纸质书有它自己的生命力。

——吕敬人（知名书籍设计师，2013 年 11 月 29 日《人民日报》）

优秀的版式设计今后将是纸质书的一大重要特征。比较电子阅读而言，纸质书的“卖点”正在于其感性的表现方式：实物感和现实感。有人摒弃下载电子书而选择购买图书，就是特别珍视书本持握在手的感觉。

——乌塔·施耐德（德国图书艺术基金会原主席，2013 年 11 月 29 日《人民日报》）

在国民阅读率持续走低的同时，网络阅读率大幅增长。然而，这和传统纸质阅读还是有太大的差别，心不安，书又如何读得进去呢？

——燕舞《国民阅读需破浮躁风》（2006 年 4 月 24 日《南方日报》）

现代什么都讲究速度，读书也是这样。其实很多人读书并不是为了阅读，只是想猎奇，像快餐喂饱肚子一样喂饱空虚的精神。很多网络小说没什么文学章法，故事也讲得不好，但其内容迎合了其特定读者群，就显得很畅销。

——麦家

在杂志、书籍、网络等读图时代的产物日益盛行的今天，重提直面文字的“素读主义”，似乎有点格格不入。“素读主义”提倡用大脑去联想行云流水、飞沙走石，而无需借助繁杂的图说。这是一种超脱功利心的驱动，是一种心灵的滋养。

筑波大学的加藤荣一教授有一本著作叫作《天才满世界》，书中有这样一段描写：1991 年 3 月 1 日，我在竹村建一先生的宴会上遇到了创业家井深大先生。我向他请教“使脑子变聪明的方法”，他回答：“就是要大量地死记硬背。古代日本人的做法就是‘素读’——不求理解含义、只照着字面朗读。许多战前获得诺贝尔奖的日本科学家，他们都做过这种‘素读’练习。”

很多人可能会产生这样的疑问：经典晦涩难懂，不理解内容也能起作用吗？回答是肯定的。中国古代的私塾教学，就是以“素读”作启蒙。由北京大学国学大师季羡林、诺贝尔奖获得者杨振宁等有识之士倡导的“经典诵读工程”，强调的也是这种作用。

“素读”就如同饮工夫茶，在慢悠悠的品咂中体会个中意境和韵味：“读懂文本、读懂作者、读出自我、读出社会人生”，何快如哉！？

——舞月飞（2007 年 6 月 6 日《南方日报》）

读书之福

——悦读

七

一寸光阴不可轻
——活到老，学到老

有工夫读书谓之福。

——（清）张潮《幽梦影》

子在川上曰：逝者如斯夫，不舍昼夜。

——《论语》

导语

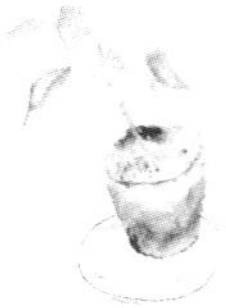

什么是“时间”

古往今来，人们对时间的定义众说纷纭，如“能无限延续下去的同一运动称为均匀运动。取这种运动中的一束与其他运动作比较，它就称作时间”（洛巴切夫斯基《时间是不可逆的》）。英国学者卡莱尔说：“不可限制的，静静的，从不停息的就是时间。”在众多的定义中比较能一致被接受的定义是：时间，相对于空间而存在，它由过去、现在、将来构成连续不断的系统。第5版《现代汉语词典》对时间的解释有三：

①物质运动中的一种存在方式，由过去、现在、将来构成的连绵不断的系统。是物质的运动、变化的持续性、顺序性的表现。

②有起点和终点的一段时间：如地球自转一周的时间是二十四小时。

③时间里的某一点，如现在的时间是三点十五分。在这个解释中前一项指出了“时间”的定义，是理论性概念；后两项是对时间的量度解释。

人们常说的“时间”更多的是指“时间”的量度表述，包括两个基本概念：一是“时刻”，时刻表示即时时间，即一瞬间时间所处位置。如早晨八点钟上班，晚上十点钟睡觉，这是“时刻”的概念，它说明某事发生在某年、某月、某日某时、某刻，如2008年8月8日晚8时，第29届奥林匹克运动会在北京举行。二是“时间间隔”，如晚上看了一小时电视，上一堂课要40分钟，这是“时间间隔”的概念，它说明某事经历的暂与久。秒、分、时、日、月、年、世纪这些概念是人们用来量度时间的，并不是时间本身。因为没有这些量度概念，时间依然存在。因此，衡量时间总是用物质运动的周期作为尺度。

——编者

箴言

惜时名言

学习需要沉下心来，贵在持之以恒，重在学懂弄通，不能心浮气躁、浅尝辄止、不求甚解。领导干部一定要把学习放在很重要的位置上，如饥似渴地学习，哪怕一天挤出半小时，即使读几页书，只要坚持下去，必定会积少成多、积沙成塔、积跬步以至千里。

——习近平在中央党校建校八十周年庆祝大会暨2013年春季学期开学典礼上的讲话

节省时间，也就是使一个人的有限生命，更加有效，而也即等于延长了人的生命。

——鲁迅

美国人说，时间就是金钱，但我想说，时间就是性命。无端的空耗别人的时间，其实是无异于谋财害命的。

——鲁迅

时难得而易失也。学者勉之乎！天禄不重。

——（西汉）贾谊《劝学》

十年未得真理，即十年无志；终身未得，即终身无志 。此又学之所以贵乎幼也。

——毛泽东《给黎锦熙的信》

有些事是可以等待的，但是对于少年儿童的培养是不可以等待的。

——宋庆龄

少年易老学难成，一寸光阴不可轻。未觉池塘春草梦，阶前梧叶已秋声。

——（宋）朱熹

黑发不知勤学早，白首方悔读书迟。

——（唐）颜真卿

（注：有人曾改此联为“黑发须知勤学早，白头不悔读书迟”。）

人生天地间，各自有秉赋。为一大事来，做一大事去。多少白发翁，蹉跎悔歧路。寄语少年人，莫将少年误。

——陶行知《自勉并勉同志》

君子三惜：此生不学一可惜，此日闲过二可惜，此身一败三可惜。

——《解人颐》

故修学务早，及其精专，习与性成，不异自然也。

——（晋）葛洪《勖学》

读书须在五更清晨时用功（卯时，凌晨5—7点），较之辰时（7—9点）以后，几倍有益。盖平旦乃天地清爽之气，最当挹取。前人云：“一日之计在于寅”（3—5点）。人于此时学事，事必精详；人于此时读书，书必熟透。

——（清）石成金《读书心法》

凡人所当读书，皆当自十五岁以前，使之熟读。但四书五经，即如天文、地理、史学、算学之类，皆有歌诀，须熟读。

——（清）周永年《先正读书诀》

君子进德修业，欲及时也。

——《易经·系辞》

盛年不再来，一日难再晨。及时当勉励，岁月不待人。

——（晋）陶渊明

从来系日乏长绳，水去云回恨不胜。

——（唐）李商隐

年华冉冉催人老，风物萧萧又变秋。

——（宋）苏舜钦

日往则月来，月往则日来，日月相推而明生焉，寒往则暑来，暑往则寒来，寒暑相推而岁成焉。

——《易经·系辞》

我们要珍惜生活中的每一天。因为，这每一天的开始，都将是我们余下生命中的第一天。

——电影《美国人》台词

看书多撷一部，游山多走几步。倘非广见博闻，总觉光阴虚度。

——（清）袁枚《随园诗话补遗》卷四

志士惜年，达人惜月，贤人惜日，圣人惜时。

——（清）魏源《默觚·学三篇》

立志须从千载想，闲谈莫过五分钟。

——沈钧儒赠方学武联

昨是儿童今是翁，人间日月急如风。

——（唐）姚合《酬令狐郎见寄》

为学之功，不在日用之外；检身则谨言慎行，居家则事亲敬长，穷理则读书讲义，至近至易，即今便可用力；至急至切，即今便当用力。用一日之力，便有一日之效。至有所疑，寻人问难，则长进通达，自不可量力。若即今日不用力，蹉过少壮时光，即使他日得圣贤而师之，亦未必能有益也。

——（清）康熙《庭训格言》

劝君莫惜金缕衣，劝君惜取少年时。花开堪折直须折，莫待无花空折枝。

——（唐）杜秋娘《金缕衣》

训曰：春至时和，百花尚铺一段锦绣，好鸟且啭无数佳音，何况为人在世，幸运升平，安居乐业。自当立一番好言，行一番好事，使无愧于今生，方为从化之良民，而无憾于盛世也矣。

——（清）康熙《庭训格言》

（注：这段话与《荷马史诗》中的“莫辜负你一片聪明美质，你须抖擞精神，留一个芳名在青史”有异曲同工之妙）。

山居读书，得亲典籍远尘嚣，乐何如之！此日足可惜，勿悠忽过去也！

——（清）《左宗棠家书》

此日不再得，此日足可惜，皆救火追亡之念，践形尽性之心也。

——（明）吕坤《呻吟语·问学》

春风似旧花仍笑，人生岂得长年少。

——（宋）王安石《古胡笳词》

吾爱董仲舒，穷经守幽独。所居虽有园，三年不游目。

——（宋）司马光《独乐园咏·读书堂》

（注：此处节选前四句称赞汉朝董仲舒在安逸的环境里刻苦读书。“三年不游目”，寓意长期不看园外之事，引申出“三年不窥园”的典故。）

故修学务早，及其精专，习与性成，不异自然也。

——（战国）思孟学派《学记》

春天不播种，夏天不生长，秋天就不能收割，冬天就不能品尝。

——（德）海德

要真正了解一个人，只要看他怎样利用余暇时光就可以了。

——林语堂

我的格言始终是：没有一天不动笔，如果我有时刻让艺术之神瞌睡，也是为了要使它醒了以后更兴奋。

——（德）贝多芬

读书没合宜的时间和地点。一个人有读书的心境时，随便什么地方都可以读书。

——林语堂《生活的艺术》

学习是自己的事。自己要学习，在任何环境里都能够自学，都能够学到切实有用的知识。

——叶圣陶《立志自学》

何事居穷道不穷，乱时还与静时同。家山虽在干戈地，弟侄常修礼乐风。窗竹影摇书案上，野泉声入砚池中。少年辛苦终身事，莫向光阴惰寸功。

——（唐）杜荀鹤《题弟侄书堂》

终身学习

倘能生存，我当然仍要学习。

——鲁迅

面对我们的知识、能力、素质与时代要求还不相符合的严峻现实，我们一定要强化活到老、学到老的思想，主动来一场“学习的革命”，切实把外在的要求转化为内在的自觉，成为自己的一种兴趣、一种习惯、一种精神需要、一种生活方式。

——习近平《之江新语》

只有知识才能构成巨大的财富的源泉，既使土地获得丰收，又使文化繁荣昌盛。愚昧从来没有给人们带来幸福；幸福根源在于知识，知识会使精神和物质的硗薄的原野变成肥沃的土地，每年它的产品将以十倍的增长率，给我们带来财富。

——（法）左拉

情况是在不断的变化，要使自己的思想适应新的情况就得学习。

——毛泽东

在美国，一个博士所学习的知识只能管 5—8 年，一个人在学校里所学的知识只能占一生所用的 10%，其余 90% 必须通过继续教育来获得，避免“本领恐慌”。学历都不是最重要的，关键是要善于学习，坚持学习。

要树立终身学习的观念，养成勤读书、勤思考的习惯，这是大家能健康成长的基础。

——汪洋（2009 年 6 月 27 日《粤办报》第 18 期）

大学学的东西，出来以后完全能用得上的，不是太多，不是每个人都用得上的，大概一半都不到。

——《季羡林口述史》

所以大学毕业之后还是要自学，在工作和生活中自学，根据工作和生活的需要自学。许多真有成就的人，他们的知识绝大部分是自己学来的，并不是坐在课堂里听来的。

——叶圣陶《立志自学》

不读书的人，思想就会停止。

——（法）狄德罗

读书也像开矿一样“沙里淘金”。

——赵树理

君子之学也，以美其身；小人之学也，以为禽犊。

——（战国）荀况《劝学篇》

书籍是青年人不可分离的生活伴侣和导师。

——（苏联）高尔基

温故而知新，可以为师矣。

——《论语·为政》

君子之学，死而后已。

——（明）顾炎武

读书有味身未老。

——（宋）陆游

人一刻不进学，对草木亦可愧。

——（清）周永年《先正读书诀》

花时间去阅读，阅读是才智的来源。

——（美）威廉·F. 杰克逊教授

三日不读书，便觉面目可憎。

——（宋）黄庭坚

五篇六本相连读，学习当如过河卒。（注：时年86岁写）

——董必武《老来读书乐》

一万年都要学习嘛！

——毛泽东《论十大关系》

读书患不多，思义患不明。患足已不学，既学患不行。

——（唐）韩愈《劝学诗》

读书人每日事务虽忙，必阅时艺四五篇，令文机常在心目间，受益甚多。

——（清）石成金《读书必法》

为学之功有三等焉，汲汲然者上也，悠悠然者次也，懵懵然者又次也。然而懵懵然者，非不向学，必未达也，透而达之，安知懵懵之不为汲汲也？惟悠悠者最为害道，因循苟且，一曝十寒，已至皓首没世，亦犹夫人而已。古之圣人进修贵勇，如汤之《盘铭》曰：“苟日新，日日新，又日新。”未岂有瞬息悠悠之意哉？孔子曰：“有能一日用其力于仁矣乎？”盖深悯学者之悠悠，而翼其奋然用力也。学而能日新，则缉熙不已，造次不忘旧习，渐渐而清，至趣循循而入，欲罢不能，莫知所以然而然。故诗人美汤曰“圣敬日跻也”。

——（清）康熙《庭训格言》

从来有生知，有学识，有困知，及其成功则一。未有下学既久而不可以上达者，但功夫不可躐等而进，尤不可半途而废。《书》云：“为山九仞，功亏一篑”，正为半途而废者惜也。

——（清）康熙《庭训格言》

学者，穷任博古，涉世筹今，只见日之不足，唯恐一登存举，不能有所建树。

——（明）吕坤《呻吟语·问学》

用功利的目的读书，做事，往往陷于浅薄。我得益于读万卷书，行万里路。

——萧乾（记者、作家、翻译家、中央文史馆馆长）

学习的动力来自上进心，责任感和求知欲。首先要有上进心，要不断地求上进，如果满足于现状，就不会努力学习。

——成思危

君子食无求饱，居无求安，敏于事而慎于言，就有道而正焉。可谓好学也已。

——《论语》

然人或有幼年遭逢坎凛失于早学，则于盛年，尤当励志。盖幼年而学如日出之光，壮而学者如炳烛之光。虽学迟者，尤贤乎始终不学者也。

——（清）康熙《庭训格言》

少而好学，如日出之阳，壮而好学，如日中之光，老而好学，如秉烛之明。（日本学者佐藤一斋对此话发挥为“少小而学，及壮有为，壮年而学，及老不衰，老年而学，及死不朽”）。

——（西汉）刘向《说苑》

少年读书，如隙中窥月，中年读书，如庭中望月，老年读书，如台上玩月，皆以阅历之浅深，为所得之浅深耳。

——（清）张潮《幽梦影》

我爱读书，我爱读书，书田菽粟乐丰余。圣贤血脉须寻着，天地经纶有展舒。功夫若到通彻处，尽心知性契真如。莫将私欲蔽明镜，忘却妙义都成虚。许多快乐说不尽，人不读书何其愚。

——（清）石成金《爱书歌》

善书法者虽多出于天性，大半尤恃勤学。朕自幼好书，今年老，虽极匆忙时，必书几行字，一日亦未断，是故犹未至于荒废。人勤习一事，则身增一艺。若荒疏，即废弃也。

——（清）康熙《庭训格言》

富贵必从勤奋来，男儿须读五车书。

——（唐）杜甫《题柏学士茅居》

学问勤中得，富裕俭中来。

——《中华圣贤经》

书痴者文必工，艺痴者技必良。

——（清）蒲松龄

多读书则气清，气清则神正，神正则吉祥出焉，自天佑之；读书少则身暇，身暇则邪间，邪间则过恶作焉，忧患及之。

——（明）吴麟徵《家诫要言》

读书与养生延年

大声朗读可以让人集中注意力，培养演讲口才与技巧，更可以让人增强记忆力。老人这样做了可以预防老年痴呆症。

——辑自报刊

人心至灵至动，不可过劳，亦不可过逸，惟读书可以养之。闲适无事之人，整日不观书，则起居出入，身心无所栖泊，耳目无所安顿，势必心意颠倒，妄想生嗔，处逆境不乐，处顺境亦不乐也。

——沈复《浮生六记》

生无他癖，性好读书。忧藉以消，怒藉以释，牢骚不平之所藉之铲除。

——（清）李渔

或绝早，或黄昏，看书看不甚明，必待天明，或点灯才看书，则不伤眼目。若于昏暗时就强着眼力看书，定大损于目。或未老而昏，或成近视，皆由于此。

——（清）石成金《读书心法》

读书读多时，觉有疲倦，也要抛卷缓步。闲散潇洒些，颐养我的精神，心目方有机括。若呆呆苦用功夫，不但天性不灵，而体弱之人疾病生焉。

——（清）石成金《读书心法》

每日到晚来灯下读书，固大有精进之功，然亦止可更余。若苦读太过，则精神困乏而损耗，次日必加困倦疲败，反为不美。

——（清）石成金《读书心法》

读书或完或歇，但无事时就将两目垂闭，养我精神。若欲再看书或做事，不妨再睁开，则目力不伤，到老不昏。不可以神光施于无用之地。

——（清）石成金《读书心法》

读书读到身体困倦时，可将两肩上下前后用力扭转数十遍，则周身血脉流通，精神爽快，不生诸病，修养家所谓“辘轳双关”是也。

凡看书以及作一切事，但觉体倦，俱当为之。又能祛一切寒邪。

——（清）石成金《读书心法》

有关国家书常读，无益身心事莫做。

——徐特立

养生莫善寡欲，至乐无如读书。

——（清）郑成功

读书如一时兴趣不佳，可掩卷静坐，或散步、或玩耍一阵，俟神气清爽，然后再读，自有勃然之势矣。

——（清）石成金《读书心法》

少年之人，血气流动，乐于嬉戏，亦须适其性，太劳苦拘束之，则厌弃之心生矣。三十以内，或有事或无事，读书之外，静坐最要，散步次之。三十以外，事有繁简，应事读书之外，或静坐，或散步，各随其意。

（唐彪因“余亲见读书过劳而夭者五六人”。才提出此，要求父师于子弟懒于读书者，当督责之，勿令嬉游；其过于读书者，当阻抑之，勿令穷日继夜。因此才散之法也。）

——（清）唐彪《读书谱》

清朝康熙朝有位官员叫汤斌，把书籍当财富不肯借人。还在任上就写信回家告知“家中书籍用心收着，一本不可遗失。有人借，当定限取来。书册愈旧者，愈要珍之，不可忽也，我回家赖此延年，此要务也”。

——摘自报刊

嗜好的读书，本人自然并不计及那些，就如游公园似的，随随便便去，因为随随便便，所以不吃力，因为不吃力，所以会觉得有趣。如果一本书拿到手，就满心想道，“我在读书了！”“我在用功了！”那就容易疲劳，因而减掉了兴趣，或者变成苦事了。

——鲁迅《读书杂谈》

将闲务减省，专心静坐读书，学与时积，自得大功。……一开卷，便有无数好人相交接。

——（清）石成金《读书心法》

高声吟一篇，恍若与仙遇。

——（唐）白居易

儿扶一老候溪边，来告头风久未痊；不用更求芎芷药，吾诗读罢自醒愁。

——（宋）陆游

读书可净化心灵

学问大要，须把天道、人情、物理、世故识得透彻，却以胸中独得中正底道理消息之。

——（明）吕坤《呻吟语·问学》

学莫大于明分。进德要知是性分，修业要知是职分，所遇之穷通，要知定分。

——（明）吕坤《呻吟语·问学》

进德修业在少年，道明德立在中年，义精仁熟在晚年。若五十以前德性不能坚定，五十以后愈懒散，愈昏弱，再休识那中兴之力矣。

——（明）吕坤《呻吟语·问学》

学问之道无他，只是培养那自家好处，救正那自家不好处便了。

——（明）吕坤《呻吟语·问学》

读书能使人寡过，不独明理。此心日与道俱，邪念自不得乘之。

——（明）吕坤《呻吟语·问学》

吾辈读书，只有两事：一者进德之事，讲求乎诚正修养齐之道，以图无忝所；一者修业之事，操可乎犯诵词章之术，以图自卫其身。

——《曾国藩家书》

训曰：凡人进德修业，事事从读书起。多读书则嗜欲淡，嗜欲淡则费用省，费用省则营求少，营求少则立品高。

——（清）康熙《庭训格言》

心底平静方可读书学古，不然见一善行窃以济私，闻一善言假以覆短，是又籍寇兵而赍盗粮矣。

——（明）洪应明《菜根谭》

读书不见圣贤，如铅椠佣；居官不爱子民如衣冠盗；讲学不尚躬行，为口头禅；立业不思重德为眼前花。

——（明）洪应明《菜根谭》

和书籍生活在一起，永远不会叹气。

——（法）罗曼·罗兰

人之学如渴而饮河海，大饮则大盈，小饮则小盈。

——（唐）马总《意林·物理论》

故事

闻一多醉书

现代著名学者、诗人闻一多早年嗜书如命，常常手不释卷。他的家人都说不能让他看书，一看就醉，叫都不应。

有一天，闻一多在自家园内读书，正看得入神，有条蜈蚣从天井边悄悄爬过来，一直爬到他的鞋上，他都浑然不觉。眼看就要咬到脚了，正好经过的嫂子吓得惊叫起来。但他却像没有听到似的，只是扇了扇手中的扇子。还好年轻的侄儿眼疾手快，一下将蜈蚣踩死了。但他仍旧不动声色，只是挪了个位置，两眼不离书本，正沉浸在如醉如痴的阅读中。

闻一多常年读书都是如此，即便是新婚那天，全家都喜气洋洋，忙着张罗；亲朋好友前来贺喜，一大早就拥入家门，结果没看到新郎的影子，还以为他正在更衣打扮。但临到新娘的花轿快进门了，大家才发现新郎“失踪”了。到处找他，才发现他还在书房里，哪里是新郎的打扮，依旧那身旧长袍，手里正捧着书本，读得津津有味，置身事外呢。

绑在柱子上读书的人

1933 年的红海上，风平浪静，一艘客轮正恬然地向欧洲驶去。

然而天有不测风云，突然海上狂风大作，巨浪横天，客轮随即晃动不已，实在难以坐好站稳。旅客们大惊失色、讶呼连连。这时，一个戴眼镜、身材颀长的青年快步走到餐厅里，对侍者说：“帮帮忙，把我绑在这根柱子上吧！”

侍者最初以为读书人不惯风浪，怕被甩到海里去，就真的照办了。待牢牢绑定之后，却见青年正拿着书本，看得入神。其他船上的乘客看了，都觉得很讶异，随即明白青年读书的苦心，连连赞赏：“中国人，了不起！”

这个绑在柱子上读书的青年就是后来著名的经济学家王亚南，也是把马克思的《资本论》翻译到中国的第一人。

陈独秀狱中趣事

1932—1937年，陈独秀被捕，囚于南京老虎桥监狱。入狱后，他安然若素，仍旧索书看报，潜心研究起文字学来。

当时，南通有个程老先生，也是个文字学者。他久慕陈独秀之名，特地来监狱看望。两人一见如故，侃侃而谈，推心置腹，各抒己见。

后来说起“父”字的原始字义，两个人竟当场变了脸色，起了争执。陈独秀说：“这个‘父’字的古字形，明明是一个人手里拿着棍棒，指挥人家行事。”程老先生却认为：“‘父’字明明是捧着一盆火，教人炊饭。”

所谓当仁不让于师，更何况是新交的朋友。二人都是为真理执着的性情中人，竟至于面红耳赤，拍桌跳脚，就差问候彼此的老“父”，或动手扭打了，哪有什么学者的风度？

陈独秀坚持己见，说对方不通字理；程老先生丝毫不让，反唇相讥独秀浅薄。正僵持不下之际，狱友濮德志只好出面调和，以防战事升级。只见他慢条斯理地说：“学术争论、笔墨官司都可以有，也常有，但不要动手拍桌子、敲脑壳。你们且休战一下，听我念首新鲜出炉的打油诗，如何？”随即摇头晃脑地吟道：

一曰执杖一曰火，二翁不该动肝火。
你不通来我不通，究竟谁人是浅薄？
若非有我小濮在，遭殃不只是板桌。
异日争论平心气，幸勿动怒敲脑壳。

程老先生听了哭笑不得，陈独秀则笑骂道：“你这小鬼是浅薄，我要敲你脑壳。”濮德志连连摆手告饶：“我岂止浅薄，对于文字这一行，我简直是无知。”

毛泽东晚年读大字书

毛泽东晚年虽然视力严重减退，健康状况越来越不如前，但仍天天手不释卷。然而，随着视力减退，小字本的书刊他已经越来越看不清楚了。他常常一手拿书，一手拿放大镜坐在沙发上或坐在办公桌前全神贯注地看书。

出于对他的健康考虑，便新印了少量的大字线装书，供毛泽东以及其他中央领导同志、老同志使用。在毛泽东生命的最后几年，这些经他圈划和批注的新印大字线装书，根据毛泽东晚年图书馆徐中远撰文（见2011年10月27日《人民政协报·春秋》）所说：如果1972年读新印的大字线装本《鲁迅全集》算起，那么到1976年8月底读新印的大字线装本《容斋随笔》为止，他老人家阅读过的、有的还作过一些批注据笔者不完全统计就有129种（部）。

这些大字本线装书主要包括政治、经济理论读物，如《政治经济学》（苏列昂节夫著）、《盐铁论读本》（郭沫若校订）等，也有中外古今哲学、军事方面的读物，如《简明中国哲学史》（杨荣国主编）、《孙子兵法》、《孙膑兵法》等，还有中外历史读物，如《世界通史》、《中国近代史》（范文澜著）等，还有古今中外名人传记、中国古典小说、诗词曲赋、自然科学等读物。

除了这些大字本线装书之外，还有他挚爱的《二十四史》《资治通鉴》等史册，《红楼梦》和《水浒传》等中国古典小说，《梦溪笔谈》和《古文辞类纂》等古文辞赋，《古今图书集成》和《太平广记》等类书和丛书。这些书散放于床上、书架上、茶几上，只要有时间，随手拿起来就读。在繁忙的政务中，毛泽东如此读书不倦，尤其令人敬佩。所以今人陈福今写了一首《书香赞——毛泽东的读书生活》（见2013年12月25日《人民日报》第24版）：“为寻真理勤学习，读想写问究根底。孜孜不倦酷爱书，如影随行终不离。四壁皆书架上立，办证借书编第一。一床补丁半床书，床脚垫起分高低。钻进书海游泳去，广收博览都自益。毕生学习无遗力，临终还索看《随笔》。此情深深垂风范，万代千秋堪追忆。”

诗中的《随笔》就是宋代洪迈的读书笔记《容斋随笔》。毛泽东一生钟爱此书，随行必备，据说去世前7小时还让人读给他听。

金庸81岁读博

金庸是华文界著名的武侠小说作家，他创作的武侠小说可以说是家喻户晓，他曾将自己的小说撰成一联：“飞雪连天射白鹿，笑书神侠倚碧鸳。”很可以看出这位“笑书神侠”的风采。而他也是活到老学到老的典范。他有句话：“万事不如一书在手。”

2005年81岁高龄的金庸选择到剑桥大学攻读博士学位。原本他就被剑桥大学授予荣誉博士学位，所以他提出攻读博士学位的申请时，校方告诉他，荣誉博士排名在一般教授和院士之上，地位比校长还要高，不需要再如此大费周章。但金庸不同意，仍坚持要攻读一个真正的博士学位。经过五年的研究，86

岁的金庸获得了英国剑桥大学的博士学位。剑桥大学校长同金庸论文导师、著名汉学家麦大维前往香港为他颁发博士学位。此举成为世人读书话题的美谈。

2009 年凤凰卫视的一则晚间节目中，金庸与一位小读者交流关于“读书”的话题。他说：“如果生命再来一次，若多活十年，要坐牢但可以读书；另一选择是多活十年而不能读书。我愿意选择前者而放弃后者。”可见他真是把读书看作比生命、比自由还重要的事。

陈茂榜的夜读两小时

陈茂榜是台湾的著名企业家。他只有小学学历，却获得了美国圣诺望大学颁发的名誉商学博士学位。他善于演讲，记忆超人。据说他记数字的本事最为突出，大凡中国和世界各国的面积、人口、贸易额等，都如数家珍、倒背如流。

他的成功干事创业、他惊人的记忆容量，很大原因来自每天晚上不间断地读书。

正如哈佛经典箴言：“一个人的命运，决定于晚上 8 点到 10 点之间。”在知识经济年代能否占有比他人富裕的智力资本，关键在于个人素质的自我提升。

陈茂榜 15 岁就辍学就业，最初他在一家书店当店员，每天从早到晚工作 12 小时。白天虽然与书为伴，但毕竟是工作，不能马虎。唯有下班以后，他才能真正享受读书的乐趣。书店也成了他的海洋，任其遨游。

长期下来，陈茂榜养成了每晚至少读两小时书的习惯。他在书店工作 8 年，同时也读了 8 年书。这为他后来的干事创业打下了坚实的知识基础。所以他说：“学历固然有用，但更有用的是真才实学。”

文摘

“开卷有益”

——读书月话读书

2000 年全国知识工程领导小组把每年的 12 月定为“全民读书月”。早在 1972 年，联合国教科文组织向全世界发出“走向阅读社会”的召唤。1995 年，又正式宣布每年的 4 月 23 日为“世界读书及版权日”，也称“世界读书日”。“全民读书月”既是为了响应联合国的召唤，更是为了提高全民综合素质，适应改革开放的新形势而提出的措施。

“书”是什么？书是由承载物，文字以及由文字构成的信息组块组成的综合体，是客观事物和人的主观意识相结合的载有某种信息的精神产品。“书”的承载物由原始的木片竹简发展到羊皮、丝绢再到纸张，现在又出现了电子书。其中纸质书最流行。因此“书”主要指用纸质材料装订成册的著作，又称作书册、书籍、书卷等。所谓“信息组块”就是各类知识。

在信息爆炸、知识更新速度加快的现代社会，读书成为人们生活中重要的内容。

读书有广义与狭义之分。广义读书是相对于全社会的读书而言的。它包括在校学生在内的社会全体成员的各类阅读活动，如阅读各类书刊报纸、阅读课本、上网阅读。若从“看书”与“读屏”角度讲，广义读书还包括看电视节目、看各类广告、看与工作性质相关的各种文件及会议材料等。总之，全社会各类人群的阅读，凡涉及文字形式的范围和内容都可归入广义读书类，因为“书”的本意是书写与记录。狭义读书是相对于个人在校接受教育而言的。如问某个儿童：你读书没有？对某个青年问：你在哪里读书？因此，狭义读书多指在校的学生分阶段的接受学习和教育。若从上幼儿园算起，从识字开始，经小学、中学再到大学读书，可分为学习基础知识与专业知识两个阶段。学成走向社会后，在工作过程中还有许多的读书机会，如各类短期培训班、参加自学考试、进修深造、平时阅读相关专业书籍以及从网络中浏览各类信息等都是狭义的读书。广义读书与狭义读书是相对的，没有个人的识字与阅读，就构不成社会群体的阅读，因此，狭义读书是为广义读书打基础。而广义读书又是对狭义读书的提升与拓展，两者是互为条件与相互促进的关系。

为什么要读书？宋朝皇帝赵光义“开卷有益”这句名言作了回答。

古今中外对读书的好处早已达成共识，中国从隋朝开始的科举制延续了1300 多年（后被西方人认为是公平的竞争机制）。在一个长期以农耕为经济基础的社会，科举制确实为读书人提供了晋升的机会，所以才让读书有益的观念曾走到极端，其中“万般皆下品，唯有读书高”“书中自有黄金屋，书中自有颜如玉”就反映了极端功利主义思想。

北宋王安石终身读书，对读书之益他有一段精彩的话：“读书不破费，读书万倍利。书显官人才，书添官人智。有即起书楼，无即置书柜。窗下看古书，灯下寻书义。贫者因书富，富者因书贵。愚者得书贤，贤者得书利。只见读书荣，不见读书坠。卖金买书读，读书买金易。好书最难逢，好书真难致。奉劝读书人，好书在心记。”

用今天的标准来分析这段话谈的“益处”是：第一句讲读书投入最少，产出最大；第二句讲读书可增添公务员的才智；第三句讲要努力储藏书籍，有本事的人可建私人图书馆（中国曾有多处著名的私人藏书阁），至少家里要有书柜；第四句讲业余时间要读书寻义穷理；第五至七句讲知识改变人的命运，提升人的品位；第八句讲要舍得在读书方面花钱；第九句讲好书是人生的财富，但好书难到手；第十句讲要用“心”读书，即下苦功读书。王安石身为宰相，有时竟通宵达旦地读书。用功利主义的评判标准看；王安石这段关于读书有益的话是说得比较全面透彻的，这与王安石的学识、身份、经历、体会有关，别人是说不出的。今天，人们是这样谈读书的益处的：读政治书以养大气，读业务书以养才气，读文学书以陶冶情操，读史书以使己明智，读诸子百家以思圆行方。这些语句与王安石的话有异曲同工之妙。

结合古今两段关于读书有益的话来分析，读书的益处主要有四：即立德、立身、增智、致用。

立德：在中国传统文化中，关于道德方面的内容极为丰富且源远流长。如“厚德载物”这句名言所蕴含的思想意境非常深厚，但最基本的要求是做人先立德，是对做人与做事二者关系经典的概括。孔子是传统文化与道德的集大成者，被称为“圣人”。苏轼评价：“孔子圣人，其学必始于观书。”这说明孔子在做学问、做人与立德方面所达到的境界都和勤奋读书有密切的关系。“德”字是由双人旁与“直”“心”组成，本义就含有人与人真诚相待之意，即要求人们思想要纯洁。今天，市场经济环境下形成的商业文化正在操纵着我们，影响着我们，时尚的周围全是商业陷阱，因此，道德与欲望之间发生激烈的碰撞！许多社会矛盾的发生都与一些人失德或缺德有关，凡事以己之利为出发点，弄得心浮气躁、欲望无边。一些干部走向犯罪深渊不是因为缺乏才智，而是因为丧失道德这一底线，而缺德的原因之一是不读书，忘了“量变到质变”的简单道理，聪明反被聪明误。“小胜靠智，大胜靠德”，这是蒙牛集团老总牛根生的商战感悟，其实，经商与经营人生之道有相同之处，立德才是经营之本。

立身：清代读书人顾安旭讲“万事莫如为善乐，百花怎比读书香”。这里讲了读书获益与追求善乐的关系。的确，一个追求知识、恪守道德的人，在读书中获得知识与快乐。广东韶关钢铁厂工人罗东元，是全国劳动模范、全国人大代表。他勤奋读书而精通机电技术，被誉为“新时代知识工人”。他用自己的技能为工友修理家用电器且不收劳务费。用所学知识带领团队对机械设备进行改革与创新，为企业创造了巨大的经济效益。他说：“予人快乐，自己快乐。”社会实践证明，一个道德高尚的人，必然是人格健全的人，能在读书过程中物我两忘，对生活安贫乐道，虽然物质生活上清苦些，但免去了欲望之苦，获得了精神上的享受，吃得香睡得着，心宽体健。报载袁隆平院士年逾古稀，仍在读书做实验，有时在田头端着粗碗吃饭喝水。两院院士贝时璋已 103 岁（2006 年）超高龄，每天还读书写作 3 小时左右，继续对他建立的“细胞重建学说”以及与之相关的重要生命科学课题进行深入的探索与研究。贝时璋认为勤动脑筋和多动手脚有助于防止老年痴呆发生，有助于老人的身心健康。这些名人为我们树立了活到老、学到老的榜样。

增智：阅读可使人们获取大量新信息与新知识，为以前所学知识作补充与巩固。人随着阅读量增加，知识面的拓宽，思维能力也会发生质的变化，正如中学之前读书学的是基础知识，到大学学习专业知识，并在专业方面有所建树，这个过程就是以阅读量为前提、以综合知识为基础而发生的思维能力的变化。简单讲就是增长才智。诸葛亮讲：“才须学也，非学无以广才。”这也是讲读书与增长才智的关系。著名武侠小说作家金庸为了更新知识，于 2005 年 80 多岁时到剑桥大学读博士学位。他说：“志在求学，而非为求学位。我将追随前辈明志求学，广学博闻，以增见识。”在这里，“金大侠”也把读书看作增长才智的途径。

致用：古人说，读书破万卷，下笔如有神，这是说明读书与写作的关系。欧阳修是唐宋八大家之一，有人问他怎样写好文章，他回答："无它术，唯勤读书而多为之，自工。"多读多写是写好文章的两个基本功。因为写作过程就是综合运用知识与思维的过程。"文入妙来无过熟"，这个"妙"是建立在"熟"的前提之下。曾国藩谈读书要法有二：其一是熟读百篇至烂熟；其二是需有心得。曾国藩不仅书读得多，读得熟，而且因为有"心得"写了许多书。很多人都有这样的经验，自己烂熟的知识就会有心得且运用自如。"书之妙道，神采为上"是强调文章或书要有"神采"，而要修炼到此度，首先还是要多读：包括浏览、泛读、碾读、粹读、精读。"书读百遍，其义自见"就言此理。

读书致用的另一方面是指导工作，李瑞环同志就是学以致用的典范：他来自农村，青年时期边工作边发奋读书，几十年从未间断，重点是学习马克思主义哲学知识，有的文章甚至可以背下来。他说：一部《简明哲学辞典》共有六百多个词目，"我叨咕得非常熟，还和别人搞过比赛，看谁查得快、讲得准、背得多"。由于有扎实的哲学理论基础，李瑞环同志无论是做基层干部，还是领导一个特大城市的全面工作，以及担任党和国家领导人，在不同的岗位上工作都得心应手。因此，受到群众的拥戴。李瑞环总结自己工作较少失误的重要原因就是刻苦读书，并运用马克思主义哲学原理指导工作与实践。他从工作岗位上退下来后，把多年读书的收获整理为55万多字的书——《学哲学用哲学》，在短时间内再版8次。李瑞环同志既是读书的楷模，又是学以致用的榜样，还为我们提供了一部好书，这是读书人的幸事，是国家与社会的幸事。

——编者

文嘉《昨日歌》《今日歌》《明日歌》

昨日歌

昨日兮昨日，昨日何其好！昨日过去了，今日徒烦恼。世人但知悔昨日，不觉今日又过了。水去汩汩流，花落日日少。万事立业在今日，莫待明朝悔今朝。

今日歌

今日复今日，今日何其少；今日又不为，此事何时了？人生百年几今日，今日不为真可惜，若言姑待明朝至，明朝又有明朝事。为君聊赋今日诗，努力请从今日始。

明日歌

明日复明日，明日何其多。我生待明日，万事成蹉跎。世人若被明日累，春去秋来老将至。朝看水东流，暮看日西坠。百年明日能几何？请君听我明日歌。

少说空话　多读好书

差不多一百年前，清朝的大学者王引之与一个人合办了一种不朽杂志，叫作《读书杂志》。这个杂志前后共出了七十六卷。这一百年来，也不知翻印了多少次了！我们想象那两位白发的学者——一位八十多岁，一位六十多岁——用不老的精神和科学的方法，校注那许多的古书来嘉惠我们。那一幅“白发校书图”还不够我们少年人忏悔感奋吗？我是崇拜高邮王氏父子的一个人，现在发起这个新的《读书杂志》，希望各位爱读书的朋友们把读书研究的结果，借它发表出来。一来呢，各人的心得可以因此得着大家的批评。二来呢，我们也许能引起国人一点读书的兴趣，——大家少说点空话，多读点好书！

——胡适《发起〈读书杂志〉的缘起》

一生能读多少书

人不是机器，每天给自己制定阅读多少页多少字多少本，实在是个愚蠢之举。我只能说，那是个有毅力的人，那是个勤奋者，那是个苦读者，但绝对不是个善读者。人不是仓库，所以，阅读的目的不是去往这个仓库里储存多少本书，而是要提升自己的智慧、经验、能力。善读者一生能读多少本书？我想读几万本是个小小的意思而已。其实，一个善读者对那些需要粗略知道的书，我想大约五分钟就可以读完一本。儿童书，更是如此。如果说一个孩子不懂得阅读的技巧和经验，要把那些所谓的系列作品一本一本都要读完的话，那么家长要是也这么做，那就是弱智的表现了，就像一个科幻作家写飞船大可不必非要去月球上一样。

我相信任何一本书都能给人带来益处，这就是所谓的“开卷有益”。只不过有的带来的益处多些，有的带来的益处少些而已。那些经典和名著自然是需要一读再读的，常读常新。在我看来，同一本经典在读第二遍的时候，等同于又读了一本书。更不用说一本经典从理论上说抵得上十本百本的一般书。从这个意义上说，能读经典3000本，估计应该算3万乃至30万本了。阅读单纯从数量上说的数字，是毫无意义的。但当下也有一种不好的读书习惯，开口经典，闭口名著，非经典和名著不能读也，那是一种高级的白痴，堂吉诃德式的贵族。王府井大街固然繁华，而乡下的集市未必没有情趣。阅读的快乐，就在于自由，就在于放松，功利心越少，能享受到的阅读乐趣就越多。

——安武林《一生能读多少书》（2012年8月15日《南方日报》A19版）

再忙也要安排时间阅读

2013年5月26日，李克强总理在瑞士访问。与当地人士交谈时，有一位大学生问："您是中国总理，每天工作都很忙，是否有时间读书?"李克强回答："再忙也要安排时间阅读。"

我们沉浸在嘈杂的各种信息中。美国的调查研究显示，我们周边的99.9%的信息与我们都无关，而且1分钟之内就会忘掉。每多看1分钟，我们的生命就消耗掉1分钟，是多么可惜啊!

——余秋雨（2012年8月20日《南方日报》A02版）

不要荒废时光，毋贪眼前之乐，年少应尽量多学点文化，打开眼界，拓宽思路，培训智慧，年稍长后才有在生活的夹缝里游刃的资本。

——郭碧良《读懂一本书，精于一件事》

社会千变万化，行业越分越细，因此今天看来有用的东西，也许转瞬又会被淘汰，所以青年人不能仅仅为了眼下目标而学习。而应该树立终身学习的理念，"活到老学到老"，这样才能以自身的不变来应对社会的万变。

——万钢（曾任同济大学校长、科技部长，汽车技术专家）

世界是用行动改变的。哪怕多一个人喜爱上阅读，这个世界也就因此多了一份书香。

——朱永新（全民阅读形象代言人、2012年阅读推广年度人物）

在这众声喧哗的时代，应该有阅读的声音，告诉大家还有读书这样一种使精神富足的方式。这就是读书节目的意义。

——李潘（电视台读书节目主持人，2013年12月19日《人民日报》第19版）

希望国人能够克服功利主义，多一点无目的、休闲的阅读，把阅读当作一种生活方式。

——李昕（北京三联书店总编辑）

书可以聚人。中国知识分子的阅读传统源远流长，爱书者数不胜数。没有书，历史何以承载，思想何以赓续?

——夏衍（2012 年 4 月 22 日《南方日报》A12 版）

我有着顽固的阅读习惯，没有任何娱乐对我来说是可以替代阅读的。

阅读是那么自然而然的，我说不出阅读怎样吸引我，只是我有的时候会觉得，如果有人不阅读，或让我可怜他，因为阅读时那么丰富的享受，不阅读会失去太多。

——王安忆（作家、茅盾文学奖获得者）

如果把生活比喻为创作的意境，那么阅读就像阳光。

——池莉

心灵寄托——读书。我只要有书看就从不郁闷发火。在我家里，四处都摆着书，床上有书，桌上有书，甚至厕所也有书。

——曲黎敏《从头到脚说健康》

（注：曲黎敏建议女性培养看书的爱好以提升精神，预防女性疾病，这叫做“神疗”。她还写了另一养生著作《从字到人》，朋友们读了一定受益。）

读书疗疾，因为书既能锻炼大脑使“户枢不蠹”，又能提高修养保持良好心态。

——张叶（2015 年 5 月 4 日《老人报》第 16 版）

一个把阅读当作生活方式、当作生命一部分的人，能够健康长寿。书是一味最好的保健药。凡是喜欢读书，以读书为乐，勤于用脑的人，都比终日无所事事的人活得健康，活得明白。

——陈先达（中国人民大学教授，2013 年 10 月 13 日《人民日报》第 5 版）

我喜欢爱读书的女人，书不是胭脂，却会使女人心颜常驻；书不是棍棒，却会使女人铿锵有力；书不是万能的，却会使女人千变万化。

读书，给你享受和乐趣，你最好的著作就是你的生活。

——毕淑敏

且不说读书的重要，至少在家读书的人不去跑官、不去洗桑拿，不去结党营私，不去探听小道消息，不参加勾心斗角，不挑拨离间，不污人害人、就可以减少许多社会摩擦。

香三臭四，鸡鸣鹅斗，没一桩是在家读书时惹出来的。

——林希《读书率绝非等闲事》(2006年9月23日《南方日报》)

拿起一本书，竟然一读就欲罢不能，超然物外沉浸书中，数小时流逝而不觉。而那一度浮躁的心气竟然也沉静下来，有一种难得的静谧，更仿佛有一种沁人心脾的馨香缭绕。这便是阅读的力量。

——周二中《阅读是一种定力》(2013年12月20日《人民日报》第4版)

阅读的功用是显而易见的。但是，我更想强调的是“无用”阅读，正如文化给人的力量一样，更多的缓慢、绵密、恒久的渗透。虽然它是“无用”的，然而一切都有痕迹，我们沉重的肉身会因某些时刻“无用”的阅读而获得心灵的轻盈和洁净。

——铁凝（2011年7月9日“网络学习天地”）

人要活到老学到老，学无止境；幸福人生更是离不开学习。幸福人生的心理修炼，可以帮助我们解除束缚生命的各种困惑，超越自我，找到内心的能量，为自己修建一座精神家园的靠山。

——王薇华（积极心理学专家）2011年12月5日网络

八

买书·藏书·读书·写字

——书柜胜酒柜

读书是一种责任。领导要带头读书、荐书、藏书。藏书是一种品味，藏书不在于书籍的升值与贬值，而在于书籍的涵养浸润。

——胡锦涛在 2010 年 4 月 23 日世界读书日的讲话

导语

买书与读书

在知识爆炸的时代，读书成了时尚话题。读书已不是学生的专利，只要想读书，每个人都可随时随处阅读。为了调动全社会的读书热情，现在既设有国际读书日、国家读书月，又有各类图书展览，还开展评选书香家庭与藏书家庭活动。走到街上，书店与书摊随处可见。很多时候，我望着书摊或在阅读之时会触景生情，回忆自己买书与读书的经历与往事。

我买书上瘾，但凡出差都要逛书店淘书，我的许多藏书都是外出时买的，甚至到外国看到中文版的书，也会选中意的买下来。一则利用候机候车时间阅读，二则可作为纪念品收藏，有时还顺便帮爱读书的朋友也捎上一本。书带回家不仅自己受益，全家人特别是孩子也受益。因为家里多一本好书，就多一个无言的老师在身边，可以随时请教。现在，看到家中的藏书，我感到退休生活有了精神寄托。

买书、读书须与收集资料相结合。公务员最优越的条件之一是能读到各类报纸期刊，许多人忽略了这个优势。我养成了剪辑报刊资料的习惯，阅读刊物时会将有关的资料分类剪辑，与自己的藏书同类合并收藏，互为补充与佐证。另外是做笔记，我会将认为有用的资料抄录到笔记本上或写读后感。我的工作日记本前后几页常预留用于记录资料。因为好记性不如烂笔头。年复一年积少成多，现在各类资料五花八门，成了自己宝贵的资料库。

读书求知必须以数量为基础，就像海绵吸水，越吸越多。凡事都是达到一定数量后，才能讲求质量。买书、读书、藏书与写作几个环节互为关系，但读书是第一位的。没有一定的文字阅读量，不可能有较广泛的知识积累。人们看问题正确与否，取决于看问题的角度、高度与深度是否建立在知识广博的基础上，因为知识的广度决定一个人眼界的高度与思想的广度与深度。有些问题，书读得多了自然就解开了。知识与才能不是天生的。诸葛亮是智慧的集大成者，他说“才须学也，非学无以广才”。胡耀邦同志曾要求干部阅读书籍的数量达到两亿字。若每年阅读500万字，约花40年时间，才能完成两亿字的阅读量，所以要不间断地读一辈子书。这可能是他的经验之谈。其渊博的知识主要靠自学，其中一个重要的途径是广泛且有深度地读书。

回顾买书与读书的经历，我的体会是：

（一）读书用功趁年少。我知道无论过去还是现在，许多人都坚持终身读书。毛泽东晚年因视力不能再阅读，就安排人读给他听并进行讨论。清朝的曾国藩终身读书写日记。他少年时就发奋读书，由农家子弟考中举人。到了老年还刻苦读书，并写信给儿子谈读书的体会：年老时读书眼花头昏记性不好，加上政务繁忙，读书时间要靠挤。因此他告诫诸儿读书要趁少年时用功。不仅是曾国藩，但凡喜爱读书的人都会有这种体会，“读书犹记少年狂”（苏辙）。对此，有人感慨地写一副对联来说明：“好（hǎo）读书时不好（hào）读书，好（hào）读书时不好（hǎo）读书。”这是对后人的警醒。我现在也后悔年轻时没利用更多的时间去读书。

（二）读写结合效果好。我对前人关于“不动笔墨不读书”的告诫是这样体会的：阅读是让自己“知道”，但不一定能都记住并理解知识，通过笔记或写作，才能在“知道”的基础上，更好地记住并加深理解，从而消化知识变成自己的思想，这是一种深度阅读，能使知识在自己思想中延伸。我们读了些书，又积累了资料，自然会启发思维，这时可动笔写点东西，既练脑又练笔。开始，要克服畏难情绪与无所作为的潜意识。写的东西不一定叫文章，不要把标准定得太高，从写日记开始，写读书眉批，写读后感或观感，写对生活对事物的认识与看法，片言只字也行。因为书是自己的，读的时候能在书上写自己的观点、想法与书交流。若想法多有深度就另写文章、全程记下自己的思想。慢慢地就会有兴趣，也会逐渐提高写作水平。这是业余读书与写作，这些记录下的所学所思所想，就是自己思想中的闪光片段，就是自己的价值观。笛卡尔说：“我思，故我在。”他把思想与生命画等号。孔夫子说：“学而不思则罔，思而不学则殆。”古今中外的思想家把人的思想看作生命质量的一种评价标准。所以，一定要重视自己的思想训练，记录人生中经常的大量存在的精神活动（或精神劳动）的成果。我认为，除了天赋外，人的差异就在于对自己思想训练与记录的重视程度：做与不做，决定了人的层次走向，甚至是决定成功与否的关键。与孔子同做“儒事”者众，孔子后来成了思想家，一个重要原因就在于他在读书与做事时重视自己的思想，并不断地向他的学生们灌输。他的思想对后来的人特别是精英思想家产生了极重要的影响作用。

读书目的之一在于获取知识，获取知识的目的在于应用，而应用贵在行动与实践，否则，是纸上谈兵。但是，一个人读的书可以很多，不一定都精通或都用上，受诸多因素的制约与影响，有许多并没有实践的机会。比如我们处在一个财富似泉水涌流、百万千万富翁扎堆、亿万富豪上万的时代，出版商抓住人们都想暴富的心态策划关于理财的书。理财方面的书籍热销时，我也买来读。从股票知识到理财畅销书，再到《货币战争》之类的书都浏览过。有的还精读了，但就没出手理财，到现在没有一只股票、没有一只基金。可见，读书容易，行动难。读书是一回事，而应用更重要，许多事要靠行动与实干才奏效。

（三）在传统阅读与网络阅读的交替中坚守。现在电子书中也有经典与名著。各种新知识与信息快速传递。网络阅读对传统阅读方式冲击很大。生活节奏快，社会浮躁，加上书价居高不下，许多人特别是青少年大多选择网络阅读，像我这类传统阅读者也被动地天天读手机报，或偶尔上网查资料，如是网络阅读占去了不少时间。但我感到传统阅读的优势在于能更系统性地阅读，从而达到深度阅读的目的，当然这可能更花费时间且耗精力。

（四）读书不能过于功利化。读书的功利性是不言而喻的。“书中自有黄金屋，书中自有颜如玉”是前人最直白的心态。如今，读书功利化已渗透到字里行间，如《把孩子培养成财富》《富爸爸投资指南》《富爸爸财务自由之路》等，用直观的书名吸引人的眼球，急功近利的社会因素，误导一些人用急功近利的心态去读书，当达不到自己的期望值时，又认为读书无用，这是一种读书功利心态的极端化认识。我在读书中看到许多“高人”认为，读书的首要目的是“明理”。即懂得做人与做事的道理。特别是从学校走向社会之后，在求生存与发展过程中，不如意事十之八九，会产生读书无用的想法，甚至无暇读书。从全过程看，读书作为学习知识途径之一，现在没有用，将来可能有用。因为读书是启发思维、增长知识、陶冶情操、积累经验的过程，不可能有立竿见影的效果，而是一个由量变到质变的过程。此时此地无用而彼时彼地可能有用，所以前人既体会到开卷有益，又感慨书到用时方恨少。

（五）有三种书应经常读。一是选读国学经典。这类书是中华文化的源头，读多了既能益智开悟，又能立德修身。二是励志书。这类书能让自己懂得人的一生中，内因与外因、主观与客观这一最根本的关系与矛盾中，内因与主观因素起决定作用。儒家文化倡导“修身、齐家、治国、平天下”的思想，其核心是强调凡事先从内因、从主观找准方向和位置，再去确立目标和行动，做到主观符合客观，外因通过内因而起作用。这就是做人做事的道理。三是读人物传记。这类书也有励志性质，可让人间接了解人生，看到成功者光环外的酸甜苦辣，从而正确对待自己，也正确对待别人，以积极的心态融入社会。另外还应读些惜时的书。让自己懂得时间与生命（年龄）的价值，人的生命总是与一定的时间和空间相联系。现在的公务员，每年法定假达到115天，差不多1/3的时间由自己支配，还有其他业余时间，若不合理分配，就在不经意中浪费时间和生命。前人已感叹“少年不知事，老年让人嫌，去掉两头无多年”，这也是许多人老来徒悲伤的原因所在。惜时要自觉自警才能奏效。

我曾归纳了读不同类别书的收获：

读哲学，懂得对立统一关系，知道重视对手就是重视自己；

读儒学，懂得道德立人，诚信兴业；

读史学，懂得今天是明天的历史，明天的发展是今天的延续，把握住今天才能写好明天的历史；

读法学，懂得公正是永恒的权威，谁挑战或戏弄公正，将终身遭到良心的谴责而不得安宁；

读文学，能熏陶情操，充实精神空间，懂得健康的灵魂比丰富的物质更能带来幸福感；

读自然科学，懂得科学技术是实现梦想的翅膀，技术发明与创新就是把梦想变成现实；

读佛学，知道“一切皆空善不空，黄金非宝善为宝”；

读医学，懂得天人合一乃防病之根本，内心和谐是治病之圣药；

读人物传记，受到成功者气魄及人格魅力的感染与影响，同他们分享成功的喜悦与失败的痛苦。

…………

回忆买书与读书的经历，我感到，读书是一个常说常新的话题，因为读书给不同年龄的人带来的益处是多方面的。但读书贵在持之以恒。此外，买书与读书还要善于选择，因为生命有限书籍无限，善于选择才能读到更多的好书。随着国家经济文化的日益繁荣昌盛，必将出现与之相适应的求学求知的国民阅读热潮，买书与读书将成为更多人的生活选择。

——编者

箴言

书藏应满三千卷，人品当居第一流。

——《中华圣贤经》

有书真富贵，无愧一身轻。

——《中华圣贤经》

吾粤有才惟实学，斯楼不朽是藏书。

——广东省立中山图书馆门联

凡事不宜刻，若读书则不可不刻；凡事不宜贪，但买书则不可不贪。

——（清）张潮《幽梦影》

藏书楼上头，读书楼下屋。怀哉千载心，俯仰数椽足。

——朱熹题岳麓书院山斋

积书不在乎多，只要能读，若读而至于精熟，斯为贵矣！

予每见世有一等人，家藏万卷，未曾看十余页，即收置几柜间，以为观玩之具耳！亦有新书，手未触而目未睹者，反不如贫寒之士，将数十文钱买一书来家，手不释卷，从始至末，熟读精思，书义尽为已有。由此观之，岂贵于积之多耶？

——（清）石成金《学乃传家之宝·读书心法》

藏书不难，能看书为难；看书不难，能读书为难；读书不难，能用书为难；能用不难，能记为难。

——（清）张潮《幽梦影》

饥读之以当肉，寒读之以当裘，孤寂而读之以当友朋，幽愤而读之以当金石琴瑟也。

——宋代诗人尤袤论藏书之用

风寒月黑夜迢迢，辜负劳心此一遭。只有古书三四束，也堪将去教儿曹。

——佚名（因家无别物仅有藏书而作赠盗诗）

当备考究之书，若不备存，则无以备考，学问、知识何从而长哉？

——（清）石成金《读书法》

藏书万卷可教子，买地十亩皆种松。

——（清）蔡福田

积德百年元气厚，读书三代雅人多。

——（清）周希陶《重订增广贤文》

故事

晒书与炫书

民间农历七月初七，如果天气好，阳光明媚，各家各户就要晒衣裳，以防虫蛀。魏晋时期竹林七贤的阮咸为人任达不拘，他与叔父阮籍住道南，其他阮姓之人居道北；道北阮家都很富有，道南阮家比较贫穷。某年七月七日，道北阮家晒衣，绫罗绸缎挂满庭院；而阮咸只用竹竿挂起一条粗布短裤晒在院里。有人对此事感到奇怪，他说：“我还不能免除世俗之情，姑且这样做罢了！”可见当时的魏晋风度。

除了晒衣，有些家庭也晒自家的藏书，其实也有点炫书的意思。这里说几则古代“晒书”故事。

西晋大司马桓温手下的参军郝隆饱学多才，但未受重用，他辞去参军的职务回故乡隐居。有一年七月初七，别人都晒衣服与经书，家贫的郝隆解开衣扣袒胸露腹晒太阳，人们问他是什么原因？他傲然地回答自己在“晒书”。郝隆借这个“行为艺术”表现自己博览群书，满腹经纶。一千多年过去了，人们对郝隆的独特“晒书”之举仍津津乐道。

在此前还有一个真的“晒书”的故事，说的是三国时期的司马懿年轻就有名气，朝廷召他和哥哥去做官时，司马懿就装病推辞。其实主要是感到自己才学有限，想多读书充实自己。某年七月七晒书之日，他在书房中听说天要下雨，匆忙跑出去收书，结果被侍女撞见了，生怕泄露，司马懿竟杀了该侍女，继续装病读书。装病七年之后，司马懿认为书读得差不多了，才肯出家任职。早他七年应诏做官的哥哥到老还只是“县处级”，而司马懿凭真才实学成为曹操集团的重要大臣，最后其子取而代之建立新政权——西晋。

到了清代，也有几个效仿郝隆晒书的行为艺术。康熙年间学者朱彝尊也是满腹经纶，他在六月初六这天也是袒肚露胸晒太阳，谓之“晒书”。不过他的运气好，刚巧被微服出巡的康熙看见，后经交谈和面试，封为翰林院检讨，负责撰修《明史》。

还有个传说是关于蒲松龄的。据说清代有位叫洪家军的官员，家中藏书万卷，远近闻名，但他并不诵读。有一年七月七晒书，被蒲松龄看见，他便走到书旁，躺了下去，敞怀闭目晒起太阳来。管家走过来问他干什么，蒲松龄说："我也在这里晒书呀?"管家觉得他是个白痴，就当作笑话告诉洪家军。洪家军也觉好笑，跑出来问："你说在这里晒书，你的书在哪里?"蒲松龄用手摸着肚皮说："我的书都装在这里面。"洪家军闻言，羞愧满面，在围观者的讪笑中灰溜溜地走回家去了。

万斯同闭门读书

万斯同是清初期的著名学者、史学家，他小时候非常顽皮，贪玩成性。有一次宾客来家里，他却顽劣搅闹，出了丑，被当众批评。小孩子心性顽劣，好面子，居然一怒之下掀翻桌子，他的父亲盛怒之下，就把他关到了书房，让他闭门思过，不许出来半步。

万斯同刚被关进书房，简直气到了极点，但是偌大书房，只有图书相伴，并没有人听他的嘶吼、搅闹，抑或伤心流泪。无聊之下，他便从书架上取书自看。那是一本《茶经》，陆羽的专注精研让他很受启发，明白了父亲的良苦用心，从此专心读书。一年过去了，万斯同在书房里读了许多书，而儿子的专注用功也得到了父亲的原谅。经过长时间的勤学苦读，万斯同终于成为一名通晓历史、遍览群书的著名学者，后来还参与了《明史》的编修工作。

农民藏书家

李广仁是辽宁省辽阳县首山镇向阳寺村远近闻名的农民藏书家。他自幼爱书成痴。所以改革开放后他因承包一家溶剂厂发家致富，便将所赚来的钱圆少年时的藏书梦，三年里先后拿出23万多元买书。

1994年，李广仁的藏书达到3万册。人书实在过于拥挤，他便盖起了300平方米的二层楼。楼上楼下10多个特制书架，分门别类放满图书，足足占去了3/4的面积。他还常年订阅200余种报刊。至今他买书已花去50万元，藏书3.5万多册，各种杂志1.7万多册，报纸1.2万余种，收藏名家字画2000多幅，并同省内外许多单位和个人进行书报交流。

李广仁藏书，不仅儿女受益，乡亲们也受益。他的图书馆名曰"蕴才斋"，意欲以此培育更多的人才。他不把它看作是个人的书斋，而向社会开放，为乡亲们服务。因此他被评为辽阳市"十大藏书家"之一。

文摘

说写字

最近，我接到一个通知，文字内容是打印的，只有姓名和发通知的日期是手写，虽然不足10个字，但看起来笔画不规范，结构不合理，显得拖沓无力。其办文者及该机关的形象在我心目中大打折扣。几乎在同一时段，读到报刊上的资料，更感到文字书写不规范已是一个社会性的问题。经济发展、文化繁荣了，人们学习与受教育的机会多了，但文字书写能力却降低了！难怪媒体接二连三地报道：

药方似“天书”，世间几人懂。说的是某医生开的处方字迹潦草异常，被贴到网上，大约有29味药，其中26味被网友“破译”出来（2012年9月5日《南方日报》A10版）。

9月4日，同一报纸A21版，作者写道：“近来我常常出现提笔忘字的情况，原因是电脑打字，疏离了笔墨纸砚……”

“不识汉字，就不要装嘛”，说这话的英国网友在网上发布了一张照片，英国公共汽车上出现了字形颠倒、顺序错乱的汉字广告（2012年8月12日《南方日报》A12版）。

席殊羊城传书法心诀：“八正法”是道也是术，强调书法教育能培养人专注的能力（2012年8月26日《南方日报》A12版），同时传出信息：从2012年9月开始，每所小学从三年级开始都要开设书法课。

武汉：小学生每天要读经典提笔练字（2012年9月23日《新华每日电讯》2版）。

还有诸如“汉字作为一种艺术”“在书法中品味人生”，书法大师启功说：“不要把写字吹得太神”“坚守书法的文化品位”……

从以上信息可以看出，文字书写与使用不规范的问题，已经到了影响人们生活，甚至到了影响经济发展与对外交往的严重程度。所以，有人呼吁规范文字书写，以适应社会发展的新要求。

中国文字称为“汉字”的重要原因在于汉朝对中国文字的贡献。在秦朝实施“书同文”的基础上，汉朝对文字的整理、规范、检索、革新与书写达到历史上第一个高峰。在汉武帝时（公元前140—前88年），平息了匈奴的侵犯，汉朝成为世界上最强的王朝，与当时的罗马帝国同享辉煌与荣光。强盛的国力与繁荣的文化，使汉字既体现了国家意志又代表了国家形象，为汉字的推广应用奠定了历史文化基础，有如后来的英文被举世公认一样，“汉字”之名被固化使用至今。

还在秦朝，当时的中央政府最高行政首长丞相李斯抓文字书写工作，并发明了小篆字体。后来，汉字书写技巧逐渐演化为一种独特的艺术，称为“书法”。汉字先是用刀作笔刻写在竹简等硬质书写物之上，“用心写字”成为读书人的基本功。要求书写者书写时“意在笔先”，即从思想上重视规范书写。这些要求对后人规范书写影响深远。大学者胡适不写潦草字，他认为写出让人难以辨认的字，是对他人不尊重，甚至是一种不道德的行为。

经历两千多年的演变，汉字的书写到了我们的手上反而失范了，令人遗憾。其原因非常复杂，但归纳起来讲主要是源头上不重视对学生的书写训练，其次是电脑打字把书写逼到“角落”，其三是社会环境对规范文字书写的冲击与污染。

先看源头存在的问题，孩子上小学阶段，学习任务主要是识字与写字并学习简单的计算。小学开设了写字课，但真正重视教好写字课的学校或老师不多。从家长到学校，人们没有像重视数理化及外语那种程度去抓写字的进度和质量，所以，才有写字课被占用甚至被取消，用于上所谓的主课。小孩子一旦错失了最佳书写训练的时间，对文字书写不得其法，到了高年级甚至到了社会上，要想再写好字就难了。

二是电脑打字代替了书写，这在客观上迫使书写“退场”，今天在岗的80后，特别是90后的一些青年人，书写不规范与这两个因素有很大的关系，他们学历都很高，打字速度也快，但书写能力还停留在小学低年级水平。

三是语言文字环境被高度商业化的广告宣传氛围所污染。如许多商家请“名人”“明星”做产品形象代言人，在靓丽的相貌下签写的名字像一堆蚯蚓伴在其侧。本来，中国人对字与对人的评价是一样重视的，有“字如其人”之说，但看到广告上的“名人”“明星”签名之后，竟让人一字不识而大倒胃口，给人的印象是徒有其表。

这里讲的书写不规范的原因是笔者的拙见，看不清原因就提不出纠正的办法，按照写作的思维惯性，还得提出怎样才能写好字的又一拙见。

怎样才能写好字即规范地书写，首先要在学校抓好书写训练，帮助青少年打好基础。广州开发区第一小学的实践证明：学校规定每天中午所有学生练习“席殊汉字正写法”一分钟，每节语文课要练十分钟，不要小看这短短的一分钟，几个月后，不但学生的书法作业水平进步神速，他们也变得更加细心和守纪律了！可见，学校的德、智、体、美教育是一个整体，而美育又是一个大系统，不仅是音乐、唱歌、绘画，还应包括书写。书法教育就是一个心性的培养，培养一种心理能力与专注力。专家认为，书法是培养专注力的最好手段。关键是家长、老师要有这个意识，才能引导好孩子的写字。

这里讲的书法有两层含义：一是书写的方法，二是书写的艺术。古代书写用毛笔（民国之后很长一段时间仍然是毛笔书写为主），其书写方法进入书法艺术就快。所以，书法是指书写方法与书写艺术的统称。还要说明“书写”与“书法”的关系，二者既有联系又有区别。书写，是指我们日常用笔在纸或其他书写体上写字，包括学生练字、做作业、老师在黑板上写字（板书）、做学习笔记和会议记录、写文章、写信、写纸条……基本要求是字体端正、规范，能认读。“书法”是指用硬笔或软笔（通常是用毛笔）写出各种不同形体的汉字，包括篆书、隶书、楷书、行书、草书（狂草），是中国一门古老而独特的艺术。传到朝鲜与日本，衍生出韩国的书艺、日本的书道。“书法”是以“书写”为基础的，没有认真地学习与实践“书写”知识与技巧，不可能有高水平的“书法”艺术。

饶宗颐先生说：“无论在哪里，国学的基础都是汉字。每个人首先要把文字学透。”（2007 年 6 月 25 日《南方日报》A06 版）此话含义极其深邃。我理解“把文字学透”也包括了写好汉字。汉字由 4500 个甲骨文演变到现在已近十万字。要写好字，必须对汉字的特点有所认识，在整体上把握汉字的书写规律。中国书协会员王德志指出：“汉字是当今世界上仅存的一种最古老的表意字，属于方块结构使其具有了丰富的造型空间与特征，字的构造十分丰富，符合多样性统一形式美的法则。汉字的方块构造所呈现的是平面结构，在视觉空间上是二维的，但它隐含三维性。”这一简叙对汉字的特征作了较全面的介绍：古老、表意、方块结构、造型空间、多样性统一、形式美……真可谓博大精深。

如“字”这个字就有多个含义：

一是生孩子。这是“字”的本义。古代管未出嫁的女子叫作“待字闺中”，意思就是在闺房里等待生孩子。

二是乳也。《说文解字》里对“字”的解释为：“乳也”，意思是在家里喂养孩子。“宀”表示房子，是家的意思，“子”代表孩子。所以在家里养育孩子就是“字”的最基本的含义。

三是指文字，中国古代文与字是两个不同的概念，独体为文，合体为字。即“文”是指象形字，是无法拆解的，就是一个图像而已。所以“文”可以说但不可以解。“字”是可以拆解的，可以不断地利用“字”来组成新的字。这种不断地创造新字的内涵也是借助了字会“生育”的特性。

四是名字。古代男孩出生三个月时，长辈会给他起个名。二十岁行冠礼时再取字，证明你已开始走向成熟。尊重一个男人，都要称他的“字”。如电影里我们听到民主人士称毛泽东为“润之”，润就是泽的意思。

《淮南子》里有“昔者仓颉作书而天雨粟、鬼夜哭”的记载，说的是汉字的产生惊天地、泣鬼神，是世间一件惊天动地的大事。所以，古代的读书人对写字怀有一种严肃、庄重的心态。难怪日本、法国首开汉字书写博士学位，美国也开设书法论文博士学位，而中国于1993年才批准书法艺术的博士学位点，属于美术学，大的范畴属于艺术学。日、法、美均先于中国设书法论文博士学位。国人对书法的认识水平落在外国人后面，这就难怪今天出现书写问题了。其实，日常人们书写时大多忽略了这些内容与因素，所以写出的字严重变形变态，甚至失去原生态（成一堆蚯蚓）而面目全非，才会有“药方似天书”的极端问题出现。

其次，在个性上了解汉字的特点。汉字有几万个，收入《新华字典》的常用字也有11100个，数量虽大，但每个字都由笔画组成，所以要在笔画上下功夫。汉字书写笔画讲究起笔、行笔、收笔三要素。现在问题在于，这三要素是一下子完成的，出现起笔重、行笔快、无收笔的千篇一律的一笔字体。一笔一画见功夫，最简单的事也是最难的事。传统书法特别强调练字先练笔画，而笔画选择各类偏旁部首，从易到难，由简入繁。如达·芬奇画蛋，蛋的线条简单，但有规律，对心智是一种磨炼，蛋画好了才能画出真正的作品。可见，书写汉字笔画的基本功是不能忽略的。

其三，要懂得汉字书写的“三美”：

一是结构美。汉字的方块字形构成字体多线条，除重视笔画三要素外，还要重视其左右、上下、内外各字素位置的分配，使其错落有致，搭配得当，左右照应、上下协调、内外兼顾，构成特有的结构美。

二是形体美。由结构组成字的形体。形体如人的身材，大家都喜欢身材协调的人，但每个人的身材都不一样，汉字也如此。每个字的结构不一样，加上书写方法与字体不同，写成后其形体也不相同（如篆刻、隶书、楷书、草书，其书写出的字形体大相径庭）。

三是气韵美。这是高层次要求，一手好字，除了结构、形体外，就是它的气韵，是前两项要求的完美展示，即由气势与韵味把字展示出来。看笔画有如力透纸背，甚至入木三分，或刚劲，或清新，或飘逸，看结构，笔画之间，字体之间，其味无穷。书法大师启功先生的字，笔画清秀，结构严谨，字势流美，形神兼备，气韵飘逸，三美达到了完整的统一，百看不厌。字一亮出来，就让人认得是清朗刚健的“启体”。

“书写”与“书法”都是有规律的，对如何写好汉字，从古至今都有人潜心研究。鲁迅先生在《汉文学史纲要》中提出：“汉字具三美，意美以感心，一也；音美以感耳，二也；形美以感目，三也。”可见汉字既要人知其含义，听其声律，还要让人有一种视觉美，这是其他任何文字难比的。要达到视觉美的效果，完全靠书写人认真对待每一个字。

幸运的是，仍有人在继续研究汉字的书写方法与技巧。席殊因 20 世纪 80 年代教授硬笔书法而声名鹊起。最近提出汉字正写法——八正法，即正身、正字、正心、正察、正意、正临、正念、正校八个步骤。我认为，在八正法中，“正心”是核心内容，是统领其他法则的灵魂，与朱熹所说读书三到的“心到为要”如出一辙。席殊的八正汉字书写法是对中国传统书法艺术理论的推陈出新，也是对书写实践的最新概括与阐述。“正心”，望文生义就是要求在日常生活中保持一种平常心，特别是写字时，先把心情平静下来，把神收拢（或叫让灵魂归身），然后身子坐端正，规范地握笔，心静才能身正，也才会有正字从笔端流出来。这字，看似从手中的笔端写出的，其实是从写字者的心里流出来的。汉代的扬雄说“字为心画”。古人说心正则字正，所以，有什么样的心态就有什么样的字。我对写字情形的体会是：笔由手握，字由心出，文由情发，“心到”才能写好字写好文。因为写字的规律、结构、笔法，体现了人文精神和做人做事的道理。从这个意义上讲，“字如其人”是指人的精神状态，不完全指人的仪表形态。当然，要写好字，写字的环境条件也要重视，如安静无噪音、高度适当的桌凳、流畅的写字笔与适合的书写纸张等，都是构成书写规范字的外部因素。

大书法家启功先生说过：不要把写字吹得太神，其实把字写好很简单，最主要是结构，就像盖房子，必须把架子搭好。他鼓励大家大胆写字，什么笔、什么纸都拿起来写。“写字是一种享受，没什么神秘的，写字时应感到轻松愉快。”他还提出小孩子练字与学习其他文化知识的关系，小孩子首先要学好功课，打好学习基础。他认为小孩子练毛笔字主要是记住笔画、字形，培养对民族传统文化的爱好。年龄渐长大了，理解能力和观赏力强了，练字才更有见解、有辨别、有选择，写出自己的风格。启功先生是以毛笔（软笔）为例，从书法艺术角度讲如何“写字”，有几个观点应引起我们重视并实践。一是不要把写字吹得太神，主要是重视结构；二是他把写字作为一种享受，大胆写，什么笔和纸都拿起来写，多写才能有体会和经验，做到“心中有字”，写起来就会得心应手；三是小孩练毛笔字主要记住笔画与字形。启功的提示对于用硬笔书写汉字者也是适用的，因为书写原理是相通的。

关于写字，我也是门外汉，说如何写字的底气不足，但看到社会上文字书写中存在的问题，又忍不住在一说为快的心态驱使下写了此文，算是对自己的提醒。

重视写字，从我做起。

——编者

附： **汉字颂**

张镝荣

横平竖直君子风，点撇折勾布九宫。
画成万象鬼神泣，书就文章可雕龙。
先贤著述凭兹永，往圣遗篇赖以荣。
流风余韵归来日，涂鸦遥祭献双瞳。

——2013年10月26日《人民日报》第12版

藏书与读书

书是文化的载体，藏书是文化人的象征。古往今来，藏书人财可捐，命肯殒，而嗜书如命，志不可改。孔夫子周游列国，访书问籍；颜回箪食瓢饮，守书以达天命。宁波天一阁主人范氏以毕生游宦所聚，换取名楼藏书，传之后世；常熟铁琴铜剑楼主瞿氏，散祖积之财，聚天下善本，为天下范。

天下上至帝子王孙，下到草庐寒儒，室无藏书，则退不足以修身齐家，进不足以治国平天下。高人雅士，一箧书一壶酒，遨游天下，斯世视之同怀。

古来家有千钟粟，万顷田，而室无藏书，门无读书人，乡鄙农夫所不齿也；今日纵然雕梁画栋，满室金壁，而无书香盈室，终不免流于小家气派、暴发底色。

聚天下好书，拱之四壁，日则摩挲把玩，夜则秉烛而读。有客人来访，置之书城说古论今，谈天及地，其乐也，岂言语所能详道欤！

藏书之于中国人，可为知识，可为品味，可为身份，可为地位。有书则居官为儒仕，经商为儒商。在三百六十行里，莫不洋溢为人钦敬的书香。

愿天下俱耕读传家，全书香门第。

——陈木《藏书说》，辑自《宣传部长书讯》2001年第五期。

宋代大诗人陆放翁就有这样的诗句："闭户读遍家藏书"。这对我们是很有启发的。书是买来读的，不是买来藏的。要藏的话，就要把它"藏"在心中，反之，如果把书藏在柜中不读，书再多也不能发挥作用。当然，我们今天不主张"闭户"读书，但凡想成才的人，刻苦读书的精神，是不可缺少的。在阅读中，我有这样的体会，要坚持下去，除了要有刻苦精神，还应从自己的实际出发，预定一个切实可行的读书计划。要循序渐进，重视基础知识的学习。哪些书要精读，以求深化；哪些书可略读，以求博大。我们心中都要有数。过去，之所以会出现"书一进柜变'藏书'"的现象，看来是同缺乏这种计划性有很大关系的。

——李兆才《藏书与读书》

图书所体现文字语言的力量，是通过阅读形成的。阅读，可以激活人的思想力、想象力、创造力，可以感染人们的人性情怀和情感世界。文字符号必须通过与鲜活头脑的碰撞，才能擦出思想的火花。只有通过人们的阅读，冰冷的符号才能迸发出智慧的火焰。因此，图书不只是为了珍藏，更是为了人们的阅读。

——韩震（北京师范大学价值与文化研究中心教授）

星云大师赞赏高希均教授（《天下远见》杂志创办人）说："要把家庭酒柜变成书柜。"现在，校园里停满了各式名牌的轿车，居室无不装修得富丽堂皇，但就是舍不得花钱买书和订阅报刊。这显然不是金钱问题，可能是精神导向发生了偏移。不少现代人的精神变得虚脱，信仰逐渐迷失，读书风气日衰，这预示着文化的危机，应引起国家有关部门的高度重视。

——刘道玉《读书到苦方觉甜》（2011年2月15日《人民日报》）

早些年，漫画家华君武在《读书》杂志上发表了一幅漫画《买书不看成补壁，不如画个大书柜》，颇耐人寻味：一个手执画笔的人，站在梯子上，正往雪白的墙壁上画一个大书柜。地上有个人，两手抱怀而视，得意地欣赏着。这幅漫画，对于那些只买书不看书，充当新书"保管员"的人是一种多么幽默与含蓄的讽喻。把书买来，并不等于把知识装进了脑子里。他们之间还有一个相当的距离。买书表明了有求知欲，而读书才是攀登科学文化山峰的行动。

每一本书都凝聚了作者、编者、印刷工人的心血，若买了不读，而别人想读又买不到，岂不使作者、编者、工人花费的心血付之东流。

我给所有的家长建议是：无论文化艺术宗教哲学，尽可能在自己家里收藏一些书，500—1000 本藏书的书架搁在那里，自己的孩子能够识字阅读了，自然会找着有兴趣、没兴趣的来读，无论天文地理，无论庙堂江湖。孩子的多数学问不应是从学校老师那里死记硬背来的，而是由他天马行空自我学习来的。知识武装头脑，多看书，多看杂志的孩子，长大后的能力与机会超乎寻常。

——法般洁（水去先生）（2010 年 7 月 26 日《南方日报》A05 版）

每逢节日，特别是儿童节，孩子们向爸爸妈妈撒娇要礼物的层次越来越高，形成一种不正常的攀比现象。为改变这种现象，我常常告诉学生，书是最宝贵的礼物，同时，我建议家长，给孩子们买书，作为最好的礼物。

——杨育龙《一份薄礼》

九大民间藏书阁

奎文阁

始建于宋真宗天禧二年（1018 年），阁址在山东省曲阜市孔庙内，完全是木质结构。奎为二十八宿之一，有星十六颗。古人多以其形似文字而认为它主文运和文章。历代封建帝王把孔子比作“奎星”。故以“奎文阁”命名孔庙藏书楼。

天一阁

中国现存最早的私家藏书楼。在浙江宁波，始建于明代嘉靖四十年（1561 年）。天一阁设计为两层，上层喻为天，下层比为地，上层不分间通为一厅。合“天一生水”之意；下层分为六间，以应“地六成之”之意。

绛云楼

明末清初钱谦益私家藏书楼，楼址在江苏常熟。

海源阁

清代杨以增、杨绍和父子的藏书楼，楼址在故里山东聊城。“海源阁”之名源于《礼记·学记》。

铁琴铜剑楼

清末四大藏书楼之首，是常熟瞿绍基私家藏书楼，原名“恬裕斋”，后来瞿绍基之子瞿镛因获古铁琴一张、古铜剑一柄珍藏于楼内，故改名为“铁琴铜剑楼”。

观古堂

叶德辉私家藏书楼。叶德辉是清代光绪十八年（1892 年）进士，著名藏书家和出版家。

双鉴楼

傅增湘私家藏书楼。傅增湘是清代光绪二十四年（1898 年）进士，1927 年担任故宫博物院图书馆馆长，因为他获得宋刻百衲本《资治通鉴》和元刻《胡注通鉴》，故名其藏书楼为“双鉴楼”。

古越藏书楼

浙江绍兴徐树兰创办。徐树兰是光绪二年（1876 年）举人，1897 年在绍兴创办中西学堂。1903 年建成此楼并捐为公有。现已改名为“鲁迅图书馆”。古越藏书楼标志着中国私人藏书楼向公共图书馆过渡。

嘉业堂

浙江湖州南浔镇刘承干私家藏书楼。1924 年建成。溥仪曾手书“钦若嘉业”匾额，刘承干以此命名藏书楼。

藏书印小知识

古今中外的读书人，大多喜欢藏书，有的还在书籍上做个收藏标志，西方人用藏书票，而我国多用藏书印。

藏书印源于唐朝。唐太宗曾用过“贞观”藏书印章。到宋太祖时，“秘阁图书”成为当时专门收藏书的印鉴。

藏书者在书页上钤上一方朱印，即标明书籍的所有权。同时，有的还附以别的文字，展示主人的思想情趣。

明朝汲古阁主人毛晋有一方大藏书印，印文有 56 字之多，将藏书宗旨和原则概寓其中：“吾家业儒，辛勤置书，以遗子孙，其志如何。后人不读，将至于鬻（yù，意即卖儿女），颓其家声，不如禽犊。若归他室，当念斯言，取非其有，无宁舍旃（zhān）。”

清末的许益斋刻有《榆园丛书》，其藏书表现了一种豁达的藏书心态：“得之不易失之易，物无尽藏亦此理。但愿得者如我辈，既非我有亦可喜。”与《赠盗诗》有异曲同工之妙。

现代藏书印多在简明中透着机巧和志趣。

美术大师张大千的藏书印大都自撰自刻，如“大千掌握”“藏之大千”“不负古人告后人”等。邓拓刻有一枚“书生之气不可无”的藏书印，表达潜心研读、勤奋治学的意愿。瞿秋白、杨之华夫妇曾合用一枚藏书印：“秋之白华”，二人名字珠联璧合，巧含其中，仿佛可看出他们夫妇共读的身影。

《聊斋志异》的作者蒲松龄，号柳泉居士，他的藏书印刻有柳树、山泉、小桥、行人，含“柳泉”之义，更为精美有趣。

叶昌炽《藏书纪事诗》

清朝末年，叶昌炽著《藏书纪事诗》。这是一部记载历史藏书家事迹的专著，时代起于五代末期，迄于清代末期，计收集有关人物739人，是一部资料汇编式的藏书家辞典。该书还收录了历代刻书、校书、抄书、读书等方面的资料，对研究目录、版本、校勘及文化学术的演变发展情况，具有重要的史料价值，被誉为“藏书之诗史，书林之掌故”，可见在我国藏书历史源远流长。

性别与书房

一、男人与书房

男人读书的目的性通常强于女性。经常在家里看书的男人，实际上保持着一种工作的状态或准备状态，很多时候他们读书是与工作结合在一起的。

（一）基本要求

男人的书房通常会带有一些家庭工作室的性质，要具备一些工作室的功能，有足够腾挪的空间，以及不受干扰的环境，容易让人进入工作状态。

（二）设计重点

男人对书房最重要的要求是选择满意的书柜和书桌，气氛的营造反而居于次要地位。

他们注意书房里各元素之间的搭配。如写字台、书柜、地板和家具色彩要尽量统一，整体美观，但也考虑其实用性及便捷性，兼顾舒适性。

另外，注意书架与书桌的照明问题。有门的书柜，可以在层板里藏灯以方便查找书籍。敞开的书架则可在天花板上方安装射灯，进行局部补光。台灯最好选择可以调节角度、明暗的灯，增加读书的舒适度。

注意通风问题。长时间的读书需要保持头脑的清醒，要经常开门、开窗，通风换气。

可以设置沙发或躺椅以供小憩，男人读书时通常是懒散的，这样能让他们待得更舒服。

二、女人与书房

女性天生爱美，对于浪漫与格调有先天的嗜好。喜欢阅读的她们，又平添了异于男人的知性美，让她们更有欲望和能力来把握为自己创造浪漫与格调的机会与方式。

（一）基本要求

通常女性对书房的感悟功能强于工作功能，她们更喜欢从书中感受他人的人生思想来印证自己，从而获得某种慰藉或满足。所以女性书房不用太大，但一定要符合女性审美的格调，营造出适合感悟的氛围。

（二）设计重点

首先要根据主人的偏好确立整体色调，切忌繁复的层次与区域分隔。

女性更注重细节的，在房间里设置盆栽，抑或简洁而小巧的书挡等，可以在细节上更具情调。女性擅长整理房间，将书房中的图书资料分类是女人们的拿手戏。

书房应该尽量安排在朝向好的房间，较之卧室有更好的自然采光。读书是怡情养性的事情，能与自然合为一，头脑会更清醒。

九 读书楹联选辑

发奋识遍天下字，
立志读尽人间书。

——（宋）苏轼

对联

书斋联

乾隆题北京故宫景福宫：
每闻善事先心喜，或见奇书辄手抄。

乾隆题弘德殿：
得志用新意，耽书是宿缘。

金龙题书斋：
奇书手不释，旧友心相知。

钱陈群题书斋：
藜火光联书案月，笔花香泛墨池云。

张载题书房：
夜眠人静后，早起鸟啼先。

曾国藩题书斋：
世事多因忙里错，好人半自苦中来。

陆游题书斋：
书到用时方恨少，事非经过不知难。

陈白崖题书斋：
山抹微云无墨画，竹敲秋雨有声诗。

陈白崖题杜文秀书房：
积德多繁衍，藏书益远香。
四壁春烟无燕到，一窗云影有龙飞。

邓子龙题书斋：
月斜诗梦瘦，风散墨花香。

俞越题孙莲叔红叶读书楼：
仙到应迷，有帘幕几重，阑干几曲；
客来不速，看落叶满屋，奇书满床。

王文韶题补读庐：
好山水游，其人多寿；有诗书气，生子必才。

徐渭题书斋：
雨醒诗梦来蕉叶，风载书声出藕花。
旧业尚存三经草，小窗独对半床书。
花香满座客对酒，灯影隔帘人读书。

傅山题书斋：
竹雨松风琴韵，茶烟梧月书声。

郑板桥题书斋：
删繁就简三秋树，领异标新二月花。

郑板桥题扬州小玲珑山馆：
咬定几句有用书，可当饮食；
养成数竿新生竹，直似儿孙。

梁同书题书斋：

无事此静坐，有情且赋诗。

吴文之题书斋：

移门欲就山当榻，补屋常愁雨湿书。

赵曾望题书斋：

吾十有五而志于学，人一己千虽愚心明。

名美尚欣闻过友，业高不废等身书。

袁少枚题半闲园：

半市半乡，半读半耕，半士半医，世界本少全才，故名曰半；

闲吟闲咏，闲弹闲唱，闲斟闲酌，人间尽多忙客，而我独闲。

乌尔衮布题宣南小园：

半日读书，半日静坐；一亩种菜，一亩栽花。

魏善伯题厕联：

成文自古称三上，作赋于今过十年。

（注：北宋欧阳修《归田录》记：“余平生所作文章，多在‘三上’，乃马上、枕上、厕上也。盖性此尤可以属思尔。”晋代文学家左思写《三都赋》构思十年。增广贤文载：“待有闲而读书，终无读书之时。”）

蔡福田集联：

藏书万卷可教子；（黄庭坚诗句）

买地十亩皆种松。（梅尧臣诗句）

方志敏题卧室联：

心有三爱：奇书、骏马、佳山水；

园栽四物：青松、翠竹、白梅兰。

徐渭赠沈曼长联：

养性不须烹紫雪，读书何旦出青云。

李啸村题赠郑燮（板桥）联：

三绝诗书画，一官归去来。

鲁迅题书斋联（集句）：

望崦嵫而勿迫，恐鹈鴂之先鸣。

（注：上下联均出自《离骚》，崦嵫为山名，在甘肃省，古代指太阳落山的地方。鹈鴂指杜鹃，俗叫“淘河”“塘鹅”。上联说：希望时光流逝得慢一些，以便做更多的工作；下联说：唯恐岁月早来到，要做的工作不能做完。永恒的自然与短暂人生形成巨大的心理落差。使有识之士对时间总有一种紧迫感。鲁迅将此联悬于北京“老虎尾巴”书屋中以自勉。）

林靖光自题书室联：

读书原是福，饮酒亦须才。

书院劝学联

虞山书院学道堂联之二：

孔子学何学，曰圣与仁是，时习之悦悦斯，朋来之乐乐斯；

孔子道何道，曰一以贯之，多学而识识此，忠恕而行行此。

——（明）管志道

明是自家明，行是自家行，工夫不靠他人；

明是明自家，行是行自家，学问只求诸己。

——（明）耿橘

志孔子之志，老安少怀友信；

学孔子之学，命知耳顺心从。

——（明）耿橘

明心见性，即诗书所称何加；

易俗遗风，则礼乐之用为急。

——（明）李右谏

南菁书院讲堂联：

绎志多忘嗟老大，读书有味且从容。

——（清）左宗棠

敷文书院联：

竹里书声来隔院，松间棋韵静虚窗。

——（清）高鹏年

四时之乐俱在于此；六艺之义不属于斯。

——（清）高鹏年

人只此人，不入圣，便作狂，中间难站脚；
学须就学，昨既过，今又待，何日始回头。

——（清）杨昌浚

五峰书院丽泽祠联其一：

光昭日月，书上中兴。

——（清）程兆选

共学书院观生堂联其一：

学先主静，何从看喜怒哀乐未发以前；
道在识仁，当不隔元会运世相识以后。

——（明）岳和生

道东书院联之一：

诗书资博约，礼教致中和。

白鹿洞书院联之一：

日月两轮天地眼，读书万卷圣贤心。

——（宋）朱熹

信江书院联之一：

用志不分，俯拾即是；
开卷自得，与古为新。

——（清）张邸尘

凝秀书院联之一：

力学如为山九仞，高须加一篑；
行仁若法海十分，满尚纳千流。

——（清）高积

东山书院联之一：

读书志在圣贤，为官心在君国。

——（清）佚名

两湖书院通今轩联：

不出门须通天下事，知朝廷要用读书人。

——（清）李彦章

岳麓书院教学斋联：

业精于勤，漫贪嬉戏思鸿鹄；
学以致用，莫把聪明付蠹虫。

——（清）佚名

昭潭书院饭厅联：

试思世界何如哉，恒流沧海，顿起大风波，河山带砺是谁家，愿诸生尝胆卧薪，每饭不忘天下事；

士为境遇所累耳，咬得菜根，才算奇男子，将相王侯宁有种，看前哲断齑画粥，读书多靠少年时。

——（清）吴邵芝

粤秀书院大堂联：

读古人书，当思其中有我；
应天下事，先须此内无他。

——（清）黄恩彤

西邕书院联之一：

清坐使人无俗气，读书何计策新功。

——（清）李彦章

阳明书院联之一：

文能换骨余可法，学到寻源自不疑。

——（清）李彦章

秀阳书院联之一：

不看破义利关，何须讲学；

要认识忠孝字，才是读书。

——（清）冯子材

至公书院联之一：

经济本乎文章，不学须知无术；

英才出自教育，其次皆可曲成。

——（清）沈永宁

丹山书院联：

读兵书惧战，读律书惧刑，不如读孔孟遗书，战刑不惧；

耕尧田忧水，耕汤田忧旱，何若耕自己心田，水旱无忧。

——（清）李惺

龙冈书院联之一：

蓄得奇书且勤读，忽逢佳士喜同游。

——李崇峻

学古书院联：

学以聚，问以辩；古与稽，今与居。

关中书院大门联：

汇人间群书博览之，何其好也；

集天下英才教育之，不亦乐乎。

——（明）顾宪成

华原书院联：

所学何事，有志竟成。

——（清）谢长年

苦心人天不负，有志者事竟成。

——（清）刘继先

广东省乳源县大桥镇观澜书院明德堂联：
明从日月兮，美如去花荫，常凭书史长年酌；
德配乾坤大，任雅来云物，不宜斗牛志直捷。

名人读书联

贵有恒，何必三更睡五更起；
最无益，莫过一日曝十日寒。

——毛泽东改联自勉

愿乘风破万里浪，甘面壁读十年书。

——孙中山

墨翻衫袖吾方醉；腹有诗书气自华。

——（清）翁同龢

身无半亩，心忧天下；
读破万卷，神交古人。

——（清）左宗棠

要大门闾，积德累善；
是好子弟，耕田读书。

——（清）左宗棠

读书已过五千卷，此墨足交三千年。

——（清）袁枚

放眼读书，以养其气；
开襟饮酒，用全吾真。

——（清）袁枚

行是知之始，学非问不明。

——陶行知

造竹求名，读书求理。

——《中华圣贤经》

劝人一时以口，劝人一世以书。

——（清）《增广贤文》

傍百年树，读万卷书。

——（宋）朱熹

积学以储宝，酌理以富才。

——（南朝·梁）刘勰

板凳要坐十年冷，文章不写一句空。

——范文澜

书不在厚，有味则馨；
言不在多，醒世则经。

——《中华圣贤经》

闲中觅伴书为先，身外无求睡最安。

——刘墉

要好儿孙须积德，欲高门第快读书。

——《中华圣贤经》

至乐无如读书，至要莫如教子。

——（清）彭文勤题蒋心如宅

古人尽向尘中远，白日耕田夜读书。

——（唐）赵嘏

养生莫善寡欲，至乐无如读书。

——（清）郑成功

为人竖起脊梁铁，把卷撑开眼海银。

——（清）谭嗣同

与有肝胆人处事，从无字句处读书。

——周恩来

美酒酿成缘好客，黄金散尽为收书。

——《中华圣贤经》

酒多人癫，书多人贤。

——《中华圣贤经》

醉歌田舍酒，笑读古人书。

——（唐）王维《送孟六归襄阳》

有酒能当醉三日，无书难以过一天。

——《中华圣贤经》

多读书知礼明义，少饮酒无是无非。

——《中华圣贤经》

茶亦醉人何须酒，书能香我不需花。

——《中华圣贤经》

不信酒是消忧物，只知诗乃提神丹。

——《中华圣贤经》

白酒酿成缘好客，黄金散尽为收书。

——《增广贤文》

壮士冻死不卖剑，秀才饿死不卖书

——《中华圣贤经》

家藏经史子集部，人在烟霞泉水间。

——《中华圣贤经》

家有余粮鸡犬饱，户多书籍子孙贤。

——（明）施耐庵

传家二字耕与读，防家二字盗与奸。

——《中华圣贤经》

斗室何妨陋，奇书不厌多。

——《中华圣贤经》

书为天下英雄胆，善是人间富贵根。

——广东省立中山图书馆联

书深十阅得新知，沉心百转荡回肠；
墨软勾勒千层雪，香气萦人万卷长。

——梁冰《书沉墨香》

万事莫如为善乐，百花怎比读书香？

——（清）顾光旭

读书贵知要，做人贵知善。

——佚名

惟书有色，艳于西子；
惟文有华，秀于百卉。

——（唐）皮日休

无药可延父母寿，有书可教子孙贤。

——《中华圣贤经》

家无读书子，官从何处来。

——（明）周清源《西湖二集》

贫不读书留子读，老犹栽竹与人看。

——《中华圣贤经》

藏书万卷可教子，遗金满籯常作灾。

——（宋）黄庭坚

积钱不如积德，闲坐不如看书。

——《增广贤文》

训子须从胎教始，端蒙必自小学初。

——《中华圣贤经》

须知孺子可教，勿谓童子何知。

——《古语集句联》

积德百年元气厚，读书三代雅人多。

——《中华圣贤经》

祖宗富贵，自诗书中来，子孙享富贵而贱诗书；
祖宗家业，自勤俭中来，子孙得家业而忘勤俭。

——（清）金缨《格言联璧》

书中结良友，千载奇逢；
门内产贤郎，一家活宝。

——《中华圣贤经》

文章到处精神老，学问深时意气平。（注：孔德成曾引此联赞季羡林。）

——石韫玉

诗书礼乐乾坤大，日月星辰政教明。

——韩国三清阁千秋堂联

读有益书精力旺，行无愧事梦魂安。

——《中华圣贤经》

百年燕翼惟培善，万里鹏程在读书。

——（清）陈兰彬

读书万卷贵能用，树千秋德莫如滋。

——（清）魏源

读古人书，求修身道；
友天下士，谋求时方。

——（清）魏源

读圣贤书，行仁义事；
立齐家志，存忠孝心。

——（宋）朱熹自题联

读书即未成名，究竟人高品雅；
修德不期获报，自然梦稳心安。

——（清）吴敬梓

读书之时读书，则其学必精；
游散之时游散，则其体必强。

——（清）吴敬梓

千教万教，教人求真；
千学万学，学做真人。

——陶行知

探道好渊玄，观书鄙章句。

——（清）朱冕赠人联

读书好，耕田好，说好就好；
创业难，学成难，知难不难。

——（清）蒲松龄

其一　好书悟后三更月，良友来时四座春。
其二　开卷神游千载上，望帘心在万山中。

其三　处世劳尘时，传家宝旧书。

——（清）邓石如

勤学联

辛苦莫忘晨读夜，买书钱是织麻钱。

——（清）周椠

聪明在于勤奋，天才在于积累。

——华罗庚

学贵有恒，勤能补拙。

——《中华圣贤经》

知识不纳懒惰汉，学问永伴勤奋人。

——《中华圣贤经》

学如逆水行舟，不进则退；
心似平原跑马，易放难收。

——《中华圣贤经》

无事且从闲处乐，有书时向静中观。

——（清）方熏自题联

纸上得来终觉浅，心中悟出始知深。

——仿陆游《冬夜读书示子聿》

耳聪不学犹如聋，目明不读近乎盲。

——（汉）焦延寿

人能读书即为有福，我欲去谤莫如无言。

——《中华圣贤经》

几番琢磨方成器，十年耕耘自见功。

拙因知事少，老悔读书迟。

——（明）笪重光自题联

读书能见道，入世不求名。

——《中华圣贤经》

雪夜书千卷，倦时酒一瓢。

——佚名

十年寒窗无人问，一举成名天下知。

——（明）高明《琵琶记·蔡公逼试》

无慎独工夫，不是真学问。

——（明）吕坤（呻吟语·问学》

书卷莫教春色老，柴门不为俗客开。

——《中华圣贤经》

书到疑处翻成悟，学到穷时自有神。

——佚名

动念即应思改过，得闲何不再读书。

——《中华圣贤经》

三更有梦书当枕，千里怀人月在峰。

——佚名

枕堆书册，千秋圣贤并头；
扇画山河，一统乾坤在手。

——朱元璋与开国大臣陶安的对联

（注：一天朱元璋到陶安家里见陶安以书作枕，便出了上联。陶安一时无言以对，抬头见朱元璋手握一把折扇上画有山河图，便对出下联。）

为学日益，为道日损；

大勇若怯，大智若愚。

——（清）林则徐赠人联

书山有路勤为径，学海无涯苦作舟。

——《中华圣贤经》

一等人忠孝信义，两件事报国读书。

——广东省立中山图书馆门联

天下奇观看尽，不如书本；
世间滋味尝来，无过菜根。

——于伍云

学贵心悟，守旧无功。

——（宋）张载《经学理窟》

多才之士，才储八斗；
博学之儒，学富五车。

——《幼学琼林·文事》

读书静坐，各得半日；
清风明月，不用一钱。

——（清）林则徐

枕上诗书闲处好，门前风景雨来佳。

——（宋）李清照

有书真富贵，无事小神仙。

——（清）《增广贤文》

少读书，便会低天分；
行刻薄，真乃大糊涂。

——（清）王之春

（注：此联为清代文人王之春家教联，以此勉励子孙要多读书并宽厚待人。）

赞数学老师联：

指数函数，对数函数，三角函数，数数含辛茹苦；

平行直线，交叉直线，异面直线，线线意切情深。

“十字联”赞颂老师：

一支粉笔两袖清风，三尺讲台四季晴雨，加上五脏六腑七嘴八舌九思十霜，教必有方，滴滴汗水诚滋桃李芳天下；

十卷诗赋九章勾股，八索文思七纬地理，连同六艺五经四书三字两雅一心，诲而不倦，点点心血勤育英才泽神州。

故事

皇帝对联教子

明朝嘉靖皇帝幼时很贪玩，不爱读书。父亲便把他关在书房里，罚他抄写一副家教对联：“读书好，练武好，学好更好；创业难，当权难，知难不难。”规定要每天抄一百遍，完不成就要受鞭打。嘉靖皇帝整整抄了一百天，终于悟出了父亲的良苦用心，痛心大哭，跑到父亲面前跪下请罪。从此嘉靖皇帝用功读书，还把这副对联挂在书房里作为座右铭，以时时提醒自己用功读书，后来终成大业。

谢觉哉续韩愈绝对

“恶山恶水恶环境，韩退之，退之”，相传是唐朝大文学家韩愈（字退之）被贬潮州离任之际写的上联。

韩愈自己没写下联，也一直无人对上。新中国成立初期，时任内务部长谢觉哉到潮州视察，晚上在房间读《共产党宣言》，大有豁然开朗之感。这时，正好想起日里听说的韩愈“绝联”，灵感顿生，于是对出了下联：“好书好句好文章，谢觉哉，觉哉。”

附　录

影响世界历史的十部书

1. 《君王论》（1517 年出版），作者是意大利尼克拉·马基亚维利。

2. 《天体运动论》（1549 年出版），作者是波兰天文学家尼古拉·哥白尼。

3. 《血液循环论》（1628 年出版），作者是英国医学家威廉·哈维。

4. 《自然哲学的数学原理》（1687 年出版），作者是英国物理学家伊萨克·牛顿。

5. 《常识》（1776 年出版），作者是从英国迁到美洲的移民汤马·潘恩。

6. 《国富论》（1776 年出版），作者是英国资产阶级古典政治经济学家亚当·斯密。

7. 《黑奴吁天录》（1852 年出版），作者是美国女作家哈里耶特·比彻·斯陀夫人。

8. 《物种起源》（1859 年出版），作者是英国博物学家查尔斯·达尔文。

9. 《资本论》（1867 年出版第一卷，1894 年出齐），作者是德国思想家卡尔·马克思。

10. 《海军强国对历史的影响》（亦作《海军战略论》，1890 年出版），作者是美国海军军官、历史学家阿尔拜雷德·萨耶·马汉。

说明：这十部书涉及政治、科学、经济、军事、医学等方面，对世界各方面产生了巨大的影响。但其评选是西方视角，东方的图书无一入选。这是应该要有所辨明的。

哪些书最能代表中国文化

上海复旦大学蔡尚思教授曾根据他的读书体会，开列了一份最能代表中国文化的书四十种，其中最有代表性的约二十种。

文学十种：(1)《诗经》△，代表先秦古诗。(2)《楚辞》。(3)《李太白诗集》，(4)《杜工部诗集》△，二者代表汉后古诗。(5)《白香山诗集》。(6)《韩昌黎文集》，代表古散文。(7)《宋元戏曲史》△，代表古代戏曲。(8)《水浒》。(9)《红楼梦》△，代表古代小说。(10)《鲁迅杂感选集》△，代表近代文学思想。

史学六种：(1)《左传》。(2)《史记》△，代表古代史学中的通史方面。(3)《史通》△，代表古代史学中的批评方面。(4)《徐霞客游记》△，代表地理游记。(5)《廿二史札记》，代表正史研究。(6)《帝王春秋》，代表历代王朝黑暗统治。

哲学思想方面二十种：(1)《论语》△，代表孔子思想。(2)《墨子》△，代表墨家思想。(3)《孙子》△，代表古代兵法。(4)《老子》，(5)《庄子》△，代表道家思想。(6)《孟子》。(7)《荀子》。(8)《韩非子》△，代表法家思想。(9)《论衡》，代表古代唯物论。(10)《金刚经》或《六祖坛经》，代表佛学。(11)《化书》。(12)《李氏焚书》《续焚书》。(13)《明夷待访录》△，代表古代民主思想。(14)《读四书大全说》。(15)《四存编》或《习斋先生言行录》。(16)《太平天国文选》△，代表农民革命思想。(17)《天演论》，代表西学。(18)《清代学术概论》，代表清代学术。(19)《孙中山选集》△，代表资产阶级革命派思想。(20)《五四运动文选》△，代表新文化运动。

科学四种：(1)《梦溪笔谈》△，代表古代科学。(2)《农书》。(3)《本草纲目》△，代表古代医药学。(4)《天工开物》。

书目后带△者为先读。这个书目，对了解我国古代文化是一个线索。

——摘自1983年10月4日《工人日报》

最早的《论语》版本是谁编的

据载，最早的《论语》版本是汉朝的张禹所编。

张禹是汉成帝时的丞相，以治《论语》出名。《论语》是记载孔子及其弟子言行的书，在西汉有多种版本。张禹将当时的各种版本集中起来，重新编辑整理成为一种新的权威本子。今天我们沿用的《论语》，基本上是张禹编辑而成的，共20篇，不到500章，约12700多字。

该书一问世，汉代以后几乎是每个读书人的必读之书。东汉时候，列入儒家经典，与《尚书》《周易》等合称“七经”。到宋代，《论语》经过朱熹注解后，成为官方权威之释，成为科举考试的最重要的教科书。宋、元、明、清几朝的官员、读书人无不受其影响。纵是科举废除后，《论语》还是读书人经常读的书。

《论语》自问世以来的两千多年间，对我国的政治、思想、教育、伦理诸多方面无不产生极其广泛的影响，因此，《论语》有“中国人的圣书”之谓。《论语》辑成不久就传到了国外，现在欧美地区称《孔子语录》而流行。这些影响是张禹当年编辑《论语》不曾料想到的。两千多年过去了，人们在阅读《论语》时应该对编辑者张禹产生崇敬之心。

——辑自报刊

“世界读书日”与“世界哲学日”

世界读书日

“世界读书日”是每年的4月23日。因为1616年4月23日，一代文豪莎士比亚和文坛巨匠塞万提斯同时逝世。为了纪念这两位文坛巨人，也向读书人致敬，向文化鞠躬，1972年联合国教科文组织将这一天定为“世界读书日”。4月23日也是“世界图书和版权日”。2000年，全国知识工程领导小组把每年的12月定为“全民读书月”，这既是积极响应联合国的倡议，更是提高全民综合素质的措施。

世界哲学日

2005 年，应摩洛哥王国的建议，联合国教科文组织正式将每年 11 月第三个星期四定为“世界哲学日”。其宗旨是促进哲学教学的发展，鼓励人们对思想和理性进行批判，对当代重大问题进行哲学分析、研究和探讨，加强哲学、人文科学与社会科学等领域的国际合作，以期更好地发挥哲学对人类社会发展的巨大促进作用。

什么是哲学？哲学是关于世界观、方法论的学说，是在具体各门科学知识的基础上形成的科学，具有抽象性、反思性、普遍性的特点。哲学的根本问题是探索思维和存在、精神和物质的关系问题。根据这些问题的不同回答，形成唯心主义哲学和唯物主义哲学两大派别。马克思主义哲学就是关于物质第一性和意识第二性的学说，是关于自然界、人类社会和思维的最一般发展规律的学说，它是科学认识和改造世界实践活动的方法与工具。人和自然界的关系问题已成为当代哲学研究的重大课题。

哲学的作用是很大的。古往今来许多思想家都将哲学置于非常重要的地位。苏格拉底说：“只要我一息尚存，我就不会停止哲学的传播和实践。”康德赋予哲学一种特殊的地位：“高于科学和历史的人类科学之王”“哲学是知识的至尊主体”。伟大的革命导师马克思、恩格斯也说：“哲学把无产阶级当作自己的物质武器，同样无产阶级也把哲学当作自己的精神武器。”（《马克思恩格斯选集》第一卷）毛泽东早年也非常重视哲学，认为改造中国“宜从哲学伦理学入手”，“人有哲学见解，自然人己平，争端息，真理流行，群妄退匿”，“普及哲学”可使“天下皆为圣贤，而无凡愚，可尽毁一切世法，呼太和之气而吸清海之波。孔子知此义，故立太平世为鹄，而不废据乱、升平二世。大同者，吾人之鹄也”（《毛泽东早期文稿》第 88—89 页）。

2016 年 5 月 17 日上午，习近平总书记在哲学社会科学工作座谈会说：“一个没有发达的自然科学的国家不可能走在世界前列，一个没有繁荣的哲学社会科学的国家也不能走在世界前列。坚持和发展中国特色社会主义……哲学社会科学具有不可替代的重要地位。”而在中央党校 2011 年秋季学期开学典礼上的讲话上，习近平也曾说：“哲学是人类的智慧之学，历史是前人的实践和智慧之书。”所以他强调各级领导干部要注重加强对马克思主义哲学的学习和对历史的学习。

如何使用工具书

每种工具书，都有它侧重的服务对象。

查找常用字，可用《新华字典》《同音字典》。

查找冷僻字，可用《现代汉语词典》《中华大字典》和《古汉语常用字典》。

查找现代词语，可用《现代汉语词典》《新华词典》等。

查找文言虚词，可用《文言虚字》《词诠》等。

查找古代词语，可用《辞源》《古代汉语常用字典》《辞通》。

查找人名，可用《辞海》《中国人名大辞典》《中国历史人物词典》等。

查找成语典故，可用《汉语成语词典》《常用成语典故选释》等。

查找历史事件，可用《辞海》《简明中外历史词典》等。

查找马列著作篇名、文句以及诗歌文句出处，可分别用《马克思恩格斯全集目录》《辞海》《古代诗词曲名句选》等。

查找官职名，可用《辞海》《辞源》等。

查找地名，可用《中国古今地名大辞典》《世界地名词典》等。

——摘自报刊

书籍的印刷知识

开本：指书刊幅面的规格大小，即一张全开的印刷用纸裁切成多少页。常见的有 32 开、16 开、64 开。

版式：即书籍的规格式样，包括开本、排式、版面、插图等。

版本：指某种不同的本子。有的书一出版就有几种形式；有的书在出版后，由于进行修改，再版时改变了原来的版本。

版次：第一次出版印刷的书写有某年某月第一版，第一次印刷，这叫初版。如内容不变动，第二次印刷就注明第一版第二次印刷，这种书叫重印书。如第三次印刷发行时内容经过重大修改，版次就要重新算，要称为第二版第三次印刷。

版权：即版本的所有权，其他出版社不可随便翻印。

字数：不管书中标题多大，插图多少，都按横格字数乘每页行数再乘总页数得出全书字数。

印张：说明印这本书需多少纸张。因为一张纸可以两面印，所以两个印张才算一个全张。

印数：指一种书所印的累计数。如某种书在第三次印刷时，印数为27001—47000，即表明前两次印过27000册，这次从27001册起，又印了20000册，累计数是47000册。

读书破万卷，一卷字多少

前贤历来有“读书破万卷，下笔如有神”“读万卷书，行万里路”之类的教诲，那么，“读书破万卷”究作何解？古时的一卷又到底是多少？

由册到卷

今天的图书，多以册、种、部等计数，古时却有不同。卷、轴、册、函等是古代书籍制度，在社会上也最常见。在漫长的简牍与帛书盛行的年代，“篇”与“卷”被更多地应用。

“篇”原是简牍之计量单位，即以竹、木为载体的书籍计量手段，“篇”的作用是主文义之起讫，也即以文章内容的独立为考虑；其后，“篇”即作为一篇完整文章的计数，一直沿用至今。

“卷”则为帛书的计量单位，主帛书之长短，也即以机织缣帛的物理形态为标准，一件长度大致恒定的缣帛即为一卷。到了纸本时期，无论是刻是抄，则多以卷、轴、册称之。明胡应麟《少室山房笔丛·经籍会通》：“凡书，唐以前皆为卷轴。盖今所谓一卷，即兴古之一轴。”

宋以后，随着线装书在书籍中主流地位的确立，“轴”之作计量应用逐渐消退，虽然在不少文人的笔下仍间或用之，如李鸿章之“读遍牙签三万轴”等。卷和册成了千年以来最被广泛采用的书籍计量单位。其中，“卷”的含义已悄然演变为近似“类”的区分，或内容、主题相近，或年代、体裁有别，或篇幅多寡分布，皆可以“卷”区别之。

而“册”则通用于书籍的物理形态，一本独立形状的书即为一册。

字数分析

那一卷究竟是多少呢？先看以下数据。

明《永乐大典》：22877 卷，11095 册；合 2.06 卷/册。

清《四库全书》：79337 卷，36300 册，997000000 字；合 2.19 卷/册，12566 字/卷。

清《古今图书集成》（雍正四年内府铜活字本）：10000 卷、目录 40 卷，5020 册；合 2 卷/册。

《文选》60 卷，浙江图书馆藏明清各家 12 种刊本，从 6、10、12、16、20、30、32 册都有；合 2—10 卷/册。

《艺文类聚》100 卷，浙江图书馆藏有 8 种明刊本，分别为 14、16、20、32 册；合 3—7 卷/册。

另有部分清代古籍的统计，选取其中有明确卷数、字数的，以考每卷字数。刊刻时间从嘉庆十一年（1806 年）至光绪三十四年（1908 年），约百年间。

《荒政辑要》九卷，卷首一卷，82500 字；《大方广圆觉修多罗了义经》二卷，13171 字；《高僧传初集》十五卷，卷首一卷，156327 字；《维摩诘所说经注》八卷，85418 字；《庄子内篇注》四卷，66315 字；《大乘起信论直解》二卷，43029 字；《成唯识论述记》六十卷，580776 字；《禹贡揭要》一卷，47 页，17766 字；《花间笑语》五卷，134 页，48240 字；《榕郡名胜辑要》三卷，135 页，47520 字；《唐陆宣公集》二十四卷，456 页，约 18 万字；《增订愿体集》四卷，卷首一卷，附刻《经验良方》一卷，203 页，58464 字；《易成方》二卷，96 页，30720 字；《汉隶辨体》四卷，242 页，91476 字；《破邪论》二卷，57 页，24757 字。

以上 15 种书，共 149 卷，1526479 字，计平均每卷 10245 字；其中有页码的 8 种，共 1370 页，498943 字，平均每页 364 字。每卷约 28 页（56 面）。又，按当今的装帧，20—30 万字一册最为普遍，如果是这样，则上述 15 种书、150 余万字，大致相当于今之 5—8 册。那么，古之一卷约合二册线装古籍，约 12000 字；约相当今天的五六页杂志。

可见，欲“读万卷书”的量，约相当于一部《古今图书集成》的容量，或者 1.2 亿字的书。如果每天读 6000 字，两天便是一卷，一年 180 卷，约 55 年读完，真的是活到老学到老。

“破”字之解

当然，此所谓“万卷”，是极言其多，并非是个确数。有道“书到用时方恨少”，故也如韩信将兵，多多益善。

至于“破”字，更有深义在焉。不是真的要把书读破，与物质的书是否破损无关。孔子“韦编三绝”，倒是真的将那书读破了，一而再再而三，随着书简的破损，书中的精义玄妙也统统涵纳于胸。欧阳修所读之书皆若新收，也并不妨碍其满腹锦绣、卓然大家。

“破”也有不拘一格、博览群书之意。凡中外之大师巨匠，无不学贯中西，淹通古今，经纬天地，驰骋文理。食不厌精难免弱不禁风，唯吃得五谷杂粮，不忌粗蔬野菜，咽得麻辣醋酸，方能博采众长而厚积薄发，兼谙百科且术有专攻。

“破”，又有用功刻苦耗神费心之义。所谓“板凳要坐十年冷，学问不做半点空”，小和尚念经似的有口无心，一目十行浮光掠影，漫不经心信手翻阅，走马观花，不求甚解，均与“破”无缘。

“读书破万卷”，说到底，乃是在生命的进程中通过学习以不断突破自身的局限，登临更高的境界。

——辑自报刊

后 记

为什么要编这本书?

因为阅读改变了我的人生轨迹。我期待有更多的人参与并坚持阅读。

我没上过完全小学与中学，在企业自办学校上了两年初中后当了采煤工人。先在省属煤矿工作二十多年，后到地方政府工作二十多年。

几十年来，我养成了阅读的习惯。在阅读中寻找快乐，积累知识，学会思考，增长才干。从采煤工人干到采煤队长、矿长、矿党委书记。后在地方政府先后任副县长、县委常委兼任宣传部长、政协副主席兼任县委统战部长、县人大常委会副主任、县政协主席。干一行学一行，其体会是：读书学习虽然不能解决一切问题，但解决一切问题可以从读书学习入手。

退休后，回顾人生历程，我觉得很简单也很纯真：以书为友、以诚待人、以工作安身立命。其中阅读与写作贯穿全过程，延续至今。退休后如何“安身立命”度余生? 思来想去，还是坚持阅读与写作。于是我着手整理几十年的读书笔记与积累的书刊资料。这些资料种类繁多，零碎分散，似珍珠散落在地，弃之可惜。一时又用不上。该如何串联起这些知识和智慧呢? 颇费踌躇。

如今的阅读环境正发生激烈的变化，电子阅读对传统纸质阅读的冲击日渐凸显，许多人习惯于把大量的时间耗在手机、Pad 等电子产品上，观看娱乐信息，或者玩电子游戏，却再没心思也没时间读书。另外，图书的生产又随着技术的发展呈现快速增长的势头，在浩渺无际的书海中，读什么? 如何读? 这真是一个挑战，“吾生而有涯，而知也无涯”，不加拣择地阅读，只会误入歧途，既浪费宝贵的时间，还得不偿失。毕竟“开卷有益”是要择其善者而读之的，尤其是青少年学生，处在从阅读中收获知识、启迪思维的黄金时期，只有坚持传统阅读与电子阅读相结合，才是正道。基于这个思路，我萌生了择其精要编写一本劝学体读本的想法。

谋事难，做事更难。编书，对于我这个外行人更是难上难。面对繁多散乱的资料，如何编，竟一时理不出头绪。

静下心来，回想起自己的阅读经历，以及与人交流读书体会时的情景，有个共同的感受就是读书苦，且费时耗神。阅读本应是一件快乐的事呵，于是“让阅读成为愉快的事”成为编写本书的主线。我尝试着用这条主线去串联古今中外关于读书增智、读书至乐、读书成才、成就事业的名言与典故，最终编成《悦读——读书名言故事荟萃》一书。

本书并没有刻意按古今中外进行排序，而是糅合在一起，一方面固然留有编者长期阅读随录随记、联想感悟的痕迹，但另一方面来看却有意外之喜，因为这般古今中外的杂处错落，或许也能让读者穿越时空、跨越地域与国界，品味不同时代的文化学者、社会名流以及普通人读书的共同感悟、心有灵犀。如美国前总统杜鲁门所说的“不是每个读书人都能成为领袖，而每一个领袖必是读书人”与荀子说的“学者非必为仕，而仕者必为学”（《荀子·大略》）就有异曲同工之妙，而两人生活的时间相差两千多年之久，且身份悬殊。这说明古今中外对于读书有增益人的知识能力的认识是有其一致性的，也让人感受到读书是一个常说常新的话题，什么时候读书都不算晚。

书稿初编送给顾作义同志征求意见之时，他予以热情肯定，同时指出了全书纲目过细过杂的缺点，建议我重拟纲目，再做编辑功夫。我颇感心力不济，曾有放弃的念头。搁置一段时间后，又觉得不可半途而废，遂下定决心重编，最终确定了“三纲十目”的层次。非常荣幸的是，顾作义同志在百忙之中为本书作序，这对编者是极大的鼓励。

编写初期，傅敬城同志协助修改与校对，还推荐有关文稿供编者参考。

初稿编出后，罗柏、邹余应、刘向群、麦利民等朋友曾参与校对并提出修改意见。

本书书名由仁化籍中国书画家协会会员蓝均昔先生题写。

封面装帧出自仁化籍的中国摄影家协会会员谢锦树之手。

几年来，仁化湘天广告公司的肖琴不厌其烦地打印书稿，为此书的编辑付出了辛勤的劳动。

本书编写时引用了诸多书刊资料，借用了众多作者的劳动成果。成书之际，编者谨此致以特别的谢意与敬意，是他们闪耀的智慧撑起了读书的天空，是这些名言、故事的荟萃锻造了本书的筋骨。

《悦读》的付梓刊印，得到鸿伟木业有限公司、锦江电力总公司、丹霞新城房地产开发有限公司、广东康润达建设工程有限公司、凯鸿纳米有限公司、广东竹稻农业科技有限公司、仁化县建筑安装工程有限公司，以及刘莲、曾慧光、宗卫东、冯祯祥、江龙、郑月英、谢山凤、易志光、段云生、邹志军等朋友的帮助，在此向帮助编辑和印刷此书的朋友们表示衷心的感谢。

至止，我想起笛卡尔的名言“我思，故我在”。编这本书由“思”而萌发动机，由行动完成过程，更深刻的体验是——我做，故我在。中国古代先贤主张“知行合一”的人生观，人生价值不仅在于思，更在于做事，做自己该做的事且做成事。编这本书是在我人生一个特殊时段做的事。现在回想起来，虽然辛苦，但值得，因为我没有辜负大好时光，也没有辜负我的人生。在大家的帮助下，做了一件有意义的事。

通观全书，我认为其内容蕴含了“什么叫书”“为什么要读书”以及“如何读书”。传递这些信息，正是这本书要达到的主要目的。

虽然书名叫《悦读——读书名言故事荟萃》，但古今中外读书的名言故事岂是这本书能搜集得全的。我的阅读量极有限，仅凭我接触的资料编辑，其内容挂一漏万，更多的有关阅读名言故事没能编入而成为遗憾。

由于自己才学浅薄，书中谬误在所难免，恳请读者批评指正。

编者

2018 年秋于仁化